Über dieses Buch

Das Hörspiel mit seinen formalen Möglichkeiten haben bundesdeutsche Autoren längst für sich entdeckt; die 1961 von Ernst Schnabel herausgegebene, mittlerweile »klassische« Sammlung mit Hörspielen von Ilse Aichinger, Ingeborg Bachmann, Heinrich Böll, Günter Eich, Wolfgang Hildesheimer und Jan Rys belegt dies ebenso erfolgreich wie eindrucksvoll (Fischer Taschenbuch, Bd. 7010). Dagegen sind Hörspiele aus der DDR bei uns nahezu unbekannt geblieben – im Gegensatz zu Romanen, Erzählungen, Theaterstücken, Gedichten etwa von Stephan Hermlin, Günter Kunert, Heiner Müller, Rolf Schneider. Sie gilt es mit dem vorliegenden Band vor allem zu entdecken, und das um so mehr, als die Gattung Hörspiel seit ihren Anfängen in den 20er Jahren stets empfindlich auf gesellschafts- und kulturpolitische Veränderungen reagiert hat. Dementsprechend haben sich auch Formen und Inhalte der Hörspiele im geteilten Deutschland auseinanderentwickelt. Während das DDR-Hörspiel auf dem »Realistischen Problemhörspiel« in der Tradition der frühen sozialistischen Hörspiele von Brecht, Wolf u. a. beharrt, entwickelt die Hörspielproduktion in der Bundesrepublik schon früh einen eigenen Typus, das »Stimmenhörspiel«. Diese Anthologie versammelt also nicht nur Hörspiele bekannter und unbekannter Autoren, sondern gibt darüber hinaus die Möglichkeit, die durch ein anderes Gesellschaftssystem beeinflußte eigenständige Entwicklung des Hörspiels in der DDR von den Anfängen der 50er Jahre bis heute nachzuvollziehen und mit der literarischen Entwicklung in der Bundesrepublik zu vergleichen.
Eine Einleitung, bio-bibliographische Angaben und Literaturhinweise ergänzen den Band.

Der Herausgeber

Stefan Bodo Würffel, geboren 1944, promovierte nach dem Studium der Germanistik, Geschichte und Philosophie 1975 in Göttingen. Er ist heute Mâitre-Assistent an der Universität Genf. Er veröffentlichte u. a. den Band »Das deutsche Hörspiel«, Stuttgart 1978.
Im Fischer Taschenbuch Verlag erschien außerdem: »Frühe sozialistische Hörspiele«. Herausgegeben von Stefan Bodo Würffel (Bd. 7032).

HÖRSPIELE AUS DER DDR

von

Hans-Jörg Dost · Stephan Hermlin · Wolfgang Kohlhaase
Günter Kunert · Heiner und Inge Müller
Gerhard Rentzsch · Günther Rücker
Rolf Schneider · W. K. Schweickert · Joachim Walther

Herausgegeben von
Stefan Bodo Würffel

Fischer
Taschenbuch
Verlag

Originalausgabe
Fischer Taschenbuch 7031
April 1982
Umschlaggestaltung: Rambow, Lienemeyer, van de Sand
Fischer Taschenbuch Verlag GmbH, Frankfurt am Main
Die Rechteinhaber der einzelnen Hörspiele
sind in den bibliographischen Notizen angegeben

Gesamtherstellung: Hanseatische Druckanstalt GmbH, Hamburg
Printed in Germany
1480-ISBN-3-596-27031-6

INHALT

STEFAN BODO WÜRFFEL
Einleitung 7

WALTER KARL SCHWEICKERT
Herhören – hier spricht Hackenberger (1954) 39

HEINER und INGE MÜLLER
Die Korrektur. 1. Fassung (1957) 49
Aus dem Protokoll einer Diskussion
über Die Korrektur im Kombinat ›Schwarze Pumpe‹ . . . 61
Heiner Müller, Zwischenbemerkung 64
Die Korrektur. 2. Fassung (1957) 67
Hans Dieter Mäde, Die Neufassung 80

ROLF SCHNEIDER
Der dritte Kreuzzug (1960) 86

GERHARD RENTZSCH
Nachtzug (1962) 116

HANS-JÖRG DOST
Sieben Gespräche um Trinkgeld (1966) 134

STEPHAN HERMLIN
Scardanelli (1970) 146

GÜNTHER RÜCKER
Portrait einer dicken Frau (1971) 168

GÜNTER KUNERT
Ehrenhändel (1972) 190

WOLFGANG KOHLHAASE
Die Grünstein-Variante (1976) 214

JOACHIM WALTHER
Infarkt (1979) 242

Biographische und bibliographische Notizen 273

Literaturhinweise 280

EINLEITUNG

Das Vorurteil, das Hörspiel sei »extrem ›westlich‹«[1], hat die westdeutsche Hörspielforschung lange belastet; es hat vor allem eine Rezeption der in der DDR entstandenen Hörspiele erschwert, eine kritische Auseinandersetzung mit ihnen von vornherein unmöglich gemacht. In Anwendung eines Wortes von Pierre Bertaux, das einen Wandel in der zeitgenössischen Hölderlin-Forschung signalisierte, könnte man auch noch am Ende der siebziger Jahre konstatieren, daß dem bundesrepublikanischen Hörspiel-Bild eine Farbe fehlt: »Das Rote. Als ob die deutsche Forschung rotblind wäre; oder vielleicht rotscheu«.[2] Die schlichte Feststellung des französischen Germanisten: »Wenn im Vierfarbendruck eine Farbe fehlt, mag das Bild noch so scharf sein – es ist arg entstellt«[3], gilt ohne Einschränkung für das Bild, das westdeutsche Hörspielforscher dreißig Jahre lang sich und uns von der Gattung Hörspiel gemacht haben.

Dieses Vorgehen einer totalen Ignorierung der Hörspielproduktion der DDR – Schwitzkes 1969 erschienener Hörspielführer verzeichnet unter 423 Hörspielen nur drei aus der DDR, zwei von Manfred Bieler, der nach 1968 in die Bundesrepublik übersiedelte, und eins von Rolf Schneider, mit dem der Autor 1966 den Hörspielpreis der Kriegsblinden errang – hatte nicht nur Methode; es hatte auch eine Tradition. Sie reicht zurück bis in die Anfänge des Hörspiels in den zwanziger Jahren, als aus dem vermeintlich überparteilichen und unpolitischen Selbstverständnis des Rundfunks und seines damaligen Rundfunkkommissars Hans Bredow heraus, sozialkritisch orientierte Einsendungen zum zweiten Hörspielpreisausschreiben, 1927 von der Reichsrundfunkgesellschaft (RRG) veranstaltet, gar nicht erst zugelassen wurden. Bereits damals triumphierte eine wirklichkeitsabgewandte, eskapistische Tendenz in der Hörspielarbeit des Rundfunks, die auf die spätere, ganz auf Innenschau gerichtete Entwicklung dieser Gattung vorauswies.

Wenn dennoch aus der Weimarer Republik zahlreiche Hörspiele überliefert sind, die nicht nur eine ausgeprägt realistische, an der Gesellschaft und ihren Problemen orientierte Handlungsführung aufweisen, sondern auch deutlich eine Parteinahme ihrer Autoren erkennen lassen, so lag das vor allem an der noch nicht fixierten Definition der Gattung. Die Unsicherheit darüber, was ein Hörspiel sei, bewahrte den Autoren für kurze Zeit noch einen Freiraum im Umgang mit dem neuen Medium und der daraus entstandenen Gattung. Die einschränkenden Auswahlprinzipien der Jury des Preisausschreibens von 1927 beschnitten diesen Freiraum bereits erheblich, bevor er dann durch die totale Gleichschaltung des Rundfunks und des Hörspiels in den dreißiger Jahren für lange Zeit völlig verlorenging.[4]

Symptomatisch für das spätere Gattungsverständnis ist, daß entsprechende Beispiele aus dieser Zeit, die 1929 mit dem Hörspiel *»SOS... Rao Rao... Foyn – ›Krassin‹ rettet ›Italia‹«* immerhin zum erstenmal die Hörspielarbeit eines KPD-Mitgliedes, Friedrich Wolf, verbunden mit dem Abspielen der Internationale im Reichsrundfunk erlebte, zunächst völlig vergessen waren. Heinz Schwitzke, weiland der beste Hörspielkenner der westdeutschen Szene, dokumentierte zwar die Anfänge des Hörspiels in einer Anthologie[5], klammerte dabei jedoch die frühen sozialistischen Hörspiele bewußt aus. Schwitzke entsprach damit jenem Verfahren, durch das am Ende der Weimarer Republik die selbstverschuldete Not des Realitätsverlustes im Hörspiel in die Tugend der Verinnerlichung uminterpretiert wurde. Mit Begriffen wie »Stimmen des Herzens«, »Symbol des inneren Kampfes«, »Stimme als körperlose Wesenheit«, »Wort als zeugende Kraft« lieferte Richard Kolb 1932 die Schlagwörter für eine normative Hörspieltheorie, in der emotionelle Identifikation an die Stelle begrifflicher Urteilsbildung, »Verinnerlichung des Wortes«[6] an die Stelle objektivierender Distanzierung des Hörers durch das Medium trat. Unter Ausklammerung der ganz andersartigen theoretischen Ansätze bei Brecht und Benjamin, auf die erst Ende der sechziger Jahre im Zusammenhang mit der Diskussion um eine Medientheorie und um das Neue Hörspiel von anderer Seite wieder aufmerksam gemacht wurde, konnte Erwin Wickert nach dem 2. Weltkrieg mit dem Begriff »Innere Bühne« an Kolb anknüpfen und damit endgültig einem Hörspielverständnis zum Durchbruch verhelfen, in dem für eine wirklichkeitsorientierte Radiokunst kaum noch Platz war. Das Hörspiel wurde zum Traumspiel, und der bloße Verweis auf »die bekannte Realismustheorie« genügte fortan dem Herausgeber des Reclam-Hörspielführers als Begründung dafür, warum es nicht geben konnte, was es einfach nicht geben durfte: ein realistisches Hörspiel, ein Hörspiel in der DDR.

Das längst Fällige nachzuholen, zu dokumentieren und zur Diskussion zu stellen, was im anderen Deutschland als eigenständiger und oft auch eigenwilliger Beitrag zur Entwicklung der Gattung entstand, ist Aufgabe und Anspruch der vorliegenden Anthologie, der eine Auswahl früher sozialistischer Hörspiele an die Seite treten wird, um auch das zweite Versäumnis der Hörspielforschung in der Bundesrepublik nachzuholen und zugleich damit einen, wenngleich nicht dominanten Traditionsstrang der Hörspielarbeit in der DDR freizulegen.

Kaum berechtigt und zumindest ebenso einseitig wie die beschriebene Haltung der westdeutschen Hörspielforschung wäre es allerdings, wollte man in der bewußten Pflege des reinen Stimmenhörspiels, dessen höchste Vervollkommnung in den Hörspielen Günter Eichs zum Maßstab des Hörspielschaffens der fünfziger und auch noch der sechziger Jahre wurde, den einzigen Grund für den geringen Bekanntheitsgrad des DDR-Hörspiels sehen. Nicht allein der manifeste Antikommunismus der Nachkriegszeit, auch die Anfänge des Hörspiels in der DDR boten zunächst wenig Anreiz, sich mit den dort entstandenen Formen auseinanderzusetzen. Den westdeutschen Hörspielexperten ist denn auch nicht vorzuwerfen, daß sie sich anfangs ausschließlich für die eigene Hörspielarbeit interessierten, sondern daß sie das auch dann noch mit derselben Ausschließlichkeit taten, als sich in der DDR längst eine qualitativ hochstehende Spielart der Gattung herausgebildet hatte, die den Vergleich nicht zu scheuen brauchte.

Die Startbedingungen für ein eigenständiges, anspruchsvolles und kontinuierliches Hörspielschaffen waren im anderen Teil Deutschlands nach dem 2. Weltkrieg zunächst nicht besonders günstig. Im Zeichen der politischen Konfrontation wurde der Rundfunk allzusehr als Mittel der Meinungsbildung, als Medium der staatlichen Selbstdarstellung, ja, auch als Instrument der Agitation verstanden und eingesetzt, als daß hier jenes Theater im Rundfunk hätte stattfinden können, das in der Bundesrepublik mit Autoren wie Wolfgang Borchert und Günter Eich gleichsam die Gegenkultur gegen die sich abzeichnende Restauration der Adenauer-Ära in den Äther trug. Demgegenüber boten die rasch wieder aufgebauten, stark geförderten Bühnen im anderen Teil Deutschlands, beflügelt vom Vorbild der Brechtschen Ensemblearbeit im Theater am Schiffbauerdamm, jungen Autoren Arbeitsmöglichkeiten, wie sie der streng kontrollierte Rundfunk zunächst nicht bewilligen konnte, wohl auch nicht bewilligen wollte. Das »Theater in der

Zeitenwende« brachte »eine erste wirkliche Blüte der sozialistischen DDR-Dramatik« hervor, hinter der die Funkdramatik anfangs weit zurückblieb.[7]
Mustert man einmal, was unmittelbar nach dem Kriegsende und in den ersten Jahren nach der Gründung der DDR im Rundfunk zur Aufführung gelangte, so wird deutlich, daß in erster Linie ein Nachholbedarf gedeckt werden sollte. Literatur, die während der Jahre des Nationalsozialismus verboten gewesen war, ausländische, aber auch klassische Stücke bestimmten das Funkrepertoire dieser im wesentlichen reproduktiven Phase der Hörspielentwicklung so ausschließlich, daß nicht einmal an die Funkarbeiten der rasch wieder zu Ruhm gelangten Autoren wie Bertolt Brecht, Friedrich Wolf und Anna Seghers angeknüpft wurde, geschweige denn ein echter Rekurs auf die in Vergessenheit geratene Hörspielarbeit der zwanziger Jahre unternommen wurde. Im Grunde fing man wieder bei Null an, wiederholte die Phasen der Entstehungszeit des Hörspiels mit der Dramatisierung von Romanen, der funkischen Inszenierung von Theaterstücken. Ja, man griff sogar auf die Blindentheater-Konzeption des ersten Hörspiels überhaupt zurück, der *Comedy of Danger* von Richard Hughes: Berta Waterstradt nahm 1948 die Stromsperre zum Ausgangspunkt ihres gleichnamigen Hörspiels, das bei totaler Dunkelheit spielend in den Erinnerungen der Großmutter das Schicksal einer Berliner Arbeiterfamilie und die Geschichte Deutschlands vom Beginn der Wilhelminischen Ära bis 1945 nachzuzeichnen versuchte – wesentlichstes Zeugnis dieser ersten Phase der DDR-Funkdramatik und zugleich beredtes Zeugnis der formalen Verunsicherung im Umgang mit dieser Gattung.
Die zweite Phase der Hörspielentwicklung in der DDR nach der Gründung der Republik, begrenzt durch die Vorbereitungen zur 1. Bitterfelder Konferenz 1959, brachte zwar eine Zunahme an Originalhörspielen; an Originalität, an einer mediengerechten Erfüllung der Form oder gar an eigenständigen Experimenten mangelte es aber der Funkarbeit der DDR noch immer. Auch jetzt war das kaum den Schriftstellern selber anzulasten, eher schon einer Kulturpolitik, die »mit einem dogmatisch vereinfachten Geschichtsbild der Stalinzeit« operierte, es zum hauptsächlichen Maßstab künstlerischen Arbeitens erhob. Dieses Urteil des wohl besten Kenners des DDR-Hörspiels, Peter Gugisch, deckt die Schwächen der Arbeiten dieser Jahre auf und macht deutlich, warum anfangs der fünfziger Jahre das Hörspiel des anderen Deutschlands den

Vergleich noch scheuen mußte, warum man es in der Bundesrepublik leicht ignorieren konnte: »So muß festgestellt werden, daß das Hörspiel der Jahre 1950 bis 1953/54 zwar einen Vorstoß zur weitgespannten Geschichtsthematik unternimmt, bei der Gestaltung dieser Thematik jedoch weitgehend noch unrealistischen Vereinfachungen verhaftet bleibt. Die undifferenzierte Schwarzweiß-Malerei, die grobe Typisierung, nicht zuletzt die kolportagehafte Anlage vieler Hörspielfabeln, bringen das zum Ausdruck.«[8]

Die hier vorgelegte Anthologie, die sowohl einen Überblick über die historische Entwicklung der Gattung in der DDR als auch einen Eindruck ihrer formalen Vielfalt vermitteln möchte, greift mit dem Abdruck der Hörspiele von Walter Karl Schweickert und Heiner Müller in diese zweite Phase der Hörspielentwicklung zurück. Beide Stücke können naturgemäß nicht in dem Maße die Hörspielarbeit dieser Jahre repräsentieren, wie das bei den Hörspielen der sechziger und siebziger Jahre der Fall ist. Sie reichen im Gegenteil weit über den damaligen Standard der Funkdramatik hinaus, verweisen zumindest im Fall Müllers auf zukünftige Entwicklungen und haben als maßstabsetzende Vorbilder bis in die unmittelbare Gegenwart zu wirken vermocht. Diese Bedeutung, die kein anderes Hörspiel jener Jahre errang, rechtfertigt den Abdruck in einer Anthologie, welche die Kontinuität einer Hörspielarbeit über ein Vierteljahrhundert hinweg sichtbar machen möchte und daher dokumentieren muß, woran Autoren in späteren Jahren anknüpfen konnten.

Der mit dem Hörspiel der fünfziger Jahre, dem Hörspiel der Innerlichkeit, vertraute Leser, der an jedes neue Hörspiel sein »Eich-Maß« (Joachim Kaiser) anlegt, könnte versucht sein, die Charakterisierung der DDR-Hörspiele jener Zeit durch Peter Gugisch, die Tendenz zur undifferenzierten Schwarzweiß-Malerei, zur groben Typisierung, zur kolportagehaften Anlage, auch noch auf das Hörspiel zu beziehen, mit dem diese Anthologie eröffnet wird: das 1951 unter dem Titel *Jesus Hackenberger* urgesendete und drei Jahre später umgearbeitete Monologhörspiel *Herhören – hier spricht Hackenberger!* von Walter Karl Schweickert. Doch sollte nicht übersehen werden, daß die Gestalt des funktionslos gewordenen, jeder Macht beraubten Landsknechts, dessen Irrsinn in anderen Zeiten ja durchaus belohnt wurde, in einer traditionsreichen hörspielgerechten Form vorgestellt wird. Mit dem Rückgriff auf die monologische Gestaltung knüpfte Schweickert an eines der berühmtesten

Experimente aus der Weimarer Republik an: an Hermann Kessers Monologspiel *Schwester Henriette*, das zu den größten Erfolgen der Hörspielgeschichte vor 1933 gezählt werden kann. Es handelte sich um einen durchgehenden inneren Monolog ohne jede Einblendung, in dem eine Krankenschwester einen Gerichtstag mit ihrer Zeugenaussage über den Selbstmord eines von ihr geliebten Patienten schildert. Kesser übertrug in diesem Fall ein wenige Jahre zuvor im Roman erprobtes Stilmittel auf die Gattung des Hörspiels und blendete Raumakustik und Atmosphäre weitgehend aus, um auf diese Weise den Zuhörer völlig in die Gedankenwelt der Sprechenden zu versetzen. Jede äußere Bewegung bzw. jeder äußere Vorgang wurde allein durch den Filter der subjektiven, zur Identifikation einladenden Empfindung der Protagonistin erfahren und nachvollzogen – eine Technik, die für die Gattung stilbildend werden sollte, ihr eine bis dahin nicht gekannte Dimension der Intimität gewann, deren Möglichkeiten allerdings erst nach dem 2. Weltkrieg in den Hörspielen Günter Eichs ganz entwickelt und voll ausgeschöpft wurden.[9]

Walter Karl Schweickert, der bereits zu Beginn der dreißiger Jahre Hörszenen und politische Satiren mit linksgerichteter Tendenz verfaßte und früh auch mit dem anderen Medium dieses Jahrhunderts, dem Film, in Berührung kam, verbindet in seinem Hörspiel das dramaturgische Mittel des Funkmonologs mit einer realen Geschichte – das hatte auch Kesser getan – und einer realen Situation. Dadurch bleibt die Dimension der Intimität, die an Kessers Hörspiel überraschte, gewahrt, ja, sie wird in diesem Fall sogar bis zum Exhibitionismus gesteigert; andererseits wird durch die Situierung des Monologs in einer geschlossenen Abteilung einer psychiatrischen Anstalt die Szene wirklichkeitsverhafteter, als es bei Hörspielen mit innerem Monolog gemeinhin der Fall ist. Die Krankenhaussituation läßt die Grenze zwischen innerem und äußerem Sprechen verschwimmen, und auch die zwei Einblendungen geben in dieser Hinsicht keinen eindeutigen Aufschluß: gehört die erste der Phantasiewelt Hackenbergers an, nimmt sie Bezug auf dessen Tätigkeit im 2. Weltkrieg, so ist die zweite, die des Krankenwärters, Bestandteil der Krankenhausumgebung: zwischen beiden Bereichen entwickelt sich der Monolog, und dem jeweiligen Regisseur bleiben bei der akustischen Realisierung große Möglichkeiten, jeweils die eine oder die andere Seite, das reale oder das innere Monologisieren in den Vordergrund zu rücken. Das Charakteristikum schizophrener Haltungen, das mangelnde Unterscheidungsvermögen von Innenwelt und Außenwelt, hat Schweickert in seinem Hörspiel formal geschickt zu nutzen verstanden, indem er das Sprechen bewußt nicht genau definierte.

Schweickert benutzt als Ausgangspunkt des Hörspiels den Lebenslauf, den Georg Richard Hackenberger, der ehemalige Oberfeldwebel der faschistischen Wehrmacht, als Patient einer Nervenheilanstalt verfaßt. Hackenberger, der die Unterhaltspflicht seiner Familie gegenüber vernachlässigt hat, weil er sich – scheinbar gegen jede Vernunft – von drei Firmen Kostenvoranschläge für den Bau einer Autobahnbrücke hat anfertigen lassen, prahlt dem imaginären Zuhörer gegenüber mit seiner Heldentat, der Sprengung einer Autobahnbrücke unmittelbar vor Kriegsende, einer sinnlosen Aktion, ausgeführt nur, »weil Hackenberger es einmal krachen hören wollte!«.

Doch spiegelt sich in dem Bericht nicht allein der Irrsinn der einen Person, sondern zugleich der Wahnwitz einer sich verselbständigenden Kriegsmaschinerie, als deren Opfer schließlich auch der immer noch vom Machtrausch des einen Augenblicks besessene Hackenberger erscheint. Vor der Unmenschlichkeit des Krieges, die noch in den Frieden hineinreicht, will Schweickert warnen. Darin liegt die Parallele zu Borcherts Antikriegshörspiel *Draußen vor der Tür*. Vier Jahre nach Borcherts 1947 entstandenem Stück glaubt Schweickert beim Abfassen seines Hörspiels die gefährlichen Kräfte, vor denen auch Borchert warnen wollte, genauer benennen zu können, als das im Hörspiel *Draußen vor der Tür* der Fall war: »Sie haben ja keine Ahnung, was in mir vorging, als ich hörte, wir werden wieder gebraucht! – Drüben geht's wieder los, meine Herren, im Westen gibt's schon wieder Garnisonsstädte, jawohl, da ziehen sie ein in alter Pracht und Herrlichkeit! Die alten Märsche werden wieder gespielt und Griffe gekloppt: Zack, Zack...! Und die Ausbilder, die stehen wieder hoch im Kurs, meine Herren, so, wie ich! – Wir sind wieder im Spiel, Hackenberger mischt wieder die Karten! – Lachen Sie doch nicht so, grinsen Sie doch nicht, Mensch! Sie sind der nächste, der dran ist!«.[10]

Wird an dieser Passage eindeutig die Propagandafunktion erkennbar, die Hörspiele aus jenen Jahren auch zu erfüllen hatten, so reicht die Gesamtaussage des Stücks doch weit über diese Konzession an den kalten Krieg hinaus: in der irrsinnigen Einschichtigkeit des zur Diskussion gestellten Falles Hackenberger offenbart sich die letzte, wahrhaft unmenschliche Konsequenz eines zur Verherrlichung des Militarismus pervertierten Denkens, das nicht länger durch eine euphemistische oder pseudorationalistische Sprache kaschiert wird, sondern sich in schonungsloser Offenheit bloßstellt. Damit gewinnt das Hörspiel an Allgemeingültigkeit über die Zeit seiner Entstehung hinaus, was auf ähnliche Weise für Rolf Schneiders Hörspiel *Der dritte Kreuzzug* gilt (s. u.). Daß an eine Sendung dieses Hörspiels im bundesrepublikanischen Rundfunk dennoch lange nicht zu denken war, macht abgesehen von der zitierten Passage die Rezeptionsgeschichte des in manchen Teilen verwandten Hörspiels von Borchert deutlich: dieses erschien 1960 nur um den Preis eines zensurierenden und deformierenden Eingriffs spielbar. Im Zeichen des wieder erstarkten Geistes einer »Gesinnungsrestauration« strich man kurzerhand verschiedene Stellen, »damit ein Offizier nicht zu schlecht gezeichnet wird«.[11] Das sollte bedenken, wer auch in diesem Fall mit dem allzeit bereiten Klischee einer Propagandaliteratur zu argumentieren geneigt ist.

Richtungweisend wirkte Schweickerts Hörspiel nicht allein durch die Verwendung der Sprache, die das dichterische Wort zum alleinigen Handlungsträger macht, sondern vor allem durch die situative Gestaltung, die den Hörer zum notwendigerweise stummen Partner des irrsinnigen Oberfeldwebels werden läßt: er wird angeschrien, beschimpft und in seinen Überzeugungen angegriffen, provoziert. Das Hörspiel will zum Widerspruch reizen und zwingt den Hörer daher in eine Art Dialogsituation, in der er eine Antwort finden muß. Diese kann gar nicht so verschieden sein von jener, die Günter Eich den im gleichen Jahr gesendeten *Träumen* nachstellte: »Nein, schlaft nicht, während die Ordner der Welt geschäftig sind! [...] Seid unbequem, seid Sand, nicht das Öl im Getriebe der Welt!«[12] Denn die Sprengkraft der von Hackenberger herausgeschleuderten Vorstellungen ist groß genug, den Hörer das Fürchten zu lehren, daß nicht immer und überall eine Krankenzelle die Freisetzung des Wahnwitzes verhindert. Gewiß also kein Hörspiel der Beruhigung; eher eines, das zu fortdauernder Wachsamkeit aufrufen will.

Werken dieser Art, die in einigen Hörspielen westdeutscher Autoren – man denke an die unter dem Eindruck des Atombombenabwurfs auf Hiroshima und Nagasaki entstandenen Hörspiele von Wolfgang Weyrauch und Oskar Wessel – ihre Entsprechung bzw. Fortsetzung fanden und an die auch in der DDR in jüngster Zeit wieder angeschlossen wurde z. B. durch

Joachim Walther mit seinem Vietnam-Hörspiel *Ein Dorf auf dieser Erde* – traten früh Hörspielversuche an die Seite, in denen Autoren die spezifischen Lebens- und Arbeitsbedingungen der entstehenden sozialistischen Gesellschaft behandelten. Diese Orientierung an den gesellschaftspolitischen Veränderungen verhinderte von vornherein jene Wendung zur Verinnerlichung, die das westdeutsche Hörspiel seit der Mitte der fünfziger Jahre verstärkt zu prägen begann und seinen Rückzug aus jeder politischen Diskussion signalisierte.

Es zeigte sich jedoch schnell, daß die gesellschaftlichen Umwälzungen in der DDR nicht ohne weitere Schwierigkeiten im Hörspiel dargestellt werden konnten. Die Arbeit in einer Brigade oder die Gründung einer LPG schienen sich in dem Maße einer hörspieladäquaten Gestaltung zu entziehen, in dem der eigentlich Handelnde nicht länger der Einzelne, sondern das Kollektiv war. Dessen Arbeit war zunächst kaum hörspielgerecht darzustellen, wollte man nicht ein überwiegend geräuschorientiertes Hörspiel in Kauf nehmen. Zwar hatte Hermann Kesser bereits 1929 in seinem Hörspiel *Straßenmann* einmal den Versuch unternommen, durch eine Vielzahl von Stimmen und Geräuschen die Atmosphäre der Großstadt Berlin einzufangen; doch galt und gilt im traditionellen Hörspiel auch heute noch die Regel, daß der Hörer im allgemeinen am Rundfunkgerät nicht mehr als fünf Stimmen zu unterscheiden vermag und durch ein Übermaß an Geräuschen eher verwirrt und ermüdet wird. Beides schien jedoch bei der Darstellung kollektiver Entwicklungsprozesse unvermeidlich zu sein.

Einer der profiliertesten Hörspielautoren der DDR, Günther Rücker, versuchte in seinem 1952 entstandenen Hörspiel *Die letzte Schicht* dieser Schwierigkeit aus dem Wege zu gehen, indem er das unmittelbare Geschehen weitgehend durch die Reflexionen der Hauptbeteiligten ersetzte und auf diese Weise einen Hörspieltyp entwickelte, in dem Gespräche, Diskussionen und verbale Auseinandersetzungen dominierten. Die dabei ebenso zwangsläufig wie zwanglos erfolgende Einbeziehung des Hörers in den gleichsam offenen Gesprächskreis ist zum Charakteristikum der vor allem nach 1958 verstärkt produzierten Brigadehörspiele geworden und weist bereits auf den offengehaltenen Schluß zahlreicher neuerer Hörspiele voraus, durch den der Hörer zur Auseinandersetzung mit den Argumenten und den schließlich getroffenen Entscheidungen der handelnden Personen aufgefordert wird.

Die vorsichtige Liberalisierung, die nach dem XX. Parteitag der

KPdSU 1956 mit entsprechender Verzögerung auch die DDR erreichte, kam auch der weiteren Entwicklung des Gegenwartshörspiels zugute, das sich nun intensiver mit den Schwierigkeiten und Problemen beim Aufbau eines sozialistischen Staates auseinandersetzen konnte, ohne gleich zu den optimistischen Lösungen um jeden Preis, den schematisch vereinfachten Darstellungen der Protagonisten und den allzu simplifizierenden Perspektiven gezwungen zu sein, die in früheren Jahren ähnliche Versuche gekennzeichnet hatten. Die gemeinsame Diskussion von Produktionsproblemen durch Arbeiter und Schriftsteller und ihre Umsetzung ins Kunstwerk, die 1959 auf der 1. Bitterfelder Konferenz neben der Förderung einer »Bewegung schreibender Arbeiter« zur offiziellen kulturpolitischen Aufgabe erklärt wurde, war bereits ein Jahr zuvor von Heiner und Inge Müller in ihrem Hörspiel *Die Korrektur* mit dem Untertitel *Ein Bericht vom Aufbau des Kombinats ›Schwarze Pumpe‹ 1957* gestaltet worden. Müller nahm mit dem Wechsel von Spielhandlung und Bericht (in der 2. Fassung unterstrich die neu eingeführte Rolle des Sprechers den zweiten Aspekt noch) eine Form auf, die sowohl an frühere Hörspielversuche erinnerte (Brecht) als auch an Versuche des politischen Theaters der zwanziger Jahre (Piscator), gesellschaftliche Veränderungen eher zu zeigen als zu spielen. So verzichtet das Stück weitgehend auf eine szenische Realisation und läßt im nüchternen, chronikhaften Stil die Bewußtseinsprozesse der Protagonisten beim Aufeinanderprall von alten und neuen Anschauungen über den Produktionsablauf im Kombinat hervortreten, was durch die didaktisch-demonstrierende Sprachgestaltung des Hörspiels besonders betont wird. Damit wurde erneut – und nicht ganz problemlos, wie die Diskussion der 1. Fassung und die daraus entstandene 2. Fassung belegen – die Transponierung des gesellschaftlichen Umbruchs in den Bereich der geistigen Auseinandersetzung, in die Form des Reflexions- und Diskussionshörspiels vorgenommen und nach Rükkers frühem Versuch zum zweitenmal nachdrücklich und unter künstlerischem Gesichtspunkt noch überzeugender zum Erproben neuer Gestaltungsmöglichkeiten bei der Umsetzung gesellschaftlicher Entwicklungen ins Hörspiel aufgefordert.

Die Ernsthaftigkeit der Auseinandersetzung um die literarische Gestaltung von Arbeitsprozessen, wie sie die hier zu Recht abgedruckte, weil unmittelbar zum Entstehungsprozeß und zum Spiel gehörende Diskussion spiegelt, erinnert an eine frühe Forderung Brechts, »den Hörer als Lieferanten [zu] organisieren«[13] und die früh institutionalisierte Trennung von Konsumenten und Produzenten außer Kraft zu setzen. *Die Korrektur* zeigt, daß diese Forderung, die in der Bundesrepublik erst in jüngster Zeit im Verlauf der Diskussion um das Neue Hörspiel und im Zusammenhang der ersten Hörspielversuche der Werkstätten ›Literatur der Arbeitswelt‹ wieder Beachtung fand[14], in der DDR bereits Mitte der fünfziger Jahre ernstgenommen wurde. Denn die Korrektur, die dem Hörspiel den Titel gab, ist nicht allein die gewonnene Einsicht des Genossen Bremer, die es ihm schließlich ermöglicht, seinen Fehler zu korrigieren; es ist auch die durch Brecht gewonnene Einsicht, daß der Schriftsteller nicht angemessen vom Arbeiter erzählen kann, wenn er nicht bereit ist, mit ihm zu erzählen. So ging Heiner Müller in die ›Schwarze Pumpe‹, »wo ihn die Arbeiter davon überzeugten, daß seine *Korrektur* einer Korrektur bedarf«, wie die Kulturzeitschrift *Sonntag* im Juni 1958 bemerkte.

Heiner Müllers Feststellung, die sich in seiner *Zwischenbemerkung* zur Diskussion findet, »Die neue Literatur kann nur *mit dem neuen Publikum* entwickelt werden«, knüpfte einerseits an die Diskussionen der zwanziger Jahre an, wie eine proletarische Kunst geschaffen werden könne, und war andererseits auch ein Appell an alle am literarischen Prozeß Beteiligten, die Kulturfunktionäre eingeschlossen, tatsächlich von den Bedürfnissen der Leser bzw. Hörer auszugehen, Schreibprozesse also gleichsam von unten her aufzubauen und zu entwickeln und nicht von oben herab zu dekretieren und zu organisieren. Insofern war Müllers *Korrektur* auch ein gelungenes Beispiel für die Relativierung einer einseitig verstandenen Produktionsästhetik, die lange Zeit die in der DDR spät erst aufgenommene Auseinandersetzung mit den Problemen der literarischen Rezeption geprägt und belastet hat.

Müllers Hörspiel ist mit dieser Gestaltungsform nicht so singulär geblieben wie dreißig Jahre zuvor Brechts *Ozeanflug*; es hat in gewisser Weise Schule gemacht, zumindest immer wieder als Vorbild gedient. Die zahlreichen Brigadehörspiele der folgenden Jahre, angefangen mit Hasso Grabners *Wer verschenkt schon seinen Sieg* (1959), Werner Bräunings *Der Mann Andreas Seiler* (1959), Joachim Rets *Die Zange* (1959), Grabners *Das Tagebuch der Brigade Schlimme* (1960), Inge Müllers *Die Weiberbrigade* (1960), Brigitte Reimanns und Siegfried Pitschmanns *Sieben Scheffel Salz* (1960) über Rolf Gumlichs und Ralph Knebels formal interessantes, weil die offene Gestaltungsform ins Extrem führendes Hörspiel *Zwischenbilanz*

(1963), Günter Wünsches *Martin Kessler* (1968), Ralph Knebels *Rücksicht auf einen Brigadier* (1969), Arne Leonhardts *Unser stiller Mann* (1970), Helmut Richters *Schornsteinbauer* (1974), Wolfgang Müllers *Die Spur des Helfried Pappelmann* (1974) bis hin zu den jüngsten Arbeiten dieser Art, Joachim Brehmers *Feinwäsche* (1976), Peter Goslickis und Peter Troches *Glassplitter* (1977) und Martin Stephans *Ich will nicht leise sterben* (1976), mochten sich oftmals an dem von Heiner Müller gesetzten Maßstab in der Gestaltung von Brigadeproblemen orientieren, das Vorbild erreichten sie indes nur in wenigen Fällen.

Zeigte sich in den beiden bisher vorgestellten Hörspielen bereits eine durchaus eigenständige Verfahrensweise, Probleme der gesellschaftlichen Veränderung hörspielgerecht darzustellen, so gilt das nicht minder für das dritte Hörspiel, das 1960 urgesendete Parabelstück des damals siebenundzwanzigjährigen Rolf Schneider *Der dritte Kreuzzug.* Parabel wird dabei nicht in der Weise verstanden wie z. B. in zahlreichen Hörspielen Günter Eichs, die eine zugrundeliegende gesellschaftliche Konfliktsituation oft genug in eine allgemeine Seinsproblematik überführen, in »eine existentielle, quasi ontologische Qualität menschlichen Daseins, die dementsprechend nicht weiter aufgeklärt werden kann«[15]. Diese Tendenz, die dem Charakteristikum des westdeutschen Hörspiels der späten fünfziger Jahre, der Flucht aus der Wirklichkeit, Vorschub leistete, bis sich schließlich »die Hörspielstudios zeitweilig in akustische Traumlabors verwandelte[n]«[16], ist dem Hörspiel Schneiders fremd. Sein Parabelstück zeugt gerade nicht von einem Verlust gesellschaftlicher Konkretheit, sondern im Anschluß an das Vorbild der Brechtschen Parabelstücke, aber auch der Parabelgestaltungen von Frisch, Dürrenmatt, Walser und Tankred Dorst werden gesellschaftliche Zustände und gesellschaftlich bedingte Verhaltensweisen demaskiert und persifliert.

Rolf Schneider hatte vier Jahre zuvor mit einem ebenfalls parabelhaft gestalteten Hörspiel *Das Gefängnis von Pont-L'Evêque* debütiert und bereits mit dieser humoristisch-ironischen Auseinandersetzung mit Erscheinungs- und Entartungsformen bürgerlicher Verwaltungsdemokratie seine spezifische Begabung als Hörspielautor bewiesen. Diesen Ruf festigte Schneider in den folgenden Jahren mit zahlreichen weiteren Hörspielen, von denen die Funkkomödie – ein häufig in der DDR-Funkdramatik anzutreffendes Genre – *Der dritte Kreuzzug* im Urteil der Kritik und des Publikums besonders erfolgreich war.

Schneiders Verfahren besteht darin, im historischen Gewand sich mit durchaus aktuellen Problemen auseinanderzusetzen: in diesem Fall dient als Vorlage der dritte Kreuzzug von 1189 bis 1192; gemeint sind indessen die späten fünfziger Jahre, die Zeit unmittelbar vor der Entstehung des Hörspiels, die geprägt war durch die Eskalation des kalten Krieges und die Furcht vor einem heißen, einem dritten Weltkrieg. Bei der Transponierung in die Mittelaltertravestie hält Schneider durch eine Fülle leicht entschlüsselbarer Anspielungen und zeitgenössischer Redewendungen den Rückbezug des Stücks auf die Gegenwart für den Hörer offen. »Leihpferde« statt Leihwagenskandal, »Volkspfeffer« statt Volksaktien, »Rosa Maria« statt Nitribitt, die Losung »Rettet das Grab« und die Werbesprüche des pferdezüchtenden Grafen Zedwitz: das alles läßt sich historisch genau fixieren und trägt entscheidend zur Verdeutlichung der politischen Aussage des Hörspiels bei.
Wenn der arme Ritter Kunifried von Raupenbiel im Burgverlies, in dem er auf die Hinrichtung wartet, die eigene Lebensgeschichte niederschreibt, so spiegelt sich in der mittelalterlichen Kreuzzugsaventüre die deutsche Geschichte von 1930 bis 1960. Die am Ende des Hörspiels erfolgende Rüstung zum vierten Kreuzzug, die dem Ritter die Möglichkeit gibt, sein Leben zu retten bzw. im neuen Kampf wiederum aufs Spiel zu setzen, soll der Hörer als Parallele zur Rüstung in der Bundesrepublik erkennen; eben das wird allerdings dem heutigen Hörer bzw. Leser wohl nur noch bedingt gelingen, gerade weil die parabelhafte Darstellung offenbleiben muß für neue Anwendungen und so notgedrungen immer auch über die zugrundegelegte spezifische Situation hinausweist. Es macht die Eigenart und das Verdienst des Stückes aus, daß es über jeden aktuellen Bezug hinaus zeigt, wie die Großen am Krieg verdienen, während die Kleinen draufzahlen und dennoch immer wieder erneut mitmachen müssen, um wenigstens noch für kurze Zeit ihren Kopf zu retten. Daß diese Allgemeingültigkeit von der DDR-Kritik zu den Schwächen des Hörspiels gerechnet wurde, verwundert ebensowenig wie eine heutige Beurteilung genau das als Stärke des Stücks werten wird, was seinerzeit dem Autor den vorsichtigen Tadel von Peter Gugisch eintrug, daß nämlich »die parabolische Darstellung [...] von ihrem Wesen her die Anwendung [der gewonnenen politischen] Einsichten auf die zeitgenössische politische Situation dem Hörer überlassen«[17] muß.
Schneider, der neben dem 1968 über Prag in die Bundesrepu-

blik übergesiedelten Manfred Bieler zweifellos zu den stärksten Hörspielbegabungen der DDR in diesen Jahren gehörte, ist dem westdeutschen Publikum spätestens 1966 bekanntgeworden, als ihm als bislang einzigem Autor aus der DDR der Hörspielpreis der Kriegsblinden für sein Hörspiel *Zwielicht* verliehen wurde. Mit seinen in den sechziger Jahren in rascher Folge erschienenen Hörspielen, denen Fernsehspiele an die Seite traten, hat er einen, für die Popularisierung dieser Gattung im anderen Deutschland kaum zu überschätzenden Beitrag geleistet. Neben der Parabeltechnik hat vor allem die Verwendung dokumentarischer Mittel in den häufig auf zeitgeschichtlichen Vorfällen beruhenden Hörspielen (z. B. *Prozeß Richard Waverly*, 1961; *Die Unbewältigten*, 1964; *Die Rebellion des Patric Wright*, 1965) dem Hörspiel in der DDR ein weiteres Gestaltungselement vermittelt, das zwar zuvor bereits in den hörspielähnlichen Funkstücken des Berliner Staatsanwaltes Friedrich Karl Kaul in Anlehnung an die berühmte ›Auditor‹-Sendereihe aus den letzten Jahren der Weimarer Republik eingesetzt worden war, nun von Schneider jedoch sehr viel souveräner verwendet und zugleich mit Reflexionen, Gesprächen und Diskussionen verbunden wurde. Besonders in der Tendenz zur Reflexion und Diskussion, die in der dadurch bedingten Offenheit den Hörer als Gesprächspartner gleichsam mit ins Spiel bringt, hat man die Eigenart des sich in den sechziger Jahren in der DDR herausbildenden »realistischen Problemhörspiels« gesehen.

Der Begriff wurde geprägt von Peter Gugisch, der 1965 mit seiner Disseration über *Die Entwicklung des Gegenwartshörspiels in der DDR* einen ersten grundlegenden Beitrag zur Geschichte und Theorie dieser Gattung in der DDR vorlegte. Gugisch versuchte dabei auch, die funkdramatische Produktion, wie sie in den Hörspielen von Gerhard Rentzsch, Manfred Bieler, Günther Rücker und Rolf Schneider vorlag, vom Hörspiel der Bundesrepublik abzugrenzen und deren Spezifika zu bestimmen: die »wesentlichen Kennzeichen liegen in der Konzentration auf die ethischen und moralischen Probleme, die beim Aufbau des Sozialismus heranwachsen, in der unmittelbaren Einbeziehung des Hörers in die geistigen und emotionalen Prozesse, in der vorzugsweisen Gestaltung dramatischer Episoden und im damit verbundenen Verzicht auf epische Ausbreitung des Stoffes«.[18] Lehnte es Gugisch ausdrücklich ab, »von einem ›Muster‹ im Sinne normativer Dramaturgie« zu sprechen, so waren die in diesem Zusammenhang noch genauer be-

stimmten Merkmale der erwähnten Hörspiele, 1. die Zunahme der Reflexion, 2. der wachsende Anteil des Weltanschauungsgesprächs und der herausgehobenen Episode im Gegensatz zum umfangreichen Geschehen und 3. der starke emotionale Gehalt, der die Reflexions- und Gesprächselemente fundiert und in dem sich die in der Veränderung gezeigte Persönlichkeit abbildet, doch durchaus typisch für die Produktion jener Jahre und gewannen zumindest für die Gegenwartshörspiele – bis heute der größte Anteil der DDR-Hörspielproduktion – auch Vorbildcharakter. Selbst in historisch angelegten Hörspielen wie *Scardanelli* von Stephan Hermlin (1970), den Dürer, Heine und Kleist gewidmeten Arbeiten von Günter Kunert (1971, 1972 und 1975) und Rolf Schneiders entsprechenden Versuchen (*Mein Bruder – Dialog zwischen Thomas und Heinrich Mann*, 1970; *Konstruktion einer Heiligen oder Prozeß der Jeanne d'Arc nach dem Jahr 1450*, 1971) ist zumindest in der Materialanordnung eine analoge Gestaltungstendenz erkennbar.
Die damit manifest gewordene Emanzipation des Hörspiels zu einer eigenständigen und unverwechselbaren Gattung demonstrierte Gerhard Rentzsch, der damalige Chefdramaturg des Deutschlandsenders, 1962 mit seinem Hörspiel *Nachtzug*, das mit dem Thema der Republikflucht auf die jüngste, durch den Bau der Berliner Mauer am 13. August 1961 allerdings in gewisser Weise abgeschlossene Gegenwart Bezug nahm. Vor allem die Behandlung dieses Themas macht die Bedeutung des Hörspiels aus, das mit seinem fiktiven Dialog zweier Freunde an Peter Hirches erstes Hörspiel *Die seltsamste Liebesgeschichte der Welt* aus dem Jahre 1953 erinnert. Wie dort in einem fiktiven Gespräch zwischen einem Arbeiter und einem am Wirtschaftswunder partizipierenden Bürgermädchen die Klassenschranken scheinbar überwunden wurden und sich auf diese Weise die fortgeschrittene Verinnerlichung der bestehenden Verhältnisse der Adenauer-Restauration dokumentierte, so wird in Rentzschs Hörspiel noch einmal im Traumgespräch die inzwischen undurchdringlich gewordene Grenze überwunden, deren Existenz es überhaupt erst ermöglicht, ein solches Sujet im Hörspiel zu behandeln. Während im Fall Hirches das inzwischen weitgehend verlorengegangene Bewußtsein der in Wirklichkeit nach wie vor existierenden Klassentrennung die unabdingbare Voraussetzung dafür darstellt, daß der Hörer den Traum als mögliche Wirklichkeit erkennt und dessen falsches Versprechen als eigene Erwartung akzeptiert, indem er

sich mit einer der Personen identifiziert, ist gerade die neugewonnene Einsicht, daß nicht mehr möglich ist, was das Hörspiel noch reflektiert, ja beinah demonstriert, das mehr oder weniger problemlose Verlassen der DDR, die Grundbedingung seines angemessenen realitätsbezogenen Verständnisses. Rentzschs Hörspiel verleitet nicht zur Flucht aus der Wirklichkeit, sondern macht im Gegenteil schmerzhaft deutlich, daß es nur die eine Wirklichkeit gibt, auf die der Hörer sich am Ende zurückverwiesen sieht, mit deren Problemen er einzig sich auseinandersetzen soll.

Unter diesem Aspekt ist es charakteristisch, daß neben dem Hörspiel *Nachtzug* von Rentzsch auch das wenige Jahre später aufgeführte und ähnlich gebaute Hörspiel *Die blaue Muschel* (1967) von Armin Müller das Thema der deutschen Teilung und der dadurch bedingten Trennung zweier Liebender in der Form eines fiktiven, durch Brief und Tagebuch ausgelösten Dialogs erneut aufgreift. Inhalte solcher Art waren selbst in der kulturpolitisch flexibleren Situation der sechziger Jahre nicht unmittelbar zu behandeln, verlangten nach einer fiktionalen Gestaltungsweise, wie sie dem Hörspiel in der DDR sonst kaum eigen ist. Daß man sich dabei an Hörspielmodelle der Bundesrepublik, besonders auch an das Stimmenspiel Eichs anlehnte, von dem man sich sonst zu distanzieren suchte, könnte ironisch anmuten, war jedoch durch die Stoffwahl bedingt und markiert zudem genau die Sonderstellung, die Hörspiele dieser Art im Panorama des realistischen Problemhörspiels einnahmen.

Nicht als Hinweis auf die Schwäche des Hörspiels von Rentzsch, wohl aber als Einblick in die Situation der Hörspielarbeit jener Jahre in der DDR, kann die Bemerkung des Nachworts gewertet werden, das den ersten Abdruck des Stücks im 3. Band der Hörspiel-Anthologie des Henschel Verlages begleitete: »*Nachtzug* entstand im Frühjahr 1962, wenige Monate also nach jenem Augustsonntag, durch den die Frage nach der Zukunft Deutschlands endgültig aus dem Bereich subjektiver Illusionen gerückt und für viele endlich als Klassenfrage begreifbar wurde. Der vom Autor gewählte Stoff war zu diesem Zeitpunkt in gewisser Weise bereits ein historischer Stoff«[19]. Eben dieser Tatsache muß das Hörspiel Rechnung tragen, sie bestimmt die Struktur seines Schlusses, ermöglicht aber andererseits überhaupt erst jenes Ausmaß an Diskussion und Problemerörterung, das der Gestaltung solcher Themen in der DDR-Literatur bis dahin fremd war. Unter diesem Gesichtspunkt (aber auch nur unter diesem) kann der heutige

Leser sogar noch der folgenden Einschätzung durch den zeitgenössischen Kritiker zustimmen: »Im nur fiktiven Dialog bleibt jene kritische Offenheit und Ehrlichkeit des Selbstgesprächs erhalten, zu der sie in einer tatsächlichen Begegnung nicht gefunden hätten«.[20]

Daß dennoch die jetzt erstmals möglich gewordene Auseinandersetzung mit diesem Thema (noch vor Christa Wolfs *Geteilter Himmel* und Brigitte Reimanns *Geschwister*) nicht bruchlos gelingen konnte, war beinahe vorauszusehen; daß der Bruch just an jener Stelle auftrat, wo er unbedingt hätte vermieden werden müssen, an dem Punkt, wo die bereits getroffene Entscheidung zur Flucht aus der DDR rückgängig gemacht wird, ist von der Kritik damals mit verständlichem Bedauern konstatiert worden. »Lediglich die Korrektur der Fehlentscheidung durch den Zweiten findet keine restlos befriedigende Erklärung. Hier wird ein Problem der ideellen und dramaturgischen Konzeption spürbar. Geweckt durch den analytischen Aufbau des Hörspiels, rückt die Frage immer stärker in den Mittelpunkt, *warum* denn Pitt vergeblich auf seinen Freund wartet, warum Irene und ihr Mann – drei Minuten vor Abfahrt des Zuges – den Bahnhof wieder verlassen haben, nachdem sie – das sagt uns unsere Erfahrung [!] – jedes Für und Wider ihres Entschlusses lange geprüft haben mußten«[21].

Damit bleibt die wichtigste Frage offen, wird, in diesem Fall vielleicht nicht ganz gewollt, erneut dem Hörer überantwortet, obwohl diesem nach dem 13. August 1961 keine andere Antwort bleibt als jene, die das Hörspiel, kaum begründet, selber gibt: »Das, was mich mit ihnen verband, würde ich drüben nie wiederfinden, das war nicht zu ersetzen. Und plötzlich sehnte ich mich danach, wieder ihre Erfolge und Niederlagen zu teilen, mich hineinzustürzen in diese Welt, die so hartnäckig war und oft so unbequem, wie die Arbeit im Schilfwald von Braila – –«[22]. Das mußte für den Hörer unbefriedigend bleiben, war beredt allenfalls in dem, was es an möglichen anderen Gründen verschwieg: ein realistisches Problemhörspiel, das in der besten Tradition dieses Genres das Problem nicht eigentlich, allenfalls äußerlich löste und dadurch den Hörer aufforderte, eine andere, bessere Begründung zu finden, – wenn schon nicht für die kaum wiederholbare Entscheidung des Hörspiels, so um so mehr für das Leben, die Selbstbestimmung und Orientierung in seinem Land, in der DDR.

Mit Sicherheit zählt auch aus diesem Grund *Nachtzug* nicht zu Rentzschs größten Hörspielerfolgen, wird vor allem von der

DDR-Kritik sein 1960 gesendetes Hörspiel *Altweibersommer*[23] höher eingeschätzt. Unter dem Eindruck der Kollektivierung der Landwirtschaft entstanden, versucht es die Auswirkungen dieser tiefgreifenden gesellschaftlichen Veränderung auf ein älteres Bauernehepaar zu schildern. Mit dieser inhaltlichen Vorlage reiht es sich ein in eine ganze Gruppe von ›Dorfgeschichten‹, die in diesen Jahren zweifellos auch aufgrund ihres propagandistischen Effekts in Presse, Hör- und Fernsehfunk große Verbreitung fanden. Was Rentzschs Hörspiel von den meisten dieser Stücke unterschied, war die künstlerische Verallgemeinerung, mit der der Autor den ersten Urlaub im Leben des Bauernehepaares schilderte, vor allem die Schwierigkeit, nach einem arbeitsreichen Leben sinnvoll auszuruhen: Freizeit- und Feierabendgestaltung als Lernproblem und -prozeß. Die scharfe, von Komik nicht freie Personenzeichnung und die Individualisierung des anonymen gesellschaftlichen Prozesses, schließlich die Darstellung innerer Konflikte in Gesprächen und die endlich erfolgende Lösung des Konflikts durch die für jeden Hörer wieder anders erfahrbare Aufhebung des Gegensatzes zwischen Arbeit und Freizeit, haben dieses Hörspiel in weit größerem Maß als *Nachtzug* zu einem Modell des realistischen Problemhörspiels werden lassen, auch wenn oder gerade weil stärker noch als dort der private und individuelle Aspekt die gleichwohl intendierte Werbung für die erfolgte gesellschaftliche Veränderung in den Hintergrund drängte.

Die Bevorzugung der Gegenwartsthematik im Hörspiel der DDR hat gleichwohl eine Auseinandersetzung mit der jüngsten Vergangenheit, vor allem mit der Zeit des Dritten Reiches, nicht verhindert. Wenn in den entsprechenden Stücken die Haltung Einzelner zum und im Nationalsozialismus in den Mittelpunkt des Interesses gerückt wurde, so war das zunächst ein durch die Gattung bedingtes, mediengerechtes Verfahren, das darüberhinaus jedoch die Möglichkeit bot, den Hörer mit typischen Personen jener Zeit und deren ebenfalls typischen Verhaltensweisen zu konfrontieren. Das zeigte sich bereits anhand des Monologstücks von Schweickert und wird sich, freilich auf ganze andere Art, auch an Wolfgang Kohlhaases Hörspiel *Die Grünstein-Variante* erweisen (s. u.). Beide Hörspiele machen den Hörer zum kritischen Betrachter einer Vergangenheit, an die er sich wohl noch erinnern, mit der er sich aber keinesfalls mehr identifizieren kann.

Gleiches gilt für das erste Hörspiel des Leipziger Autors Hans-

Jörg Dost, das bis heute zu seinen wichtigsten Rundfunkarbeiten zählt. Im Vergleich zu den vielfältigen Formen des Widerstands im Dritten Reich mag die Hilfeleistung, die der Friseur Wilhelm Bürg den Gefangenen des Konzentrationslagers gewährt, zunächst beinahe belanglos erscheinen, weil sie das System nicht infragestellen, geschweige denn erschüttern kann. Bürgs Tat verweist jedoch auf die zahlreichen Aktionen des Widerstands, die zumeist unbekannt blieben, deren Urheber aber oftmals stillschweigend zum Gelingen auch größerer Unternehmungen beizutragen vermochten, weil sie in der Solidarität des Antifaschismus mit der politischen Opposition verbunden waren. Anna Seghers hat in ihrem Roman *Das siebte Kreuz* eine Fülle solcher Hilfeleistungen beschrieben, ohne die jene Flucht des Georg Heisler aus dem Konzentrationslager nie den glücklichen Ausgang genommen hätte.

Die Geschichte, die Dost erzählt, erscheint wie eine solche Episodenhandlung, kaum spektakulär und darum um so wahrhaftiger. Und wie Anna Seghers um ihren Helden eine Fülle von Personen gruppiert hatte, die alle Schichten der Bevölkerung repräsentieren sollten, so gestaltet Dost in den sechs Personen, denen der Friseur das Trinkgeld entlockt, sechs Varianten des Mitläufers im Dritten Reich, die sich auf jeweils andere Weise und aus jeweils anderen Gründen schuldig machen. Wenn der Sprecher am Schluß des Hörspiels Bürgs Begründung gegenüber der Gestapo mitteilt: »Die Plinsen hätten von seinen Kunden bezahlt sein müssen, damit bis zum Jüngsten Gericht schon ein kleiner Teil ihrer Schuld gesühnt wäre«[24], so wird man das wohl nicht so verstehen dürfen, als meinte er, diese Schuld sei jemals ganz zu sühnen. Bürg will auf die Mitschuld aller hinweisen und sie zugleich zu Mittätern seiner Straftat machen, um durch diese unbewußte Komplicenschaft auch für sie eine zumindest moralische Strafe zu erwirken, die sie für ihre eigentliche Schuld, die stillschweigende oder offene Unterstützung der nationalsozialistischen Rassenpolitik, konkretisiert im benachbarten Konzentrationslager, nicht erhalten konnten.

Diese chiasmusähnliche Verknüpfung der Schuldfragen, in der jeder, der sich für die Situation der Juden nicht schuldig fühlt, nun für das Backen der Plinsen mitschuldig wird, mag idealistisch erscheinen, fällt schließlich auch auf den schweijkhaften kleinen Friseur allein zurück und läßt gerade dadurch deutlich werden, wie schwer es für den Einzelnen war, sich und den eigenen Widerstand erfolgreich im Dritten Reich zu behaupten. Das führt noch einmal zur Darstellung des Lebens und Überlebens im deutschen Faschismus durch Anna Seghers zurück: konnte in ihrem Roman das Parteimitglied Heisler nur mit Hilfe all jener überleben, die nicht politisch organisiert waren, so legte Dosts Hörspiel den Schluß nahe, daß der Einzelne immer auch den Rückhalt einer Gruppe braucht, um dem Widerstand Erfolg und vor allem Dauer zu sichern. Das freilich bleibt unausgesprochen, wird nicht zur propagandistischen Forderung erhoben, sondern resultiert als Einsicht des Hörers allenfalls aus dem Einverständnis mit der Widerstandsarbeit Bürgs, deren Scheitern der Hörer ebenso bedauern muß, wie er zuvor die schweijkähnliche Verstellungskunst des Friseurs zu bewundern gelernt hat.

Daß der Rundfunk gerade im Bereich der Hörspielarbeit immer wieder Produktionsaufträge vergibt und Schriftsteller zu Auseinandersetzungen mit ihnen gemäßen Themen anregt, ist auch in der DDR eine übliche Praxis. Günter Kunerts Hörspiele sind auf diese Weise entstanden, und auch das bislang einzige Hörspiel von Stephan Hermlin *Scardanelli* ist 1969/70 zum 200. Geburtstag Friedrich Hölderlins durch die Hörspieldramaturgie angeregt worden. Hermlin, der sich bereits früh durch zahlreiche Nachdichtungen einen Namen als Vermittler fremdsprachiger Lyrik gemacht und sich auch mit seinen eigenen Gedichten in die Tradition der großen europäischen Lyriker gestellt hatte, gestaltet in seinem Hörspiel zuallererst die Auseinandersetzung mit einem Vorbild, die auch an den eigenen Dichtungen im Sprachduktus der jüngsten Lyrik abzulesen ist.

Wie Peter Weiss in seinem Hölderlin gewidmeten Theaterstück[25], versucht Hermlin den tragischen Lebensweg des Dichters nachzuzeichnen. Vom Standpunkt des Jahres 1826 aus erkundet ein Fragesteller die Vergangenheit, und anhand von poetischen, biographischen und anderen zeitgeschichtlichen Dokumenten suchen Hölderlin und die anderen Personen des Hörspiels in 15, z. T. sehr kurzen Szenen Antwort auf die Frage, mit der das Stück schließt: »Was hat ihm gefehlt?«[26]. Diese Frage, auf die Peter Weiss so eindrücklich die Antwort zu wissen glaubte, als er den jungen Karl Marx zu Hölderlin ins Turmzimmer treten ließ, wird von Hermlin weniger eindeutig beantwortet, läßt sich am ehesten noch mit den verhalten vorgetragenen Vermutungen des Fragestellers klären. Das von Hermlin dabei verwendete Verfahren der Collage erscheint als das interessanteste Merkmal des Hörspiels, schließt es doch auf

den ersten Blick an entsprechende Experimente der westdeutschen Hörspielproduktion an. Während es dort jedoch oftmals als ein rein formalistisches Experimentieren erscheinen konnte, ist dieses Verfahren in Hermlins Hörspiel vor allem inhaltlich begründet: der kranke Geist des Dichters vermag die Vergangenheit nicht mehr zu einem einheitlichen Bild zusammenzufügen. Dichtung und Wirklichkeit erscheinen in vereinzelter Bruchstückhaftigkeit, setzen aber gerade dadurch eine Fülle von Assoziationen frei. Während Weiss die einzelnen Szenen durch einen Sänger einleiten und kommentieren ließ, das ganze Stück also formal zusammenband, gibt Hermlin eine solche Hilfe nicht, läßt auch durch den Fragesteller die einzelnen Zeitebenen nicht streng voneinander trennen. Dieses Verfahren macht das Hörspiel polyperspektivischer, was gleichfalls für die Sprache gilt. Hatte Weiss seinem Stück eine archaisch anmutende Sprache unterlegt und den Sänger in Knittelversen reden lassen, so verbindet Hermlin die Sprache unserer Tage mit dem Briefstil Goethes, mit dem Stil der Tagebucheintragungen und Briefe Suzette Gontards, mit dem unbeholfenen Schriftdeutsch der Mutter Hölderlins und läßt über allem die Sprache des Dichters selbst schweben. Das erscheint als ein hörspielgemäßes Verfahren, indem es den verschiedenen Personengestaltungen entspricht und eine akustische Differenzierung ermöglicht, die auf dem Theater durch optische Signale erreicht werden kann.
Ziemlich genau in der Mitte des Hörspiels findet sich die entscheidende Aussage über Hölderlin, der Schlüssel zum Verständnis seines Schicksals, den die ›Stimme 1‹ formuliert: »Sein Standpunkt war der am weitesten vorgerückte. Aber dort vermochte er nicht zu stehen«[27].
Der Leser des Hörspiels könnte versucht sein, den Satz zu überlesen, so wenig ist er aus dem Kontext herausgehoben, und doch verweist er, unprätentiös wie das ganze Hörspiel, auf den tragischen Grund der Hölderlinschen Existenz und schlägt die Brücke zur marxistischen Deutung des Tragischen: tragisch ist die historische Verfrühung des Einzelnen, der notwendigerweise scheitern, im Extremfall sogar dem Gegner nützen muß, um die Bewegung der Geschichte voranzutreiben bis zu dem Punkt, wo die von dem Einzelnen vorweggenommene Entwicklung mit jener der Gesellschaft identisch wird und damit eine allgemeine historische Notwendigkeit erlangt. Die Gestalt Thomas Münzers ist von Marx und Engels, von Ernst Bloch, Friedrich Wolf und anderen Marxisten immer wieder als ein

Beispiel des auf tragische Weise Zufrühgekommenen interpretiert worden. Daß Hermlin das Schicksal Hölderlins ähnlich deutet, entspricht der Ansicht der neueren Hölderlin-Forschung, entspricht nicht zuletzt auch der Auffassung von Peter Weiss. Vor dessen Stück ist Stephan Hermlins Hörspiel jedoch dadurch ausgezeichnet, daß diese Deutung mit jener Unaufdringlichkeit und jenem verhaltenen Ernst vorgetragen wird, durch die die Wahlverwandtschaft des Autors mit seinem Vorbild Hölderlin unter anderem begründet ist.

Zu den produktivsten Hörspielautoren, die in den fünfziger und sechziger Jahren entscheidend zum Aufschwung dieser Gattung in der DDR beitrugen, gehörte Günther Rücker. Mit der wiederholten Anwendung des Funkmonologs führte er die Tradition weiter, an die auch W. K. Schweickert angeknüpft hatte: *Der Platz am Fenster*, 1961; *Der Platz am Fenster gegenüber*, 1962; *Bericht Nr. 3*, 1970 u. a. Indem Rücker die Monologform zur Konfrontation von Einzelschicksalen und Gesellschaftsprozessen nutzte, der Gedankenmonolog der Darstellung ganzer Lebensläufe diente, wurde die Identifikationsmöglichkeit des Hörers gegenüber dem Hörspiel Schweickerts wesentlich gesteigert, gewann die Aussage über den extremen Einzelfall des Oberfeldwebels Hackenberger hinaus an nachvollziehbarer Allgemeingültigkeit.

Rückers 1971 uraufgeführtes, 1972 auch im Druck erschienenes Hörspiel *Porträt einer dicken Frau* gehörte zu den erfolgreichsten Hörspielen nicht nur des Autors, sondern der DDR überhaupt: von mehreren ausländischen Rundfunkanstalten nachgespielt, wurde es 1972 als bestes ausländisches Hörspiel des Jahres in Finnland ausgezeichnet. Das Hörspiel ist doppelthematisch angelegt, deckt bedeutsame Züge im Charakter eines scheinbar durchschnittlichen Menschen auf und entwikkelt zugleich die Problematik des Selbstverständnisses eines sozialistischen Künstlers. Damit gliedert sich diese Arbeit Rückers ein in die Reihe von Werken, in denen die Situation des Künstlers in der DDR thematisch wird; durch seinen unverkennbar epischen Zug wird besonders die Nähe zu ähnlichen Gestaltungen dieses Themas in der erzählenden Literatur der DDR deutlich. Wie Rücker dabei das Wechselverhältnis von Künstler und Gesellschaft gestaltet und die gegenseitige Produktivität, die sowohl beim Künstler als auch bei seinem Modell zur Bewußtseinsveränderung führt, darstellt und so die Auseinandersetzung des Künstlers mit seiner Umwelt als individuellen und gesellschaftlichen Entwicklungsprozeß zugleich

vorführt, erscheint in diesem Doppelporträt in gleicher Weise dem Thema und der gewählten Form adäquat.
Der Bildhauer, der auf der Suche nach einem Haus ist, in dem er ungestört arbeiten kann, begegnet einer älteren Frau, deren Erzählungen ihn zusehends fesseln, an der ihm aber besonders das ungewöhnliche Gesicht auffällt und sofort auch gefällt: »Ein ungeheuerliches Gesicht. Du erschrickst, wenn du sie das erstemal siehst. Dann sieht man allmählich, es ist fast schön. Ich habe so ein Gesicht noch nie gesehen in meinem Leben«.[28] Die eingangs vom Gußmeister der Plastik gestellte Frage, »Warum gerade die?«, erhält so zwar eine einleuchtende, weil unmittelbar an das Berufsinteresse des Bildhauers anschließende Erklärung, doch reicht diese nicht aus. Mit ihrer Lebensgeschichte könnte die Frau auch eine andere, könnte sie irgendeine sein, steht sie stellvertretend für viele Frauen dieser Zeit mit ähnlichem Schicksal. Die Frage des Gußmeisters erweist sich im Nachhinein als falsch gestellt, und die richtige Antwort kann nur heißen: »Auch die.«
Wie sich dem Bildhauer in dem langdauernden Bemühen, den Kopf als Plastik zu gestalten, die Persönlichkeit der Frau allmählich zu enthüllen beginnt, so entrollt sich für den Hörer in ihren Monologen das Panorama der gesellschaftlichen Entwicklung vom Ausgang des ersten Weltkrieges bis in die unmittelbare Gegenwart, vielfältig gespiegelt und gebrochen in dem individuellen, aber durchaus repräsentativen Lebensgang. Noch die Geschichten aus der Bibel, die sich mit den Erinnerungen vermischen, verweisen nicht nur auf die kindliche Lese- und Erfahrungswelt, sondern begleiten als Bezugspunkt und Orientierungshilfe alle weiteren Stationen dieses Lebens, antizipieren oder reflektieren im Medium der Kunst die tatsächlichen Erfahrungen. Damit ist bereits die zentrale Frage nach der Funktion der Kunst und des Künstlers in der Welt gestellt, die auf anderer Ebene wieder aufgeworfen wird, wenn die Frau vom Textdichter der Léhar-Operetten erzählt, der im Konzentrationslager vergeblich auf seine Befreiung durch Intervention des Komponisten wartet, oder wenn der Bildhauer von der Melodie aus der *Hochzeit des Figaro* berichtet, die den bösen Zauber einer Bombennacht im Kriege zu brechen vermochte.
Die Frage nach der Funktionsbestimmung von Kunst im allgemeinen, von sozialistischer Kunst im besonderen, ist zu Beginn der siebziger Jahre von Autoren wie Erwin Strittmatter (*Der Wundertäter*), Sarah Kirsch (*Zaubersprüche*), Anna Seghers

(*Reisebegegnung*) und anderen diskutiert worden. Wenn Rükker in seinem Beitrag zu dieser Diskussion die Erwartung des Gemeinderats in den Worten des Bildhauers formuliert: »Du möchtest, daß ich zeige: Wir haben den Menschen befreit«, so spielt er bewußt auf die undialektische, einseitig funktional geprägte Kunstbestimmung an, die nicht nur das Hörspiel bis in die sechziger Jahre belastet hatte. Die Antwort des Bildhauers nimmt den Wunsch des Funktionärs auf und geht zugleich entscheidend über ihn hinaus: »Die Befreiung ist aber nicht nur für die Jungen und Starken und Angenehmen gemacht. Ich möchte den Preis zeigen, der bezahlt wurde, die Mühen, die Schwerfälliggewordenen, die Verkrümmten. Sie waren es doch nicht immer. [...] Manchmal kommt es mir vor, wir schämen uns ihrer, wir möchten sie verstecken«.[29]

Das Eingeständnis des Schlußsatzes konnte der Hörer als eine Form von Selbstkritik sehr wohl auf das kulturelle Klima jener Zeit beziehen, in der es die optimistischen Lösungen, die schematisch vereinfachten Darstellungen von Protagonisten, die simplifizierenden Perspektiven noch immer oder schon wieder leichter hatten, offizielle Anerkennung und Förderung zu erlangen. Daß Rücker entsprechende Erwartungen zur Diskussion stellen konnte, bewies ihre ungebrochene Aktualität wie auch die inzwischen gewonnene Möglichkeit, diese Diskussion der Funktionsbestimmung sozialistischer Kunst in freierer Weise fortzusetzen, als das in den fünfziger Jahren möglich gewesen war.

Der große Monolog des Bildhauers, eingeleitet von der Bitte um gegenseitiges Verstehen und Tolerieren, plädiert über das Hörspiel hinaus für den Freiraum, der jeder Kunst und jedem Künstler eingeräumt werden muß: ein heute wie damals aktueller Appell. Der erschrockene Gußmeister findet am Ende des Hörspiels den Begriff, den Rücker in der Funktionsbestimmung der Kunst, auch der sozialistischen, bewahrt sehen möchte: »Das Gesicht beunruhigt irgendwie.«[30] Auch die weitere Entwicklung des Hörspiels in der DDR wird entscheidend davon beeinflußt werden, wieweit alle am Entstehen radiophoner Kunst Beteiligten bereit sind, sich beunruhigen zu lassen und auch den Hörern dasselbe zuzubilligen.

Günter Kunert, der Autor des Heine-Hörspiels *Ehrenhändel*, ist weniger durch seine Funkarbeiten als durch seine Lyrik und Prosa in den 60er und 70er Jahren einer der profiliertesten Schriftsteller der DDR gewesen.[31] Kunert hat jedoch bereits früh im Rundfunk Erfahrungen sammeln können, die seinen

Hörspielen zugutekamen. Jener Trias historisch orientierter, monographischer Hörspiele, die er 1971 mit dem Dürer-Hörspiel *Mit der Zeit ein Feuer* eröffnete, ein Jahr später mit dem hier abgedruckten Heine-Hörspiel fortsetzte, bevor er 1975 das Kleist-Jahr zum Anlaß nahm, *Ein anderer K.* vorzustellen, war 1968 bereits das Hörspiel *Orpheischer Dialog mit einer Art Publikum* vorausgegangen.

Hatte Stephan Hermlin in seinem Hörspiel *Scardanelli* den Lebensweg des Dichters nachgezeichnet, um bewußt zu machen, »daß Hölderlins Schicksal gerade in der äußersten Zuspitzung und Übersteigerung der individuellen Tragik Ausdruck der deutschen Misere am Ausgang des 18. Jahrhunderts ist«[32], so schließt Kunerts Hörspiel in gewisser Weise daran an, indem es sich der deutschen Misere in der Mitte des 19. Jahrhunderts zuwendet und am Beispiel Heines die tragische Situation des politischen Dichters in der bürgerlichen Gesellschaft erörtert. Ausgangspunkt dieses poetischen Beitrags zum Heine-Jahr ist das Bild des Dichters, seines Charakters, das nicht allein zeitlebens seinen Ruf und sein literarisches Renommée belastete, sondern auch über den Tod hinaus die Rezeptionsgeschichte entscheidend beeinflußte, selbst die Beurteilung durch sozialistische Wissenschaftler. Die späten, nicht immer freundlichen Äußerungen von Marx über Heine sind bekannt, wie auch die Verärgerung von Engels über die »Franzosenschwärmerei« und den »Bonapartismus« des Dichters. Weit stärker jedoch hat das Urteil von Georg Lukács gewirkt, der Heine zwar als den »deutschesten Dichter der Mitte des XIX. Jahrhunderts« feierte[33], in seinem großen Heine-Essay jedoch ausführte, weshalb Heine »als alleinstehender, als nur auf sich gestellter Revolutionär, der sich in seinem Kampf gegen Staat und bürgerliche Gesellschaft auf keine Klasse, auf keine Partei stützen konnte, so viele Schwankungen, so viele häßliche Kompromisse machen mußte«[34], eine Formulierung, die der Polemik jener Gegner Heines bemerkenswert nahekam, welche jahrzehntelang mit der Verunglimpfung seines Lebenswandels auch seine Dichtung herabzuwürdigen suchten.

Ein solcher häßlicher Kompromiß ist Thema des Kunertschen Hörspiels, das dem Autor dazu dient, Heines Verständnis von Ehre darzulegen, worauf bereits der Titel anspielt, und eine Ehrenrettung des vielgeschmähten Dichters vorzunehmen. Dessen Dilemma formuliert Heine im Brief an Mignet in der 13. Szene: »Die Macht der Dinge zwang mir den politischen

Kampf auf, und die Macht kleinlicher Intrige veranlaßt mich, will ich den Kampf weiterführen, zur Kapitulation in andern Bereichen.«[35] Um nicht im Exil in einem Duell zu fallen, ist Heine bereit, auf die persönliche Ehre zu verzichten, auf das, was man damals Charakter nannte, und dem Heine im *Atta Troll* die Apotheose des Talents, hier jedoch das politische Engagement gegenüberstellt, seine Gesinnungsehre. Die Wahl zwischen den beiden damit verbundenen Existenzweisen hat sich über das neunzehnte Jahrhundert hinaus für einen politischen Dichter immer wieder gestellt, wurde jedoch am Beispiel Heines besonders eklatant sichtbar. Seine im Hörspiel formulierte Zuversicht »Und ich weiß, wie die Nachwelt meine Wahl beurteilen wird« hat im Urteil späterer Generationen oft genug keine Bestätigung erfahren, und auch der Dichter selbst mochte im Alter nicht mehr mit derselben Gewißheit seinen früheren Optimismus teilen. Sein Gedicht *Enfant perdu* beschreibt eben die Situation, die in Kunerts Hörspiel thematisch wird, und seine letzte Strophe meint auch jene Wunden, die der notwendig gewordene Verzicht auf persönliche Ehre oft genug hinterlassen hatte.

> Verlorner Posten in dem Freiheitskriege,
> Hielt ich seit dreißig Jahren treulich aus.
> Ich kämpfe ohne Hoffnung, daß ich siege,
> Ich wußte, nie kam ich gesund nach Haus. [...]
>
> Ein Posten ist vakant! – Die Wunden klaffen –
> Der eine fällt, die andern rücken nach –
> Doch fall ich unbesiegt, und meine Waffen
> Sind nicht gebrochen – Nur mein Herze brach.[36]

Stilistisch knüpft Kunert an Heines Sprache an, nähert sich dessen Duktus so sehr, daß die Zitate streckenweise nicht mehr zu erkennen sind, sehr im Unterschied zu Hermlins Hölderlin-Hörspiel, dessen strukturbildendes Collageprinzip für den Hörer immer entschlüsselbar blieb. Kunert ist bei seinem Verfahren begünstigt durch eine offensichtliche Wahlverwandtschaft, die sich nicht nur im politischen Engagement, in der Tendenz zum lehrhaften Sprechen ausdrückte, sondern sich vor allem in seiner lakonischen, unpathetischen und häufig satirischen Lyrik abbildete.

Zugleich macht diese Schreibart, die sich bei Schneider, Hermlin und anderen Autoren gleichfalls findet, auf eine Tendenz der neueren DDR-Literatur aufmerksam, die Fritz J. Raddatz

anläßlich einer Kritik der Arbeiten Rolf Schneiders hervorgehoben hat: ›Die jüngste Prosaliteratur der DDR hat keine Vorbilder in der eigenen sozialistischen Kulturvergangenheit, hat ein allenfalls parodistisches Verhältnis zur überkommenen Literatur«[37]. Sprach- und Stilvariationen bis hin zur imitatorischen Anverwandlung sind zweifellos respektvolle Verbeugungen vor dem Vorbild und so gesehen durchaus angemessene Beiträge zu Dichterehrungen wie im vorliegenden Fall. Gehäuft könnten sie jedoch auch einen Hang zum Eskapismus aus jenem Bereich signalisieren, dem sich die Autoren des realistischen Problemhörspiels bislang hauptsächlich gewidmet hatten, der unmittelbaren Gegenwart im anderen Deutschland.
Oder möchte Kunert jene Positionsbestimmung der Literatur, die er Heine im Gespräch mit Mathilde äußern läßt, als einen weiteren Beitrag zur Funktionsbestimmung sozialistischer Kunst verstanden wissen, als immer noch aktuelle Warnung, nicht nachzugeben, den eigenen und den Prinzipien der Kunst treu zu bleiben? »Gäbe ich nur um ein weniges nach, ich wäre verloren. Mit einer kleinen Konzession fängt es an, hier ein Wort weglassen, da eine Formulierung abschwächen, und das Folgende bestünde darin, auf bestimmte Themen ganz zu verzichten, und damit auf Grundsätze, auf Prinzipien, auf das Wesen der Kunst überhaupt, das kein prinzipienloses Gespenst ist: am Ende hat man sich selber die Schlinge so eng gezogen, sich in einem Kreis gefangen, wo man Blumen und Bienen bedichtet zur vollen Befriedigung des Zensors und zum schmerzlichen Entsetzen der Leser, die aufgeklärt, aufgerufen, wachgerüttelt, erschüttert und bestärkt werden sollen, das Himmelreich hier und heute zu fordern, nicht eingelullt und vertröstet auf den Sankt Nimmerleinstag!«[38]
Die internationale Reputation, die das Hörspiel der DDR spätestens Anfang der siebziger Jahre erlangt hatte, bezeugte die Verleihung des bedeutendsten Hörspielpreises, den der DDR-Rundfunk vier Jahre nach seiner ersten Beteiligung am internationalen Festival der Rundfunk- und Fernsehanstalten in Venedig errang: ausgezeichnet mit dem ›Prix Italia 1977‹ für Funkdramatik wurde das Hörspiel *Die Grünstein-Variante* von Wolfgang Kohlhaase in der Regie von Günther Rücker und Barbara Plensat. Kohlhaase gehört zu den produktivsten und talentiertesten Funkautoren der jüngeren Generation und ist auch als Drehbuchautor mehrerer Filme und Fernsehstücke hervorgetreten.

Das Hörspiel, das Kohlhaase im Untertitel *Eine Geschichte in Erinnerung an Geschichten, die Ludwig Turek erzählt hat* nennt, führt den Hörer in ein Pariser Gefängnis unmittelbar vor Ausbruch des 2. Weltkrieges. Hier findet der polnische Jude Grünstein, der unentwegt an seine Arbeit als Fleischer zurückdenkt, beim Schachspielen mit Lodek, von dem er dieses Spiel erst gelernt hat, fast wider Willen eine geniale Variante, die ihn unschlagbar macht. Und nach Jahren, als sich Lodek und Grünstein längst aus den Augen verloren haben, die einstigen Zellengenossen längst in alle Winde zerstreut sind, bleibt als konkreteste Erinnerung an diese Zeit die Grünstein-Variante. Aber auch sie ist längst der Zeit verfallen, an die ihr Name erinnert. »Komisch, so viele Leute spielen Schach auf der Welt. Aber nur Grünstein wußte diesen Zug. Der könnte im Schachbuch stehen, wie Nimzowitsch«[39], bedenkt rückschauend Lodek. Der Zufall, der zum Finden des Zugs geführt hat, hat auch dessen Fixierung verhindert: bewahrt bleibt nur die Erinnerung, daß es ihn einst gab.

So führt die Geschichte zu einem fast versöhnlich-humoristischen Verständnis jener wirren Zeit, die wie der Hintergrund eines alten Fotos nur noch unscharf zu erkennen ist. Und auch der Vordergrund, die Schachvariante, beginnt bereits zu vergilben. Jene Vermutung des Brechtschen Gedichts »Und auch den Kuß, ich hätt' ihn längst vergessen / Wenn nicht die Wolke da gewesen wär« aus der *Hauspostille*[40] erfährt eine erneute Bestätigung: das Vergänglichste, das Nichtfestzuhaltende, dort die Wolke, hier ein Schachzug, von dem niemand, selbst Grünstein nicht sagen könnte, wie er zustande kam, erweist sich als das Bleibende. Das Sinnbild der Flüchtigkeit, der nicht erinnerbare Zug, wird im Hörspiel, in der gleichfalls stets gefährdeten, weil vom Vergessen bedrohten Beständigkeit des Kunstwerks aufgehoben.

Die internationale Anerkennung, die das Hörspielschaffen der DDR mit der Verleihung des ›Prix Italia‹ erlangte, war der Lohn für eine jahrelange intensive Pflege dieser Gattung und für eine beständige Auseinandersetzung mit ihren Möglichkeiten und Problemen. War in den sechziger Jahren mit den »Wochen des Gegenwartshörspiels« ein vielbeachtetes Forum für die Erarbeitung und Erprobung neuer Hörspiele geschaffen worden, so kristallisierten sich seit 1971 neue Formen des Gegenwartshörspiels in den sogenannten »Originalkurzhörspielen« heraus. Diese Hörspiele – mehrere wurden inzwischen in Hörspielbüchern oder Zeitschriften publiziert – sind zumeist

zehn- bis fünfzehnminütige originale, d. h. nicht bearbeitete Szenen, die sich zunehmender Beliebtheit in der DDR erfreuen.
Nach wie vor stellt jedoch der Typ des realistischen Problemhörspiels den größten Anteil der Hörspielproduktion in der DDR. 1976 wurde mit der erstmaligen Verleihung eines Hörspielpreises[41] die Bedeutung dieser Gattung innerhalb der Literatur der DDR unterstrichen. Neben diesem, durch eine Jury aus Kritikern, Literatur- und Theaterwissenschaftlern verliehenen Preis gibt es seit 1976 auch einen Hörer-Hörspielpreis, mit dem für das Jahr 1978 Joachim Priewe, ein Hörspieldebütant, für sein Hörspiel *Nachtkonferenz – oder Wie beginnt ein Regenguß* ausgezeichnet wurde. In zwangloser Folge publiziert die Literaturzeitschrift *Neue Deutsche Literatur* unter dem Titel *Dramatik aus dem Äther* eine Kritikerkolumne, in der neue Hörspiele rezensiert und diskutiert werden.
Die vor allem in den letzten Jahren verstärkt betriebene Förderung junger Talente durch den Rundfunk hat inzwischen zu einer ganzen Reihe beachtlicher Hörspiele geführt, so daß die neueste Hörspielanthologie ausschließlich aus Erstlingswerken zusammengestellt werden konnte.[42]
Zu den stärksten Begabungen unter den jungen Autoren muß Joachim Walther gezählt werden, der zunächst als Prosaschriftsteller bekannt geworden ist, sich 1971 jedoch mit dem an die, eher in der Bundesrepublik gepflegte Tradition des ›Stimmenhörspiels‹ anknüpfenden Stück *Ein Dorf auf dieser Erde* auch als Hörspielautor vorstellte. Nach einem weiteren, auch international erfolgreichen Hörspiel *Randbewohner* veröffentlichte er 1979 in der Hörspielreihe des Henschelverlags sein hier abgedrucktes Hörspiel *Infarkt*, das in der DDR noch nicht produziert wurde, gewissermaßen also auf die neueste Hörspielarbeit vorausweist.
Auf sehr eigenständige Weise machen sich alle Waltherschen Hörspiele die Möglichkeiten des Mediums zunutze. Allein durch die vielseitige und oft neuartige Verwendung von Geräuschen unterscheiden sie sich von den meisten anderen Hörspielen der DDR. Und ebenso auffällig erscheint die Art und Weise, wie Walther in dem hier abgedruckten Hörspiel gesellschaftliche Entwicklungsprozesse zur Diskussion stellt, erstaunt die Offenheit und Konsequenz, mit der das Thema behandelt wird.
Aus einer persönlichen Krisensituation, »der Ausnahmesituation des Infarkts als Symbol für die bedrohte menschliche

Existenz läßt der Autor die Grenzen des eigenen Ichs seinem Helden deutlich werden«[43] und läßt diesen in schonungsloser Selbstkritik die Bilanz seines Lebens ziehen, immer auf der Suche nach jenem Punkt, wo ehrliche Parteinahme der Gewohnheit, produktive Unruhe der Bequemlichkeit wichen. Ein unbequemes Hörspiel hat Joachim Walther damit vorgelegt, ein Hörspiel, das wohl nicht allein in dem Land beunruhigen kann, in dem es entstand, und das sich eben dadurch in die große Tradition der Gattung einreiht, die man in der DDR nie als das Genre der Traum- und Illusionsspiele verstanden hat. Die Brisanz eines solchen Hörspiels, in dem der Autor »mit sezierender Schärfe Verhaltensweisen, die der Entstehung kleinbürgerlicher Moral- und Denkschemata auch unter sozialistischen Gesellschaftsbedingungen Vorschub leisten«, aufzeigt und auf das »komplizierte Wechselspiel von subjektiven Faktoren und zeitspezifischen Bedingtheiten beim Aufbau einer neuen Gesellschaft«[44] hinweist, wird auch beim bloßen Lesen deutlich und fordert nachdrücklich zur Diskussion, zum Dialog zwischen Autoren und Hörern auf. Wird dieser Dialog, der der Taschenbuchreihe des Henschelverlags den Namen gab, weiter gefördert und intensiviert, um immer wieder auch unbequeme Fragen zu stellen, Probleme nicht zu verdrängen, sondern zu erörtern und Entscheidungen unbefangen zu diskutieren, dann wird das realistische Problemhörspiel der DDR auch weiterhin seinen eigenständigen Beitrag zur Entwicklung der Gattung leisten können.

Der Herausgeber dankt dem Henschelverlag und besonders seinem Leiter, Horst Wandrey, für die großzügige Überlassung schwer zugänglicher Texte, Dr. Peter Gugisch (Staatliches Rundfunkkomitee der DDR) für wichtige Hinweise und fortwährende Diskussionsbereitschaft und Frau Dr. Jutta Siegmund-Schultze (Fischer Taschenbuch Verlag) für stete Ermutigung und tatkräftige Unterstützung.

Genf, im September 1981 *Stefan Bodo Würffel*

Anmerkungen

1 Schwitzke, H., *Das Hörspiel. Dramaturgie und Geschichte*, Köln 1963, S. 107
2 Bertaux, P., *Hölderlin und die Französische Revolution*, in: *Hölderlin-Jahrbuch*, 15. Bd. 1967/68, S. 3
3 ebd.
4 vgl. dazu: Würffel, S. B., ›*... denn heute hört uns Deutschland*‹ – *Anmerkungen zum Hörspiel im Dritten Reich*, in: *Kunst und Kultur im deutschen Faschismus*, hrsg. v. Ralf Schnell, Stuttgart 1978
5 *Frühe Hörspiele. Sprich, damit ich dich sehe*, Bd. II, München 1962
6 Kolb, R., *Das Horoskop des Hörspiels*, Berlin 1932, S. 34
7 Berger, M. u. a., *Theater in der Zeitenwende. Zur Geschichte des Dramas und des Schauspieltheaters in der Deutschen Demokratischen Republik 1945–1968*, Berlin 1972, Bd. 2, S. 25
8 Gugisch, P., *Hörspiel in der DDR*, in: *Hörspiele 6.* Herausgegeben vom Staatlichen Rundfunkkomitee der Deutschen Demokratischen Republik, Berlin 1966, S. 33
9 vgl. Kesser, H., *Schwester Henriette*, 1929; in: H. Schwitzke (Hrsg.), *Frühe Hörspiele. Sprich, damit ich dich sehe*, Bd. II, München 1962, S. 129–156
10 hier S. 48
11 Krautkrämer, H.-W., *Das deutsche Hörspiel 1945–1961.* Diss. Heidelberg 1962, S. 35 f
12 Eich, G., *Fünfzehn Hörspiele*, Frankfurt a. M. 1966, S. 88
13 Brecht, B., *Der Rundfunk als Kommunikationsapparat [1931/32]*, in: *Ges. Werke Bd. 18, Schriften zur Literatur und Kunst I.*, Frankfurt a. M. 1967 (werkausgabe), S. 127–134
14 vgl. Schöning, K. (Hrsg.), *Neues Hörspiel. Essays, Analysen, Gespräche*, Frankfurt a. M. 1970;
– ders. (Hrsg.), *Neues Hörspiel O-Ton. Der Konsument als Produzent. Versuche. Arbeitsberichte*, Frankfurt a. M. 1974
15 Dedner, B., *Das Hörspiel der fünfziger Jahre*, in: *Die deutsche Literatur der Gegenwart*, hrsg. v. M. Durzak, Stuttgart 1971, S. 130
16 Klose, W., *Didaktik des Hörspiels*, Stuttgart 1974, S. 39
17 Gugisch, P., *Hörspiel in der DDR*, a.a.O., S. 151
18 Gugisch, P., *Hörspiel und Wirklichkeit*, in: *NDL 13*, 1965, H. 6, S. 159
19 Beck, W., *Nachbemerkung*, in: *Hörspiele 3*, Berlin 1963, S. 156
20 ebd.
21 ebd. S. 158
22 hier S. 132
23 *hörspieljahrbuch 1*, Berlin 1961, S. 27–57
24 hier S. 145
25 Weiss, P., *Hölderlin. Stück in zwei Akten.* Frankfurt a. M. 1971
26 hier S. 167
27 hier S. 159
28 hier S. 186
29 hier S. 186

30 hier S. 188
31 Günter Kunert lebt inzwischen in der Bundesrepublik.
32 Gugisch, P., *Vorwort*, in: *Hörspiele 11*, Berlin 1972, S. 9
33 Lukács, G., *Heine und die ideologische Vorbereitung der 48er Revolution*, in: *Text und Kritik 18/19*, Mai 1971, S. 47
34 Lukács, G., *Heinrich Heine als nationaler Dichter*, in: G. L., *Deutsche Realisten des 19. Jahrhunderts*, Berlin 1953, S. 96
35 hier S. 209
36 Heine, H., *Sämtliche Werke*, hrsg. v. H. Kaufmann, München 1964, Bd. III, S. 115f
37 Raddatz, F. J., *Traditionen und Tendenzen. Materialien zur Literatur der DDR*, Frankfurt a. M. 1976, S. 318
38 hier S. 208
39 hier S. 241
40 Brecht, B., *Ges. Werke Bd. 8, Gedichte I*, Frankfurt a. M. 1967 (werkausgabe), S. 232
41 für Beetz' Hörspiel *Zwiesprache halten*
42 *Ich will nicht leise sterben. Hörspiele*, hrsg. vom Staatlichen Komitee für Rundfunk beim Ministerrat der DDR, Berlin 1979. vgl. auch: Jutta oder die Kinder von Damuz. Hörspiele, hrsg. vom Staatlichen Komitee für Rundfunk beim Ministerrat der DDR, Berlin 1981
43 Sydow, U., *Nachwort*, in: Joachim Walther, *Ein Dorf auf dieser Erde* u. a., Berlin 1979, S. 109
44 Sydow, U., a.a.O., S. 110

W. K. SCHWEICKERT

HERHÖREN – HIER SPRICHT HACKENBERGER

[1954]

Personen:

HACKENBERGER

STIMMEN

Kurzer Musikwirbel

HACKENBERGER Ich – Georg Richard Hackenberger – wurde am 17. Februar 1908 als Sohn des 1917 gefallenen kaufmännischen Angestellten Emil Hackenberger ... in Schütten an der Lahe geboren. Punkt ... Ich besuchte die Volksschule in Schütten und trat nach meiner Schulentlassung bei dem Fleischermeister Egon Künzel in Borsfeld in die Lehre. Punkt ... Meine Gesellenprüfung bestand ich mit »gut« ... äh ... *Ganz langsam im Schreibtempo* Im Jahre 1935 trat ich in den aktiven Dienst der deutschen Wehrmacht, aus der ich 1945 mit dem Rang eines Hauptfeldwebels ausschied ... *Für sich* Na – das ist nicht gut – ausschied ... trat ich in den Dienst der deutschen Wehrmacht ... Beim Zusammenbruch – äh – des Hitlerregimes hatte ich den Dienstgrad Hauptfeldwebel. So. Punkt ... *Wieder schneller, zum Teil monoton, ohne geistige Anteilnahme heruntergeleiert* Ich war dann in der Papierfabrik Millinger als Fahrer eines Lkw tätig. Im Jahr 47 trat ich – wurde ich Fahrdienstleiter der Transportgesellschaft Schmidt und Co. ... in Großkehren ..., bei der ich auch heute noch tätig bin ... Punkt ... Seit dem Jahre 39 bin ich mit Ella Hackenberger – geborene Wesernberg – verheiratet und Vater eines achtjährigen Sohnes ... So – das hätten wir! – Überschrift: Mein Lebens – – lauf. Punkt ... Quatsch, Lebenslauf. Ja! – Was sagt eigentlich so ein Lebenslauf? – Nichts! Gar nichts ... völlig uninteressant, was. Na – ganz so uninteressant war es nicht. Kommt doch immer darauf an, was einer aus einer Sache macht! Es kommt auf den Kerl an! Man kann eine Sache so machen, man kann sie aber auch so machen – ich habe sie sooo gemacht! Ich habe Schicksal gespielt! – Na wollen wir erst mal weitermachen ... Was steht hier? Jetziger Aufenthalt, Doppelpunkt ... *Lacht kurz* Das ist ja zum Piepen. So was ist nur in einem Irrenhaus möglich! Da legt die Anstaltsleitung mir einen Fragebogen vor und fragt mich, wo ich mich aufhalte! – Wer ist nun wirklich verrückt? Die oder ich? – Ach so – na ja – werden feststellen wollen, ob ich noch klar bin ... ob ich weiß, wo ich bin ... Und ob ich klar bin! – *Kalt, zynisch* Bei mir habt ihr kein Schwein! Ich bin nicht der Kaiser von China und auch nicht Papst Pius der Soundsovielte ... Jetziger Aufenthalt ... *Wieder langsam schreibend* Heilanstalt Düssen – seit dem 17. vorigen Monats. – Na bitte ... Grund: Untersuchung meines Geisteszustandes auf Veranlassung meiner Frau ... und ihrer sauberen Verwandtschaft, die steckt vor allem dahinter ... Verwandtschaft. Punkt ... *Wieder rascher, beteiligter* Weil ich angeblich meiner Unterhaltspflicht gegenüber meiner Familie nicht nachkomme ... weil ich zwei Architekten ... und eine Eisenbetonfirma beauftragt habe, Pläne zur Ausführung einer Autobahnbrücke bei Gelsen anzufertigen, und zur Abgeltung der hierdurch entstandenen Kosten in Höhe von 1700 Mark ... mein Gehalt bei Schmidt und Co. und einen Teil meiner Wohnungseinrichtung verpfändet habe. Punkt. – *Ärgerlich bestimmt* So – mehr schreibe ich nicht ... Da können sie nun ihre Schriftprobe und von mir aus die Intelligenzprobe machen ... Von mir aus – stundenlang! Oder mir wieder die Knie beklopfen, die Finger spreizen lassen, in die Augen leuchten ... Und mich fragen wieviel 17 und 34 ist! – *Lacht* Junge, Junge, Junge! Die müßten mir mal in die Pfoten kommen. Diese Armleuchter ... *Rasch, interessiert* Sie können es nicht verstehen, wenn sich Hackenberger unter anderem Namen einen Kostenanschlag über eine neue Autobahnbrücke machen läßt, so: Geht die doch gar nichts an! Ist doch meine Angelegenheit! – Ich muß doch dafür aufkommen! Und ich komme dafür auf! Fragt mich der Professor gestern, warum ich eine Autobahnbrücke bauen lassen will – will ich ja gar nicht! Ich denke doch nicht daran! – Warum ich dann einen Kostenanschlag bei drei Firmen machen lasse? *Triumphierend* Nun – weil mich das interessiert! Herr Professor, weil mich das interessiert! Ich will wissen, was so eine Brücke, was meine Brücke kostet! – War übrigens ganz interessant: Einer fordert 134 000 Mark, der andere 147 und Kroll & Seger verlangen sogar 178 000 Mark! – Da sieht man mal wieder, wie das Geld verdient wird! – Also, verlassen Sie sich darauf, meine Herren Nervenspezialisten: *Meine* Nerven sind in Ordnung! Da könnt ihr euch alle noch eine Scheibe davon abschneiden! Alle! – Man findet mein Verhalten »sonderbar« ... Aber früher, da war alles in Ordnung, was! Da ging alles klar, da war ich der Mann ...! Deshalb kam ich bei der Wehrmacht vorwärts, verstehen Sie: Ich konnte die Knie gut durchdrücken ... und habe ein Handgelenk – hier schauen Sie sich das mal an, das letzte Loch meiner Armbanduhr reicht ja kaum hin ... Ich wurde Ausbilder! – *Brutal, stolz* Da war was los, kann ich Ihnen sagen! Da kochte die Wurst im Kessel! Da gab es Dampf! – Ich habe die Herren Rekruten auf Vordermann gebracht! Ich war das, was der Führer einen guten Ausbilder nannte ...! Bei mir hatte keiner was zu lachen! Wenn ich vor meinen Leuten stand, dann – dann schlug mir so etwas entgegen, wissen Sie, so eine unsichtbare Welle von Angst ... von hündischer Ergebenheit – und auch von Wut ... *Das war was!* Da konnte man was mit anfangen ...! Ein Pfiff – und sie lagen vor mir auf dem Bauch ... Wieder ein Pfiff – und sie rannten über den Kasernenhof wie Hunde ... Wieder ein Pfiff – und sie standen stramm wie die Zinnsoldaten ... Und wehe, wenn sich einer muckste! – Da gab es Männer, die ich von vornherein auf dem Zug hatte, ohne daß sie mir irgendwas getan hätten. – Es gibt doch Menschen, die könnte man stundenlang in die Fresse haun, nicht wahr? Ich kann Ihnen sagen: Die standen von vornherein auf verlorenem Posten ... Das waren die, die ich mit »Sie Würstchen« oder mit »Sie Salzknabe« ansprach ... Dann wußte der Betreffende, was die Stunde geschlagen hatte ...! Und die anderen mit! Die anderen mit! – *Zynisch* Ich habe einmal einen – es war ein Dozent oder so was Ähnliches, so ein Studierter – den habe ich mal über den Kasernenhof robben lassen. Wissen Sie, so – so auf dem Bauch, mit Gewehr und aufgesetzter Gasmaske – bis er liegenblieb! – Und als er nicht aufstehen wollte, da hab ich ihm wegen Befehlsverweigerung ein Ding verpaßt, daß er genug hatte ... Wenn Hackenberger vor der Front stand – dann war er geladen! Wenn ich ein Kommando gab – dann war es so laut, daß man es noch in den Stuben hinter den Doppelfenstern genau hören konnte ... Oder es war so leise gezischt, daß sie mir es von den Lippen ablesen mußten. Passen Sie mal auf – so: *Zischt* Ganze Abteilung – kehrt! – oder so: *Brüllt* Ganze Abteilung – kehrt! – *Großer Hall nachklingend* Das war noch gar nichts, das hat nicht hingehaun! – Ich möchte hier Direktor sein! – Die würden alle schnell normal werden hier, kann ich Ihnen sagen! Die ließe ich Gewehrpumpen und Kniebeugen machen, daß ihnen Hören und Sehen vergeht! – Da hatten wir ein Betonbecken, vielleicht an die sieben Meter lang und vier Meter breit. Das war mit Wasser gefüllt – *Lacht* und darüber lag ein schmaler Balken. Und was so ein zackiger Pionier war, der muß natürlich über den Balken – *Lacht* über das Becken laufen ... Und da war einer, ein gewisser Ludmill, war Gärtnergeselle. Der – den habe ich – *Lacht höhnisch* jedesmal so oft drüber laufen lassen, bis er hineinklatschte ... *Brüllt vor Lachen* Das war ein Bild ...! Das war so ein Dicker, wissen Sie! – Und erst, wenn ich sie über die Bretterwand gejagt habe ... Ich sage Ihnen, die haben Griffe gekloppt – das war eine wahre Pracht! Zack, Zack, Zack – das war wie eine Maschine; das waren keine Menschen mehr – das waren nur noch Figuren ... Ohne eigenen Willen ... Man mußte diesen Zivilisten systematisch das Kreuz so in Stücke brechen, damit sie später bereit waren, für eine Mark fuffzig am Tag für ihren heißgeliebten Führer den Heldentod zu sterben. Und jeden Befehl – verstehen Sie mich – auszuführen. – Manche Leute wundern sich ... über das, was dann draußen alles geschehen ist – ich nicht, ich nicht. Leute, die ich ausgebildet habe, die waren zu jeder Schandtat bereit! – Die habe ich so fertiggemacht, wie sie von Adolf gebraucht wurden! – Ich habe einmal – das war noch vor 33 – in einer Naziversammlung den Heines sprechen gehört über die Fememorde damals ... Und bevor er sagte: »Da habe ich den« – der Name ist mir entfallen – »da habe ich den und den erschossen« – also, wissen Sie, bevor er das sagte, griff er zu einem Glas Wasser auf dem Rednerpult – und trank. Es war ihm vermutlich etwas trocken in der Kehle ... Wenn ich Ihnen jetzt den Fall Stasche erzähle – also, dann habe ich das nicht nötig, meine Stimme ist deshalb nicht belegt! – Also – Stasche ... also, das war einer, wissen Sie, dem sein Gesicht gefiel mir nicht! Ich weiß nicht, was er war – auf jeden Fall: Ich konnte den Kerl nicht ausstehen! Dabei war er willig. Es war ihm eben nur schwer beizukommen. Und das hat mich gerade gereizt. Und – wenn Hackenberger einen auf dem Zug hatte, da war nichts dagegen zu machen! Bei einem Gepäckmarsch fängt der Stasche an zu humpeln. Gibt an, sich die Füße aufgelaufen zu haben – na, ja, also, da war es eben schon aus bei mir. Ich ging hinter meinen Männern und gab den Befehl: Ein Lied! – Und dann pirsche ich mich so unbemerkt von hinten ran – und was macht mein Stasche? Singt nicht mit! Singt nicht mit! Ich sage: »Stasche! Mitsingen!« – und lasse mich wieder so zurückfallen. Und wie ich mich wieder an ihn heranmache, da macht er wohl das Maul auf, singt aber nicht...! *Lacht* Nach dem Gepäckmarsch habe ich mir Herrn Stasche ein bißchen vorgeknöpft. Na schön! Also: Er hatte aufgelaufene Haxen – ich habe ihn noch zwanzig Minuten strafexerzieren lassen – fragen Sie nicht wie! – Na kurz, ich habe ihm so zugesetzt, daß er sich im Kasernenkeller erhängt hat. An einem Haken an der Heizung... Die Sache hat damals etwas Staub aufgewirbelt. Es war im Sommer, und die Heizung war nicht in Betrieb. Man hat ihn erst nach drei Tagen gefunden. Wir dachten schon, er wäre desertiert – na ja, das war er ja auch: in den Himmel... Die Sache hat damals ein bißchen Aufsehen gemacht – aber der Chef hat mich voll und ganz gedeckt! Verstehen Sie! – Seine Angehörigen haben nie etwas über den Vorgang erfahren; Stasche erhielt ein ehrenvolles Begräbnis – mit Ehrensalve und allem Drum und Dran –, und in der Todesanzeige stand: »In Ausübung seiner Wehrpflicht für Führer, Volk und Vaterland verunglückte im Dienst der Pionier Otto Stasche am Soundsovielten tödlich und so weiter...« Warum ich Ihnen das erzähle? Sehen Sie – damals wurde mir zum erstenmal bewußt, welche Macht mir in die Hand gegeben war...! Ich sah plötzlich, daß ich – Georg Richard Hackenberger – Herr über Tod und Leben war! – Natürlich habe ich den Stasche nicht mit meinen eigenen Händen umgebracht... Er hat eben die Nerven verloren! und hat es selbst getan... Aber ich war ja die Ursache! – Und dann kam 1939 der Krieg – meine große Zeit! – Und ich hatte eine Macht in meinen Händen, wie kaum ein anderer! – Ich war ein hochangesehener Mann, den alle Leute in der Garnison grüßten und respektierten... Da ging es so – passen Sie auf...

Brüchige Stimme darüber, hallig

STIMME ... Zigarre gefällig? Das ist noch was Gutes! Langen Sie nur zu ... Noch eine ... noch eine ... Alter Bestand, Friedensware, Herr Hackenberger... Aller guten Dinge sind drei.

HACKENBERGER *atmet kurz*

Darüber Frauenstimme, schmeichelnd

STIMME Herr Feldwebel! Besuchen Sie uns doch auch einmal wieder! Wir würden uns aufrichtig freuen, wenn Sie mal zum Essen zu uns kommen würden! – Dienst? – Na – aber doch nicht abends... Also abgemacht – Freitag abend...

HACKENBERGER Ich war ein hochangesehener Mann, dazu braucht man gar nicht viel ... Ich könnte Ihnen manches erzählen, man muß nur anderen das Leben verekeln, dann genießt man nämlich Respekt... Und das kann man nur, wenn man von einem wie Adolf voll und ganz gedeckt wird! – Es ist gar nicht übertrieben, wenn ich sage, daß in den Jahren 39 bis 45 einige Tausend Leute durch meine Marschkompanie gingen! Einige Tausend! Das heißt, jeder von ihnen hatte eine Hürde zu nehmen – und diese Hürde hieß Hackenberger! – Es lag bei mir, ob einer hinausging in den Tod oder nicht. Wohin einer ging, das lag bei mir...! Es war schon ein kleiner Unterschied, ob Hackenberger einen nach Regensburg abstellte – zu einer Einheit, die kroatische Hiwis ausbildete, oder zum Brückenbaukommando im Hinterland – oder an einen Brennpunkt des Kampfgeschehens im Osten oder Westen! – Das eine hieß Leben – das andere Sterben! Ich wußte nämlich genau, wo was los war. Wir bekamen ja die Verlustmeldungen jeden Tag. Wir stopften die Lücken. Ein Griff in meine Kartei – ein paar Dutzend Karten – und das Schicksal hatte gesprochen... Da, wo diese Finger hier an meiner Hand – wo die hingriffen – wo sie eine Karte herausgezogen oder sie wieder zurücksteckten: Da entschieden sich Schicksale! – Sehen Sie, jetzt ist Ihnen das Lachen vergangen! – Ich habe mit diesen Rekruten gespielt wie mit Karten, ohne Risiko, ohne Gefahr. Ich habe Leute, die ich zum erstenmal in meinem Leben sah, zum Tode verurteilt! Und von zehn sind vielleicht zwei mit dem Leben davongekommen, zwei – nicht mehr. Die acht gingen vor die Hunde! – Ich habe mir manchmal die Namen in meinem Notizbuch aufgeschrieben: Es vergingen keine vier Wochen, und ich konnte sie ausstreichen. Meine Tips waren goldrichtig! Verstehen Sie, was ich meine! – Ich will mal nur einen Fall herausgreifen. Obergefreiter Hafner. Bei einem Kameradschaftsabend mit Weibern will er mir mein Mädel ausspannen ... Gott – er hat sich nicht viel zuschulden kommen lassen, hat paarmal mit ihr getanzt, aber das gefiel mir nicht. Ich habe dafür gesorgt, daß er fünf Tage später abgestellt wurde. Nach genau 23 Tagen kam die Todesnachricht! Eine Mine hatte ihm beide Arme abgerissen – dieselben Arme, die meine kleine Anni zu betätscheln versuchten! – Ich habe zwar keine Urteile vollzogen – aber ich habe sie gefällt! Kann eben keiner aus seiner Haut! – Und ich war verdammt leicht erregbar. Ich war immer bereit, Anstoß zu nehmen, ich war immer geladen – und hatte immer eine Stinkwut im Bauch... Und ich war immer auf der Suche und habe ja auch immer was gefunden – wenn ich was finden wollte! – Ich gebe zu, es war ja auch keine Kunst. Die Männer durften ja gar nichts mehr sagen. Das war schon Meuterei! Zersetzung der Wehrmacht! Da gab es ganze Stäbe, die auf so etwas warteten! Die Abwehr, die Gestapo, die Wehrmachtsgerichte, das Fallbeil – und die Exekutionskommandos ... Sagen Sie, was Sie wollen: Es war alles großartig organisiert. – *Lacht überlaut* Einmal hab ich einen an einem dienstfreien Nachmittag 27mal die Schuhe – die Schuhe putzen lassen ... Erst außen – dann innen! – Ein anderer, der hatte vergessen, seinen Rock zuzuknöpfen, ein Knopfloch war noch offen: Am darauffolgenden Sonntag mußte er sich alle zwanzig Minuten beim UvD melden, jedesmal in anderer Aufmachung: Dienstanzug, Ausgehanzug, feldmarschmäßig, Drillichzeug, Sportanzug – und vor der Kaserne stand seine Frau und wartete, sie war von weit hergekommen .... *Lacht höhnisch* Und wenn ich in meine Stammlokale kam, dann spielten die Kapellen ein Lied, mein Lieblingslied. Hören Sie – kennen Sie das?

Eingeblendet Musik »Ich tanze mit Dir in den Himmel hinein–«. Wenig abblenden, dann wieder einblenden Hakkenberger singt mit

Ich tanze mit dir – in den Himmel hinein – in den Himmel der seligen Liebe ..., die Erde versinkt – der Himmel ist mein ...

Hier verliert Hackenberger den Text und summt noch einige Takte. Dann Musik verzerrt wegblenden

HACKENBERGER Und jetzt – jetzt halten sie den Sankt Georg hier fest und untersuchen seinen Geisteszustand! Soweit ist es gekommen! – Was sehen Sie mich denn so an? Ach so, jetzt denken Sie, ich bin wirklich – nee, nee, nee! Ist nicht! Fehlmeldung! – Wissen Sie – der Walleske, der Sanitätsfeldwebel, der nannte mich immer »Sankt Georg« den »Heiligen Schorsch«! Zum Piepen, was! – Ganz einfach: Ich habe mehr Kranke gesund gemacht als Sankt Georg aus der Bibel! Mindestens 600 Mann! – Ach was, reicht gar nicht! Bei mir konnte sich keiner vom Dienst drücken! – Sie hätten mal sehen sollen, wie schnell die bei mir gesund wurden! Ein Anruf im Revier genügte! – Wenn dann der Sanitätsfeldwebel, der Dulliske, bei der Vorführung der Kranken im Revier vor dem Stabsarzt nicht schwieg, sondern sagte: »Das ist der Pionier Soundso« – dann wußte der Stabsarzt Bescheid ... Da war was los, sage ich Ihnen. Wenn da so einer mit seinem Wehwehchen angehumpelt kam, da hab ich mir den Burschen gelangt, so: »Was haben Sie denn da? Bauchschmerzen? Hm. Hm. Erzählen Sie mir nichts, Mensch, Bauchschmerzen, da hilft Bewegung. Los! Hauen Sie ab! Sie sollen abhauen, haben Sie verstanden? Halten Sie das Maul! Das Maul sollen Sie halten! Wenn ich rede, haben Sie Pause! Sie sind wohl wahnsinnig geworden, Sie Würstchen!

Stimme überschlägt sich

HACKENBERGER Sie haben mir noch gefehlt, verschwinden Sie!

Krankenwärter tritt ein

PFLEGER Haben Sie gerufen, Herr Hackenberger?

HACKENBERGER Bringen Sie den Kerl hinaus! – Los, los!

PFLEGER Der Herr Hackenberger macht wieder Spaß – es ist doch gar niemand da. – Kommen Sie, legen Sie sich hin, es ist schon spät.

HACKENBERGER Menschenskind, bilden Sie sich nur nicht ein, daß ich nicht alle Tassen im Spind habe.

PFLEGER Wer sagt denn so was, Ihre Nerven sind ein bißchen angegriffen, das ist alles. Aber das kriegen wir wieder. Legen Sie sich hin. Schlafen Sie ein bißchen.

HACKENBERGER Gehen Sie doch raus, Sie . . . , Sie . . . Schlafen, schlafen – Ich habe nie geschlafen, nie! – Hören Sie mir überhaupt noch zu? – Was soll ich Ihnen noch sagen? – Ach so, die Sache mit der Brücke! Eines Tages war es soweit. Ich vertauschte die Schreibstube mit dem Stahlhelm, es ging nicht anders, und stand mit einer Handvoll Männern an der Autobahn bei Leipzig. Wir hatten längst die Verbindung mit dem Kommandeur und den anderen Einheiten verloren, und so lagen alle Entscheidungen bei mir. – Ich war nicht gerade scharf auf Feindberührung, und wir hatten uns im Gelände verkrümelt. In einem Wäldchen. Die Leute hauten ab, einer nach dem anderen – ich habe sie nicht gehindert. Viel sagen konnte man nicht mehr, das war zu gefährlich . . . Und zuletzt hatte ich noch ein paar Rekruten aus der HJ und drei Volkssturmmänner unter meinem Kommando. Von den Amis, da war weit und breit nichts zu sehen. Aber – nun passen Sie auf – nicht weit von uns, da war eine Brücke über die Autobahn, und diese Brücke hatte es mir angetan. Es war eine schöne und breite Brücke, und da plötzlich packte es mich: Die muß weg! Die muß weg! – Hackenberger beschließt die Soldatenzeit und den Krieg mit einem Donnerschlag . . . Die Sprengladungen wurden angebracht, und die Brücke – ging hoch! Und wie die hochging! Ich kann Ihnen sagen, das war ein Schauspiel! Ich seh es immer wieder, immer wieder seh ich die Betonfetzen, die sausten nur so durch die Luft. Ich habe vom Wäldchen aus zugesehen. – Dann habe ich meine Männer nach Hause geschickt – und bin selbst nach Hause gegangen. Der Krieg war aus. – Ich hatte meine Pflicht getan. Bis zur letzten Stunde. Und zu Hause wurde ich Fahrer auf einem Lkw, und später kam ich als Fahrdienstleiter zu Schmidt und Co. Da spielte ich schon wieder eine kleine Rolle. So bei der Benzinverteilung und bei der Fahrzeuggestellung, da konnte man schon was machen, aber, was war das schon im Vergleich zu der ungeheuren Macht, die ich im Kriege hatte. Davon kommt man ja nicht los. Glauben Sie, glauben Sie mir das, davon kommt man nicht so leicht los, wenn man so einer war wie ich. Das beschäftigt einen ja Tag und Nacht – Tag und Nacht. Und ich will weiter dabeisein, ich will und muß im Spiel bleiben, verstehen Sie! – Und das mit der Brücke – ich meine – es interessierte mich, was damals in einer Sekunde von Hackenberger in die Luft geblasen wurde ... Ganz schönes Objekt, 150 000 reichen da nicht aus. Da ist Zement hingekommen, 180 Tonnen, das ist ein kleiner Zug, das sind über 12 Waggons und Stahl über 100 Tonnen ... Eine Tonne – das sind 20 Zentner, und Arbeitsstunden stecken da drin. Ich hab sie nich so im Kopf. Es wird eine neue Brücke gebaut werden an der Autobahn – und warum? Warum? Nur aus dem einen Grund: weil Hackenberger einmal soviel Macht und Gewalt hatte; weil diese Finger hier, weil diese Finger hier – schauen Sie her – diese Finger: weil die im April 45 plötzlich auf die alte Brücke zeigten, und weil dieser Mund sagte: »Das Ding geht hoch!« – Ich bin oft dort gewesen – jetzt haben sie die Trümmer beiseite geräumt ... Aber der Faden spinnt sich trotzdem weiter ... ich habe mir ausgerechnet – wo habe ich denn die Zettel – ausgerechnet: seit 1945 bis jetzt mußten rund 164 000 Kilometer umgefahren – mehr gefahren werden. Dabei lege ich nur 13 Fahrzeuge am Tage zugrunde, das entspricht einer Strecke von über viermal um die Erdkugel, mein Herr! – Um die Erdkugel!! – Und warum? Warum? Weil Hackenberger es einmal krachen hören wollte! Das Kriegsende wurde nämlich dadurch nicht eine einzige Sekunde aufgehalten! Das ist ja das Originelle! – *Lacht* Ja! Ja, das greift hinein bis in unsere Tage! Das läßt sich nicht ausradieren! – Da stand doch jetzt in allen Zeitungen bei der Bekanntgabe des Wirtschaftsplanes: »Durch Wiederherstellung von 127 im Krieg zerstörten Brücken werden die Verkehrsverbindungen verbessert und zum Teil erheblich verkürzt werden.« Sehen Sie – 127 Brücken! Wenn ich nicht gewesen wäre, dann stände jetzt in allen Zeitungen nicht 127, sondern 126, und Millionen Menschen hätten anstelle der 7 eine 6 gelesen! – 127 Brücken! – Und da sitzen sie jetzt in den Ministerien und Büros und planen und bauen und beschäftigen sich mit meiner Brücke. Man nimmt Notiz von mir! – Man nimmt Notiz von mir – bei den höchsten Stellen! Heute noch! – Können Sie sich vorstellen, daß ich mich für das alles interessiere? Was? – So reden Sie doch! – Das können Sie nicht! Sie können ja gar nicht mitreden! *In höchster Erregung* Sie haben noch keinen Menschen ins Jenseits befördert! Sie haben noch nie eine Autobahnbrücke hochgehen lassen, so ohne Bedenken! Zum Spaß! Nur zum Spaß! Das bringen Sie ja gar nicht fertig! Dazu sind Sie ja viel zu klein! Sie... Sie... Sie Würstchen! Sie können einen Knallfrosch kaufen, das können Sie vielleicht! Aber – Sie haben ja keine Ahnung, was in mir vorging, als ich hörte, wir werden wieder gebraucht! – Drüben geht's wieder los, meine Herren, im Westen gibt's schon wieder Garnisonstädte, jawohl, da ziehen sie ein in alter Pracht und Herrlichkeit! Die alten Märsche werden wieder gespielt und Griffe gekloppt: Zack, Zack...! Und die Ausbilder, die stehen wieder hoch im Kurs, meine Herren, so, wie ich! – Wir sind wieder mit im Spiel, Hackenberger mischt wieder die Karten! – Lachen Sie doch nicht so, grinsen Sie doch nicht, Mensch! Sie sind der Nächste, der dran ist! – Ein Wink von mir, und Sie gehen mit ab! – Ihr denkt, ihr könnt mir trotzen! Ihr denkt, weil ihr so viele seid! – Ich fürchte mich nicht vor euch! Ich kenne euch alle – ich weiß, was ihr denkt, wenn einem die eigene Frau ins Gesicht schreit: »Wir wollen keinen Krieg!« *Erregung steigert sich immer mehr* Was weiß denn die? Was wißt denn ihr, wer Georg Richard Hackenberger war? Ihr wollt mich nicht wieder hochkommen lassen! Ihr wollt mir mein Spiel verderben, wollt mich unschädlich machen! Fertigmachen wollt ihr mich wie Stasche...! Ihr denkt, ich hänge mich am Fenster auf! – Ihr denkt, ihr habt mich schon soweit! – Mich nicht! Hackenberger nicht! – Ich will hier raus – will hier raus! – Aufmachen! – *Hackenberger schlägt mit den Fäusten an die Tür* Aufmachen! – Ich muß hier raus!

Musik ganz stark hochblenden

HEINER UND INGE MÜLLER

DIE KORREKTUR

Ein Bericht vom Aufbau des Kombinats ›Schwarze Pumpe‹ (1. Fassung) [1957]

Personen:

BREMER	DER VORSITZENDE
PARTEISEKRETÄR	EINE ARBEITERIN
FRANZ K.	EIN JUNGER ARBEITER
DER MAJOR	DIE FRAU
HEINZ B.	EIN HEISERER
BRIGADIER	ERSTER ARBEITER
MARTIN E.	ZWEITER ARBEITER
INGENIEUR C.	DRITTER ARBEITER
INGENIEUR E.	EIN BAUER
INGENIEUR R.	INGENIEUR
	STIMME

EIN BRIGADIER

BREMER Bist du der Sekretär?

PARTEISEKRETÄR Ja. Was ist?

BREMER Ich heiße Bremer, bin Parteimitglied seit 1918, war im KZ bis 45, Funktionär bis vor acht Tagen. Die Partei hat mich in die Produktion kommandiert, weil ich einem Nazi in die Fresse geschlagen habe, der bei der Nationalen Front einen Posten hat. Und jetzt bin ich hier im Kombinat.

PARTEISEKRETÄR Gut, Genosse Bremer. Du arbeitest im Abschnitt 6 als Brigadier. *Pause.* Du wirst Schwierigkeiten haben. Der Sozialismus wird nicht nur mit Sozialisten aufgebaut, hier nicht und woanders nicht, am wenigsten hier. Das Kombinat ist eine Großbaustelle, kein Musterbetrieb, und wir müssen schnell baun. Unsre Industrie braucht Strom und Kohle und braucht beides schnell. Du kommst nicht durch, wenn du dich nicht an die Partei hältst.

BREMER Hier bist du die Partei, was?

PARTEISEKRETÄR Die Partei hat mich hier eingesetzt. Du kannst mich kritisieren, wenn ich Fehler mache. Dazu gibt es Versammlungen. Auch dazu.

ERZÄHLUNG DES ARBEITERS FRANZ K.

FRANZ K. Ich bin Bauarbeiter, rot seit 1918, seit 46 nicht mehr so. Ich habe mit der Wismut das Erzgebirge auf den Kopf gestellt, acht Stunden täglich, in Schächten ohne Sicherung, die jeden Tag absaufen konnten. Wer nicht mit dem Schacht absoff, soff ab im Schnaps. Wen der Schnaps nicht fertigmachte, den brachten die Weiber auf den Hund. Es war schwer, sich herauszuhalten: aus den Schächten, aus den Weibern, aus dem Schnaps. Jetzt hat sich das gebessert: die Schächte sind gesichert, und die Weiber sind verheiratet. Hier im Kombinat hab ich mir noch kein Bein ausgerissen. Wenns der Bauleitung zu langsam geht, warum kommt sie nicht zu uns auf die Baustelle? Manchmal schicken sie einen Dispatcher mit Motorrad. Der kommt an in einer Staubwolke, reißt das Maul auf und fährt wieder ab in einer Staubwolke, eh wir zu Wort gekommen sind. Aber in der Versammlung reden sie uns mit Arbeiterklasse an. Wenigstens könnten sie dafür sorgen, daß es keine Wartezeiten gibt. Wir warten auf die Zeichnungen. Wir warten auf Material. Das drückt auf den Lohn. Wir wissen, was wir wert sind und machen nichts umsonst. Eh wir uns bescheißen lassen, baun wir vor: der Lohn steigt schneller als die Mauern, die Kurve schneller als die Produktion. Die Brigadiere schreiben die Norm, die wir brauchen, und der Polier drückt beide Augen zu. Es ist nicht sein Schaden. Bremer war der erste, der das nicht mitgemacht hat. Er sagte immer wieder: Das ist Betrug. Betrug kommt nicht in Frage. Er hat nicht mitgemacht, nicht für Prügel, die er gekriegt hat, und nicht für Bier, das wir ihm angeboten haben. Er ist rot bis auf die Knochen.

DIE NORMENSCHAUKEL

DER »MAJOR« Komm auf die Schaukel, Brigadier. Auf die Normenschaukel.

FRANZ K. Er ist neu. Er kennt sich nicht aus. Klär ihn auf, Major.

MAJOR Also paß auf, Brigadier. Du bist neu hier und kennst dich nicht aus. Hier, das ist die Norm, gemacht von einem Streber mit 6 Mann Hilfestellung, der dafür eine Prämie gekriegt hat: eine Ungerechtigkeit. Die muß ausgeglichen werden. Korrigiert. Also wird geschaukelt. Was wir auf dem

Arbeitsplatz nicht schaffen, schaffen wir auf dem Papier. Den Bleistift hast du. Du mußt rechnen können, das ist alles.

HEINZ B. Das ist die Normenschaukel. *Lachen*

FRANZ K. Die Wartezeiten drücken auf den Lohn, wir drücken dagegen. Und die Norm bleibt oben.

DER BRIGADIER Betrug kommt nicht in Frage.

MAJOR Betrug würd ich nicht sagen.

BRIGADIER Was bist du für einer? Warum nennt ihr ihn Major?

FRANZ K. Er war Hauptmann. Wir haben ihn zum Major befördert. Er ist ein Lump. Aber er hat recht mit der Norm.

BRIGADIER Wofür arbeitet ihr eigentlich?

HEINZ B. Für Geld. *Gelächter*

BRIGADIER Ich weiß, wofür ich arbeite.

FRANZ K. So? Weißt du das? *Singt:* Der Pole kriegt die Kohle, der Tscheche kriegt das Licht... *Redet weiter:* Dafür, was?

MAJOR Schreib zweihundert Prozent. Unter dem machen wir es nicht. Wir haben feste Preise.

BRIGADIER Bei mir steht: hundertzwanzig. Hundertzwanzig haben wir geschafft.

FRANZ K. Richtig. Und das ist zu wenig. Deshalb runden wir nach oben auf und schreiben zweihundert.

BRIGADIER Wenn ihr mehr verdienen wollt, arbeitet mehr.

MAJOR Ein Vorschlag, Brigadier: Ein Kasten Bier für einen Rechenfehler. Starkbier.

BRIGADIER Nach Waldheim bring ich dich, du Lump.

MAJOR Was heißt hier Waldheim? Auf dem Ohr sind wir taub. Aber die zweihundert brauchen wir. Wenns nicht mit Bier geht, reden wir Fraktur. Wer nicht für uns ist, ist gegen uns.

BRIGADIER Betrug kommt nicht in Frage. Nicht, solange ich hier Brigadier bin.

MAJOR Dann laß dir gleich einen andern Posten reservieren.

ERZÄHLUNG DES INGENIEURS MARTIN E.

MARTIN E. Das Kombinat ist eine Großbaustelle. Wenn es fertig ist, ist das größte Braunkohlenkombinat der Welt fertig. Die Steinkohle, auf der die Ruhrbarone sitzen, fehlt uns dann nicht mehr. Was man aus Braunkohle machen kann, werden wir hier machen: in Brikettfabriken, Kraftwerken und Kokereien. Vorläufig wird gebaut, mit neuen Methoden und mit alten. Hier sitzt ein Mann am Schaltbrett und lenkt eine Maschine, die hundert Arbeiter ersetzt. Zehn Schritt weiter schachten drei eine Grube aus, mit Geräten wie die alten Römer, schwitzend und schlecht bezahlt. Mancher Betrieb wird geleitet nach der Methode: mein Freund, der Plan. Das sieht so aus: Der Betrieb hat Schulden, also wird der Betrieb umbenannt; weg ist er, und weg sind die Schulden. Der Betrieb ist ja volkseigen, er gehört ja keinem, man kann mit ihm machen, was man will, der Staat schießt zu. Es gibt noch mehr Geschichten, die nicht in der Zeitung stehn. Die von dem Gewerkschaftssekretär im Frauenschlafsaal steht auch nicht drin. Das war in der ersten Zeit: der hatte Auftrag, aufzupassen, daß den Frauen nichts passiert. Jede Nacht stiegen die Kollegen ein, und das ging über die Arbeitskraft. Er konnte aber nicht die ganze Nacht aufbleiben. Also legte er sich zwischen die Frauen schlafen. Als der Sekretär einem andern Auftrag gab, auf den Aufpasser aufzupassen, schlief der auch noch dort. Das ist Bewußtsein. Oder die Geschichte von der Waldarbeit mit den Mädchen aus der Spinnerei in Spremberg. Wir hatten aus einer Spinnerei weibliche Hilfskräfte zum Roden und, weil Hochsommer war, die HO bestellt mit Selter. Die HO brachte Wein. Der Wein wurde getrunken wie Selter. Die Mädchen wurden durch den Wald gejagt. Die Bäume blieben stehn. Das war in der wilden Zeit. Jetzt ist der Wald gerodet, das Gelände planiert. Die ersten Bauten stehn: Schornsteine, Kühltürme, das Stahlgerüst für die Montagehallen, Fundamente, und in Hoyerswerda wächst die Wohnstadt für die Arbeiter. Die Gegend sieht sich selber nicht mehr ähnlich. Beim Menschen geht der Umbau langsamer. Ich weiß, was los ist, abends in den Kneipen: Da sitzen die wandernden Goldgräber. Sie gehen immer der Nase nach. Geld riechen sie auf hundert Kilometer. Sie sind abonniert auf die Großbaustellen. Sie grinsen über Schwierigkeiten. Sie verdienen viel und trinken mehr, gehn heim und schimpfen im Vorbeigehn auf die Transparente, auf denen Sozialismus steht, und stehn früh an ihrem Platz und baun mit schwerem Schädel am Sozialismus. In den Versammlungen schimpfen sie auf die Ingenieure in der Aufbauleitung. Die Ingenieure hören es sich an. Beim Menschen geht der Umbau langsamer.

VORSCHRIFTEN

INGENIEUR C. *telefoniert:* Hier Konstruktionsbüro, Ingenieur C. Bitte Abschnitt 6, die Bauleitung. – Hören Sie, Sie müssen die Arbeit an den Fundamenten sofort einstellen. – Bis auf weiteres. – Drei Tage, vierzehn Tage, was weiß ich. – Passen Sie auf, ich will Ihnen genau sagen, was passiert ist. Wir haben die Unterlagen für den Bunker vom Planbüro bekommen, wie immer. Bei einer Zeichnung ist ein Fehler unterlaufen. – Nein, nichts Kompliziertes, soweit wir feststellen konnten. Leicht zu korrigieren. Aber wir können da nichts unternehmen ohne Rücksprache mit Berlin. – Die Grundrißzeichnung muß zurückgeschickt, nachgeprüft, diskutiert und neu angefertigt werden. Wir müssen warten. – Das ist der normale Weg. – Mit den Arbeitern müssen Sie sich auseinandersetzen. – Die Leute müssen eben auch warten. – Der Plan? Der Plan muß auch warten. – Geht nicht? Was meinen Sie, was alles geht. *Legt auf.*

INGENIEUR E. Das geht nicht.

INGENIEUR C. Wie meinen Sie?

INGENIEUR E. Ich sage, das geht nicht. Der Plan kann nicht warten.

INGENIEUR C. *überlegt* Gut. Sagen Sie dem Bauleiter, daß die Zeichnungen bis morgen mittag bei den Brigaden sind. Wir machen sie fertig.

INGENIEUR E. Es ist gegen die Vorschrift.

INGENIEUR C. Ja. Wir müssen es riskieren.

INGENIEUR E. Bis mittag werden wir nicht fertig.

INGENIEUR C. Wir haben noch die Nacht. Morgen mittag sind die Zeichnungen bei den Brigaden.

INGENIEUR R. *telefoniert* Hier Konstruktionsbüro. Bitte Abschnitt 6, die Bauleitung.

ERZÄHLUNG DES ARBEITERS HEINZ B.

HEINZ B. Mein Vater ist im Kohlenpott krepiert. Meine Mutter ist im Kohlenpott erfroren, 47 im Winter, weil ich wegen Kohlendiebstahl saß und keine Kohlen klauen konnte. Ich hab dann ein Mädchen aus dem Osten kennengelernt. Die sagte, da gibts Arbeit, und ich bin herüber. Wir wollten heiraten, das kostet Geld. So kamen wir ins Kombinat. Sie war Schlosserin. Sie verdiente gut, mehr als ich, und kriegte

Prämien für gute Arbeit. Nach drei Monaten merkte ich, daß sie auch nachts Überstunden machte. Zwei Maurer schlugen sich auf der Baustelle. Dabei kam es heraus. Der eine hatte ihr zwölf Mark geboten. Er war Brigadier, und sie hatte ihm gesagt: Fritz ist kein Brigadier und zahlt schon dreizehn; unter fünfzehn laß ich einen Brigadier nicht ran. Ich habe sie gefragt: Was bin ich schuldig, und ob ichs abzahlen kann, ich schaff es nicht auf einen Ritt bei ihrer Taxe. Jetzt ist sie, wo ich hergekommen bin, im Westen. Als Schlosserin kommt sie da nicht an, als Hure ja. Wir hatten schon eine Wohnung ausgesucht, mit Bad und Müllschlucker, in Hoyerswerda in den neuen Fertighäusern. Das Haus war fertig, nur die Kanalisation hatten sie vergessen. Sonst wären wir eingezogen, und ich hätte sie durch den Müllschlucker gejagt. Kurz danach hab ich beim VEB gekündigt, weil unser Brigadier ein Arschloch war. Ich hatte es zu laut gesagt, und die Bauleitung kriegte mich am Arsch. Ich kam bei einer Privatfirma unter. Die Arbeiter waren mit dem Betrieb verheiratet. Ich hatte mir vorgenommen, ich heirate nie. Aber die Arbeit klappte: sie aasten nicht mit dem Material, die Termine wurden gehalten. Ich frage mich: Warum kann das beim VEB nicht auch so sein? Der Chef sagte: Wir sind eine große Familie. Das hieß: Überstunden werden nicht bezahlt. Das war ich nicht gewöhnt. Wie er mir auf die Schulter klopft und sagt: Bei mir werden Sie nicht gefragt, welcher Partei Sie angehören, frag ich ihn: Mit welcher halten Sies denn, Chef? Das nahm er übel. Wegen der Überstunden bin ich weg, zurück zum VEB. Der neue Brigadier war ein Scharfmacher. Der Vers »Der Bleistift vom Polier/Hört auf den Kasten Bier« paßte nicht auf ihn. Wir schlugen ihn zusammen, weil wir dachten, vielleicht hört er darauf. Er hat nicht zurückgeschlagen. Er stand auf und wischte sich das Blut ab. Er ließ sich auf nichts ein. Er sagte: Betrug kommt nicht in Frage. Wenn ihr mehr verdienen wollt, arbeitet mehr. Dann hat ihm der Major in der Bierschwemme die Ehre abgeschnitten. Er hat Franz K. den Zollstock weggenommen und dem Brigadier in die Tasche gesteckt. Es sollte aussehn, als ob der ihn weggenommen hätte. Ein Zollstock kostet rund zwei Mark, aber die Kollegen haben es geglaubt, K. zuerst. Das hat den Brigadier getroffen. Dann passierte der Skandal mit dem Fundament. Es sackte ab, weil wir den Beton nicht nachgemischt hatten. Mit dem Beton ist das so: Wir kriegen ihn vom Mischturm. Der läuft automatisch und ist das Neuste. Aber die Spezialloren für den Transport hat die Bauleitung an einen andern Betrieb verpumpt, als bei uns Pause war. Wir haben sie nicht wiedergesehn. Also trocknet der Beton auf dem Transport aus, und wir müssen jedesmal nachmischen. Das kostet Zeit und unser Geld. Ich sagte: Er ist zu trocken. Das tritt sich fest, sagte der Major. Der Brigadier läßt uns nicht verdienen, was wir brauchen. Wir müssen sehen, wo wir bleiben. Zeit ist Geld. Franz K. sagte: Wir haben schon auf die Zeichnung warten müssen, und nicht zum erstenmal. Sollen wir draufzahlen, weil die Intelligenz Verspätung hat? Haben wir Polster unterm Hintern? Es muß ja nichts passieren, sagte er. Das mit den Zeichnungen stimmt. Normalerweise ist es so, daß in einem Stück gebaut wird: erst wenn die ganze Projektierung fertig ist. Das Kombinat wird in Scheiben geliefert: eine Scheibe Projektierung, eine Scheibe Bau. Aber wir haben den Beton nicht nachgemischt. Der Brigadier war nicht dabei. Er hat im nächsten Abschnitt die Verschalung kontrolliert. Als es passiert war, fragte er: Was habt ihr da gemacht? Der Major sagte: Genau wie sonst. Der Brigadier hatte die Verantwortung für unsre Arbeit. An ihm blieb alles hängen.

FUNDAMENTE

DER VORSITZENDE Das Eckfundament von Halle 6 rutscht ab. Es muß herausgerissen und neu gegossen werden. Gearbeitet hat dort die Brigade Bremer. Sie hat schlecht gearbeitet. Das muß untersucht werden.

EINE ARBEITERIN Wir verlangen, daß der Unfall an der Strecke untersucht wird. Eine Streckenwärterin ist an der Kreuzung Autostraße–Werkbahn überfahren worden. Der LKW hat auf ihr Haltesignal nicht gehalten, sie mußte zum Gleis ausweichen, und die Lok hat sie überfahren. Sie hat vier Kinder und liegt im Krankenhaus, beide Beine ab, sie stirbt, weil der LKW-Fahrer keine Zeit hatte.

EIN JUNGER ARBEITER Er steht im Leistungslohn.

DIE FRAU Einen Mord hat er geleistet.

DER JUNGE ARBEITER Er hat Signal gegeben.

DIE FRAU Er hat nicht gehalten.

EIN HEISERER Wenn wir immer auf euch Weiber warten wollen, kommen wir nie zurecht.

DIE FRAU Ich kenn euch. Wir sind das fünfte Rad, wenn es um

eure Pfennige geht. Wenn ihr uns bespringen wollt, scheut ihr keine Kosten.

DER HEISERE Dir mach ich kein Kind mehr, Prohaskan.

DIE FRAU Ich kann mir meine Kinder selber machen. Dich brauch ich nicht dazu, du Bock. Wir verlangen, daß der Unfall untersucht wird.

ERSTER ARBEITER Erst das Fundament.

DIE FRAU Wir wollen gehört werden. Wir arbeiten wie ihr. Das ist auch ein Fundament.

VORSITZENDER Das bestreiten wir nicht. Eure Forderung ist berechtigt, der Unfall wird untersucht, der LKW-Fahrer bestraft, wenn sich herausstellt, daß er schuld ist. Aber eins nach dem andern, das Wichtigste zuerst. Das müßt ihr einsehn.

DIE FRAU Wir sind nicht wichtig, was? Warum vermauert ihr uns nicht gleich in euer Fundament?

VORSITZENDER Weil wir das Kombinat nicht nur zum Vergnügen baun. Der verunglückten Kollegin können wir nicht helfen, wenn die Ärzte ihr nicht helfen können. Ihren Kindern helfen wir, wenn wir besser baun und schneller. Also erst das Fundament.

ZWEITER ARBEITER Wo sind die Kinder?

DIE FRAU Im Wochenheim.

ZWEITER ARBEITER Hat sie Verwandte?

DIE FRAU Nein.

ZWEITER ARBEITER Dann müssen wir uns darum kümmern, was jetzt mit den Kindern wird.

DRITTER ARBEITER Hier liegt noch eine Beschwerde vor. Ein sorbischer Bauer beschwert sich, daß ein Lastwagen mit Bauholz durch sein Rübenfeld gefahren ist, um den Weg abzukürzen.

VORSITZENDER Hol ihn herein. Aber er soll es kurz machen. *Herein ein Bauer.*

EIN BAUER Durch mein Rübenfeld ist ein Lastwagen vom Kombinat gefahren. Ich will Schadenersatz. Ich hab schon drei Felder abgegeben für euer Kombinat. Der Russe hat sie mir gegeben. Jetzt wollt ihr sie für euren Sozialismus haben, und euer Sozialismus fährt mit dem Lastwagen durch mein einziges Rübenfeld.

ERSTER ARBEITER Unser Sozialismus heißt Fritz Erpen. Wir haben ihn schon zweimal verwarnt. Er war zuletzt beim Zirkus. Feuerspeier. Er versäuft seinen Sprit. Der fehlt ihm dann, und er muß es am Weg einsparen.

VORSITZENDER Ist er hier?

DER ARBEITER Nein.

DER BAUER Ich will Schadenersatz.

DER HEISERE Halt uns nicht auf. Wir haben mehr zu tun, als dein Gejammer anzuhörn, Pollack.

DER BAUER Ich bin Sorbe.

DER HEISERE Das ist dasselbe.

DER BAUER Pollack haben die SS zu mir gesagt. Jetzt heißt es Sorbe.

DER HEISERE Bei uns am Bunker arbeiten zwei von deinen Leuten, Sorbe. Wer ersetzt uns den Schaden, wenn die uns die Norm hochtreiben, weil sie sich anschmeißen wollen? Ich weiß Bescheid.

VORSITZENDER Wenn ihr halb soviel arbeiten würdet wie die sorbischen Kollegen, wären wir weiter.

DER BAUER Die Rüben fehlen mir. Das Soll hab ich nicht festgesetzt.

VORSITZENDER Wegen Schadenersatz geh zur Aufbauleitung. Wer durch dein Feld fährt, fliegt. Noch was?

DER BAUER Ich renn ihm die Forke in die Reifen beim nächstenmal. *Ab.*

VORSITZENDER Jetzt das Fundament. Bremer, du bist der Brigadier. Ihr habt das Fundament gemacht. Was hast du zu sagen?

BREMER Wir haben gearbeitet wie sonst. Es muß ein Fehler in der Zeichnung sein. Das kommt davon, daß sich die Intelligenz auf der Baustelle nicht sehn läßt. Wenn was passiert, weil sie sich nicht drum kümmern, geben sie den Arbeitern die Schuld.

INGENIEUR Ich bin der verantwortliche Ingenieur. Die Zeichnung habe ich gemacht. Sie stimmt. Sie können Gift darauf nehmen. Das ist nachgeprüft. Für die Ausführung bin ich nicht verantwortlich. Wer sind Sie überhaupt? Sie sind doch neu hier.

BREMER Ich hab acht Jahre im KZ gesessen. In der Zeit habt ihr euch den Bauch gefüllt und Bomber konstruiert für Hitler, als Spezialisten für die Rüstung. Ihr habt alles ruiniert und euch dabei gesundgestoßen. Davon profitiert ihr jetzt. Wir müssen aufbaun, was ihr kaputt gemacht habt.

VORSITZENDER Schluß, Genosse Bremer. Zur Sache: Das Fundament. Der Ingenieur hat recht. Die Zeichnung stimmt. Für die Ausführung bist du verantwortlich.

BREMER Ich trau keinem, der für Hitler gearbeitet hat. Das gehört zur Sache.

INGENIEUR Das ist eine Diffamierung. Auf dieser Basis ist eine Zusammenarbeit nicht möglich. Ich verlange, daß der Mann entlassen wird. *Sich entfernend.* Ich lasse mir das nicht bieten.

STIMME Den sind wir los.

VORSITZENDER Genosse Bremer, du wirst dich bei dem Ingenieur entschuldigen. Er kann nicht aus seiner Haut. Was er im Kopf hat, gibt er her. Du hast kein Recht, ihn zu beleidigen.

BREMER Ich laß mich in Stücke reißen für den Sozialismus. Aber ich krieche einem Ingenieur nicht in den Hintern.

VORSITZENDER Auch für den Sozialismus nicht? Überlegs dir, schnell. Was ist mit dem Fundament? *Pause. Unruhe*

HEINZ B. Brigadier, wir haben den Beton nicht nachgemischt. Das kann es sein. Der Beton war ausgetrocknet vom Transport, weil die Spezialloren fehlen. Wir wollten Zeit sparen.

FRANZ K. Wir hatten schon auf die Zeichnung warten müssen.

VORSITZENDER Also: Drei Wochen Zeitverlust durch Kampf um die Minute. Von den Kosten nicht zu reden. Bremer, was sagst du jetzt? Dem Ingenieur wirfst du vor, daß er Geld kostet und sich nicht um die Brigaden kümmert. Deine Brigade hat sabotiert unter deiner Leitung. Das Fundament kostet mehr als ein Ingenieur.

BREMER Das ist keine Brigade, das sind Lumpen.

STIMME Du bist ein guter Brigadier, nur die Brigade taugt nichts, was?

BREMER Im KZ hab ich gewußt, wofür ich sitze. Jetzt weiß ichs nicht mehr.

ERZÄHLUNG DES PARTEISEKRETÄRS

PARTEISEKRETÄR Ich kam Ende 44 aus der Sowjetunion nach Deutschland zurück, mit dem Fallschirm über Pommern abgesetzt im Auftrag der Partei. Was ich sah, war schlimmer, als wir es vorausgesehen hatten. Kleinbürgerfrauen, behängt mit den Eroberungen ihrer Männer: Kleidern aus Paris, Pelzen aus dem Osten. Mütter, die ihre Kinder in den Volkssturm jagten. Witwen in stolzer Trauer. Und in den Todeszellen die Genossen. Damals dachte ich: wir müssen jede Hand abhacken, die sich für Hitler gerührt hat. Jetzt seh ich, wie das Kombinat gebaut wird, auch mit solchen Händen. Ich hatte den Bericht gelesen über die Produktionsberatung, in der Bremer einen Ingenieur beleidigt hatte. Der Ingenieur drohte mit der Kündigung. Bremer lehnte ab, sich zu entschuldigen. Er hatte sein Leben lang für die Partei seinen Kopf hingehalten, und das ging nicht hinein. Ich mußte ihn vorladen. Es war nicht leicht für mich. Ich konnte verstehen, daß er nicht verstand, was die Partei von ihm verlangte.

DIE KORREKTUR

PARTEISEKRETÄR Bremer, der Ingenieur droht mit der Kündigung. Die Sache muß aus der Welt geschafft werden. Du hast ihn zu Unrecht beschuldigt. Also mußt du dich entschuldigen bei ihm. Ich versteh, daß es dir schwerfällt, aber es muß sein.

BREMER Soweit sind wir also. Ich bin im Unrecht. Hat vielleicht der Ingenieur im KZ gesessen für die Partei, hab ich Bomber konstruiert für Hitler?

PARTEISEKRETÄR Du hast im KZ gesessen für die Partei, der Ingenieur hat Bomber konstruiert für Hitler. Das bestreitet keiner. Aber wir baun das Kombinat auf. Wir brauchen den Ingenieur. Du hast als Brigadier versagt, du hast ihn vor den Kopf gestoßen ohne Grund, und die Partei verlangt von dir, daß du die Sache aus der Welt schaffst.

BREMER Soweit sind wir also.

PARTEISEKRETÄR Wir können es uns leisten, den Sozialismus auch mit Leuten aufzubauen, die der Sozialismus nicht interessiert. Soweit sind wir. Wir können nicht auf sie verzichten. Soweit sind wir noch nicht. Und wenn wir soweit sind, ist es nicht mehr nötig, weil sie sich interessieren werden für den Sozialismus.

BREMER Wißt ihr überhaupt noch, wo rechts und links ist? Ich hab schon 1918 auf der Barrikade gestanden, auf der richtigen Seite. Ich weiß noch, wo der Feind steht.

PARTEISEKRETÄR Wir brauchen keine Barrikaden. Genosse Bremer, wir brauchen Industriekombinate. Wir müssen den Kapitalismus an die Wand arbeiten. Wenn du das nicht begreifst, hast du nichts begriffen. Wir verlangen von dir, daß du dich entschuldigst.

BREMER Ich mach mich nicht lächerlich. Die Intelligenz lacht über uns.

PARTEISEKRETÄR Sie arbeitet für uns.
BREMER Sie wird dafür bezahlt, und nicht zu knapp.
PARTEISEKRETÄR Sie ist noch knapp.
BREMER Also die Partei verlangt von mir, daß ich zu Kreuze krieche vor einem bürgerlichen Ingenieur.
PARTEISEKRETÄR Daß du deinen Fehler korrigierst.

ERZÄHLUNG DES INGENIEURS HERBERT C.

INGENIEUR C. Es passierte mir zum erstenmal, daß ein Arbeiter sich mir gegenüber so etwas herausnahm. Ich habe immer saubere Arbeit geleistet, korrekt auch unter schwierigen Bedingungen wie hier. Was auf der Baustelle passiert, ist nicht meine Sache. Ich bin Ingenieur. Zwei Tage nach der Produktionsberatung über das verpfuschte Fundament im Abschnitt 6 führte ich eine Delegation durchs Baugelände, Studenten, Journalisten, Techniker aus der ÇSR. Bei den Kühltürmen kam Bremer auf uns zu. Er hatte einen Zettel in der Hand. Er sah müde aus. Er tat mir fast leid. Er gab mir den Zettel und ging weiter. Auf dem Zettel stand: Ich nehme die in der Produktionsberatung gegen den Ingenieur C. erhobene Beschuldigung zurück. Sie entspricht nicht den Tatsachen. Bremer. Einer der Journalisten fragte mich nach dem Verhältnis zwischen Arbeitern und Intelligenz im Kombinat. Gut, sagte ich.

DAS EINVERSTÄNDNIS

HEINZ B. Ich will in die Partei eintreten, Brigadier.
BREMER Brigadier bin ich nicht mehr.
HEINZ B. Aber in der Partei bist du. Ich hab dem Major das Nasenbein zerschlagen. Wird das angerechnet auf die Kandidatenzeit?
BREMER Unsre Aufgabe besteht nicht darin, Nasenbeine zu zerschlagen. Wir sind die herrschende Klasse. Unsre Waffe ist der Staat. In die Partei willst du eintreten. Weißt du, auf was du dich da einläßt? Da wird viel verlangt. Weniger Bier, mehr Arbeit. Bis an den Bauch im Dreck, wenn es sein muß. Aufstehn, wenn du fällst, und wieder aufstehn, wenn du wieder fällst. Und glaub nicht, daß dabei ein Posten abfällt. Die Partei ist kein Versorgungsinstitut. Wieviel Frauen hast du? Zähl genau. Zwei sind zuviel.

HEINZ B. Keine.

BREMER Das ist vielleicht zu wenig. Aber du hast Zeit. Also: Du weißt, was du machst?

HEINZ B. Ja.

BREMER Gut. Dann red mit dem Sekretär. Und was wird mit dem Fundament?

HEINZ B. Das Fundament machen wir neu.

BREMER Wenn es wieder absackt, zerbrech ich dir den Schädel. Einverstanden?

HEINZ B. Einverstanden.

Aus dem Protokoll einer Diskussion über *Die Korrektur* im Kombinat ›Schwarze Pumpe‹

BETRIEBSFUNKREDAKTEUR Eins steht fest, in der Szenenfolge ist sehr, sehr viel Wahrheit drin. Und verschiedene Typen kennt man genau wieder. Es gibt viele Dinge, wo ich erkenne, daß sich die Kollegen nicht nur irgendwo in Berlin an den Tisch gesetzt haben, sich haben was erzählen lassen, sondern sie müssen auf der Baustelle gewesen sein, sie müssen mit den Menschen gesprochen haben, und nicht nur zwei Stunden, sondern mindestens zwei Wochen. Sonst könnten sie das nicht machen. Das, was sie gebracht haben, stimmt, ist Wahrheit. Aber man muß wenigstens so viel, wie man an Negativem gebracht hat, auch an Positivem bringen. Das fehlt. Die Szenen, die gebracht wurden, sind hundertprozentig richtig. Aber bringt auch das Positive.

FDJ-SEKRETÄR Also, die Sache mit dem Stundenschreiben, das wird sehr stark herausgestellt, meiner Ansicht nach ein bißchen zu stark. Es sind viele Wahrheiten drin, das ist klar, und darüber gibt es gar keine Diskussion. Aber ich bin der Überzeugung, daß man doch eins beachten muß: dieses Hörspiel ist gedacht für die Menschen in der DDR. Wenn es nur für den Betrieb wäre, dann wäre gar nicht so viel zu bemängeln. Ich bin also der Überzeugung, daß man hier ein zu stark negatives Bild bekommt gegenüber dem, was hier bei uns schon steht. Ist nicht das Typische auf der Baustelle der Kampf der Arbeiter um die Einhaltung der Pläne? Dieses Typische, dieser Kampf kommt meiner Meinung nach zu wenig zum Ausdruck.

BETRIEBSZEITUNGSREDAKTEUR Mich hat ohne weiteres beeindruckt, daß trotz dieser – von verschiedenen Seiten wurde gesagt, zu stark negativen Seiten bei richtigem Hineindenken der Kampf, das heißt die Änderung des Bewußtseins unserer Menschen vom Anfang des Hörspiels bis zum Schluß zum Ausdruck kommt. Jawohl, das ist eine einfache und klare Feststellung, die stimmt. So hab ich es empfunden, das muß man von vornherein sagen. Das soll ja das Ziel der Hörfolge sein, meiner Ansicht nach, aufzuzeigen, wie sich aus den negativen Elementen der Brigade der Kern herausschält, der in der Weiterentwicklung die führenden Kräfte im Kampf um die Planerfüllung hier auf der Baustelle darstellt. So hab ich das empfunden, und so hab ich das aufgenommen. Mich persönlich hat die Stelle am meisten beeindruckt, als in der Brigade diese Scheidung eintrat, daß der bewußte Kern jetzt sogar den entscheidenden Schritt getan hat und zu dem Menschen gekommen ist, den sie vorher verprügelt haben, den sie geschlagen haben, den sie trotz allem, und das kam zum Ausdruck, anerkannt haben. Sie haben gesehen, der Genosse ist standhaft, der läßt nicht ab von seiner Normerfüllung, der macht trotz Prügel keine Normenschaukelei mit. Trotz allem nicht. Und dann, daß einer aus der Brigade den Mut und die Kraft findet, zu sagen: Genosse Bremer, ich will in die Partei eintreten. Das ist auch meiner Ansicht nach sprachlich sehr gut dargestellt gewesen, weil du gemerkt hast in der Ausdrucksweise dieses Arbeiters – ich hab das gemerkt, ich bin ein junger Genosse –, der hat selbst mit sich gerungen. Du hast richtig gemerkt, wie er auf die Zähne gebissen hat und gesagt: Ich geh in die Partei, ich gehöre da rein, und der Kampf bei ihm kam in der Sprache sehr gut zum Ausdruck. Meiner Ansicht nach ist auch die Rolle des Genossen Bremer gut dargestellt, weil man dort ebenfalls erkennt, wie er mit sich ringt, und weil gezeigt wird, in wenigen Momenten, wie der Genosse Bremer durch die ruhige und sachliche, überzeugende Art des Parteisekretärs – und das ist so, wir haben auf der Baustelle ohne weiteres die führende Rolle der Partei –, wie also auch der Genosse Bremer seine Meinung ändert, wie er im Gespräch mit dem Kollegen, der in die Partei eintreten will, auch sich selber sagt: Du hast Fehler gemacht.

BAULEITER Wenn wir zurückdenken, wenn wir nur an die Normengeschichte denken, was das gegeben hat. Am Rohkohlebunker, wo die Brigade Roßbach, die eine gute, eine ausgezeichnete Brigade war, gesagt hat: Also wenn wir unter 180 Prozent verdienen, dann ist Sense bei uns. Das war doch kein seltener Fall. Unsere Devise ist doch im Betrieb, in allen volkseigenen Betrieben: Der Kollege bekommt das bezahlt, was er leistet. Aber es ist doch kein Geheimnis bei uns, daß im vergangenen Jahr nachweislich weit mehr Löhne gezahlt wurden, als wir wieder verrechnen konnten, und das ist doch nicht in Ordnung. Und es ist auch kein Geheimnis, daß diese Normenschaukelei durchaus gemacht wird. Ein konkretes Beispiel dafür: Es wurden aufgeführt 32 Meter Transportweg, und weil wir ja nun auch die Baustelle kennen, ist uns aufgefallen, daß das zu weit ist. Nun sind wir hin, und da waren das 16 Meter, aber man hat geschrieben: 16 Meter hin und 16 Meter her. Also man hat den Hin- und Rückweg berechnet, aber in der Norm ist das nicht drin, und dadurch ist ein völlig unreales Bild entstanden, und der Betrieb hat dafür einige Monate Lohn bezahlt, hat das so hingehen lassen, konnte es aber dem Auftraggeber nicht verrechnen. Es ist uns klar, daß einem das eigene Hemd näher liegt als dem andern sein Mantel. Aber wenn wir alles billiger haben wollen, dann kommt es darauf an, wie wir arbeiten. Und wir erreichen es nur, wenn die Organisation in unserm Betrieb und im ganzen verändert wird. Die Kumpel, wenn die Material und alles haben, daß sie zügig arbeiten können, kommen in den seltensten Fällen darauf, irgendwelchen Schwindel zu machen. Der Schwindel beginnt dann, wenn Stockungen im Arbeitsablauf eintreten, wenn sie ihren Lohn in Gefahr sehen. Dann macht der Bleistift die Norm, dann macht der Bleistift die Lohnsumme. Das ist nicht richtig, und da müssen wir alle drangehen, aber alle, und das ist gut herausgestellt worden mit dem Kasten Bier oder mit dem und jenem. Es trifft doch zu bei uns, daß Normen beim Bierkasten ausgehandelt worden sind.

ARBEITER Ich glaube, die Kollegen haben es sehr gut verstanden, in der Diskussion um den Unfall die Frage der Gleichberechtigung der Frau hereinzubringen. »Dann mauert uns doch in den Beton ein«, die Antwort dieser Frau, das ist gut. Und dann die Anklage dieses Sorben. »Du Pollacke«, das wird ihm an den Kopf geschmissen. Da sagt er: »Du Pollacke, das haben die Nazis zu uns gesagt, ja, ich bin Sorbe«, und das sagt er voller Stolz, auch wenn er dabei seinen Rübenacker im Kopf hat, das spielt ja keine Rolle, er sagt voller Stolz: »Ich bin Sorbe.«

INGENIEUR Wir können heute sagen, daß der größte Teil der Ingenieure, die hier auf der Baustelle, besonders in der Aufbauleitung, arbeiten, seine ganze Kraft einsetzt und auch versucht, den Kontakt mit der Baustelle zu bekommen und immer helfend einzugreifen. Daß sich mal ein Ingenieur mit dem Polier draußen in die Haare kriegt, weil frischer Beton auf alten, bereits abgebundenen aufgekippt wird, das sind natürlich Dinge, wenn mal die Galle überläuft. Die sind aber nicht darauf zurückzuführen, weil ein Mißverhältnis ist zwischen dem Kumpel und dem Ingenieur, sondern lediglich, weil in beiden das gesunde Bestreben drinsteckt, eine gute Arbeit zu leisten.

INGENIEUR Den Ingenieur soll man suchen hier auf der Baustelle, der sagt: Das ist nicht meine Sache, was draußen passiert. Den gibt's, glaub ich, nicht bei uns. *Zwischenruf:* Au, au!

STAATSFUNKTIONÄR Na, Kollege W., hast du nicht einiges miterlebt vor einem halben, dreiviertel Jahr, wie sich alle hingestellt haben und jeder alles abgeschoben hat? Ich will jetzt hier nicht Historie machen, aber wir haben's doch oft gehabt, also das wirst du mir doch zugeben ...

INGENIEUR Wir müssen eben bei diesen Dingen beachten, es ist vor einem dreiviertel Jahr. Das ist es.

STAATSFUNKTIONÄR Und gerade diese Fälle, die wahrscheinlich zur Grundlage dieses Hörspiels genommen worden sind. Wenn ich das Wort Fundamente höre ... Also ich bin der Meinung, wir müssen immer wieder davon ausgehen, im Juni 1957, da war's so. *Zwischenruf:* Jawohl, 1957 aufgenommen, und jetzt bringt man's.

SCHRIFTSTELLER Ich soll ein kleines Buch schreiben über das Kombinat, und deshalb bin ich in dieser Zeit hier. Und ich glaube, wir sollten sagen, es ist viel gelungen in diesem Hörspiel. Was mir fehlt, nach meinen kurzen Erfahrungen – ich bin zehn Tage hier –: es ist etwas zu kalt, das Ganze. Es gehört mehr an Wärme herein. Es gehört mehr etwas herein, woran man spürt, das Gute, das Prächtige, das teilweise Hervorragende an den Kumpeln hier im Kombinat.

ARBEITER Das ganze Hörspiel ist in seiner Gestaltung mal anders. Es ist doch so: Bremer kommt ins Kombinat, kommt zu einem Parteisekretär, unterhält sich mit diesem Parteisekretär, und es erscheint jetzt in der Diskussion die Frage nach der Wärme, nach dem Verhältnis zwischen den Menschen. Der Parteisekretär ist nüchtern, ganz sachlich. Ganz ruhig sagt er zu dem Genossen Bremer: Lieber Freund, du gehst zum Bauabschnitt 6, wirst dort eine Brigade übernehmen. Schluß. Aus. Damit hat sich die Diskussion zwischen diesen beiden erledigt. Und jetzt kommt der Mann hier heraus, und ich glaube, jetzt darf gar keine menschliche Wärme, kein persönlicher Kontakt erscheinen. Denn wie soll jetzt zwischen der Brigade, zu der dieser Bremer kommt, zwischen ihm und der Brigade irgendein Kontakt entstehen? Der Bremer steht tatsächlich im Moment allein. Und ich glaube, es ist so, daß eine ganze Reihe von bewährten Genossen hier auf der Baustelle am Anfang schwer zu kämpfen hatten. Nämlich mit solchen Leuten, die das Abenteurerblut von der Wismut mitgebracht und hier gesagt haben: Das, was bei der Wismut war, geht hier weiter. Und dann ging's »Hoch-die-Tassen«. Und dann ging's mit dem spitzen Bleistift: Wer schreibt, der bleibt. Und das will Bremer bekämpfen. Da ist es selbstverständlich, daß er keinen positiven Kontakt finden kann. Sein Gegenspieler, genau das Gegenteil von Bremer, das ist der »Major«. Und als zum Schluß der Genosse sagt: Du, ich hab dem das Nasenbein zerwichst, krieg ich das auf meine Kandidatenzeit mitangerechnet?, da erscheint die Lösung des Konflikts zwischen dem »Major« und Bremer. Der Konflikt wird nicht von Bremer selbst gelöst, sondern wird gelöst durch die Anfrage: Ich möchte Mitglied der Partei werden. Und das ist auch der Moment, wo man sagen kann, jetzt ist dieser »Major« ausgeschaltet, jetzt ist Feierabend für ihn. Denn jetzt ist jemand mehr, der zu Bremer findet. Und hinzu kommt dann eins, ganz klein eingeblendet, die Sache mit dem Ingenieur. Der Bremer hat den Ingenieur doch beleidigt, der hat ihm doch harte Worte an den Kopf geschmissen, der hat gesagt: Du bist schuld, obwohl er nicht schuld ist. Und trotzdem sagt der Ingenieur, und dort erscheint wirklich eine sehr große menschliche Wärme, nämlich als er sagt: Er schleicht also dahin, sieht übernächtigt aus, drückt mir den Zettel in die Hand. Und dann die kurze Antwort an die tschechische Delegation: Gut. Weiter nichts. Und da ist soviel Wärme drin, mehr wäre zuviel.

Heiner Müller Zwischenbemerkung

Die Selbstkritik der Autoren ist in die exekutive Phase getreten *Die Korrektur* wird korrigiert. Die neue Literatur kann nur *mit dem neuen Publikum* entwickelt werden.

Im folgenden einige Notizen zur Herstellung der richtigen Proportionen zwischen den Fehlern des Stücks und der Kritik am Stück, bezogen auf eine Diskussion nach der Probeaufführung von *Lohndrücker* und *Korrektur* im Maxim-Gorki-Theater in Berlin. In der Diskussion sprachen Funktionäre aus Betrieben und Kulturfunktionäre. Ihre Äußerungen, besonders über *Korrektur*, gaben Aufschluß über Fehlerquellen bei der Beschreibung der neuen Wirklichkeit und Einblick in den Stand der Entwicklung des neuen Publikums.

Die Mehrzahl der Diskussionsredner hatte der Aufführung nicht entnommen, daß die in *Korrektur* dargestellten heftigeren Kämpfe nicht mehr, wie die in *Lohndrücker* behandelten, auf der Ebene des Wiederaufbaus einer ruinierten Wirtschaft ausgetragen werden, sondern auf der höheren Plattform des sozialistischen Aufbaus; daß der Fluß der Dinge reißender geworden ist, mehr und verschiedenere Menschen mitreißend, daß da mehr in Fluß ist als 1949 (damals gab es keine Großbaustellen, war die Position der Frauen in den Zentren der Produktion noch kein Faktor, der den Ausschlag geben konnte, war der Prozentsatz der Arbeiter, die die Bonner Republik verließen, um in der DDR zu arbeiten, gleich null usw.). Man kritisierte auch die Kopplung zweier Stücke, deren erstes 1949 in einem volkseigenen Industriebetrieb, deren zweites 1956 auf einer Großbaustelle spielt, wo unter ganz anderen (schwierigeren) Bedingungen andere (schwierigere) Leute arbeiteten, kurz: die etwas ganz anderes sei. Daß Großbaustellen überhaupt gegenüber 1949 etwas Neues sind, war der Aufführung nicht entnommen worden.

Zu *Korrektur* im besonderen: Nicht verständlich geworden war, daß der dargestellte *Mißbrauch* des Normprinzips, eine rückschrittliche Haltung, die *Durchsetzung* des Normprinzips bedingt, einen Fortschritt. Die die Norm nicht akzeptierten, mißbrauchen sie schon. Perspektivisch richtig wäre hier für »schon« ein »noch« zu setzen. Fehler in *Korrektur*: Das »noch« ist nicht gesetzt. Es kann auch vom Zuschauer nur gesetzt werden, wenn ihm das nächste »schon« gezeigt wird: die Position der Vorhut, die vom Normprinzip produktiven Gebrauch macht. Das Publikum, dem diese Sehhilfe verweigert wird, liest so nicht einmal das »schon« heraus, sondern nur ein »immer noch«.

Die Aufführung bewirkte Depression statt, wie erwartet, Aktivität. Was nicht auf das Konto des Stücks geht: Offenbar nahm sogar dieses Publikum zu der Vorführung seiner Schwierigkeiten auf dem Theater eine andere (passive) Haltung ein als zu ihrem Vorkommen in der Wirklichkeit. Die souveränere (un-depressive, aktive) Haltung des Publikums im Kombinat »Schwarze Pumpe« zur Darstellung seiner Kämpfe erklärt sich einmal daraus, daß es seine Siege täglich und handgreiflich vor Augen hat, zum andern daraus, daß die Gefahr der Einschüchterung durch »Kunst« beim Abhören der Funkfassung in einer Baracke nicht bestand.

Der Vergleich der zweiten Fassung von *Korrektur* mit der ersten wird eine konkrete Untersuchung dieser Fragen ermöglichen.

Weitere Fragen können hier nur angedeutet werden: Der Widerspruch zwischen dem technischen Niveau (der Produktionsmittel) und dem höheren politisch-ökonomischen (der Produktionsverhältnisse), unvermeidlich in der Übergangszeit. Seine Folgen für die Produzierenden: die Schwierigkeit, Funktion und Person zur Kongruenz zu bringen, das unnatürliche »Dienst-ist-Dienst-und-Schnaps-ist-Schnaps« zu liquidieren. Folgen für die Dramaturgie: Tendenz zu »offenen« und Splitterformen, Schwierigkeit, zu »geschlossenen« Formen zu gelangen. Zu untersuchen bleibt, wie der in *Korrektur* unternommene Versuch, eine geschlossene Form herzustellen, weil verfrüht, die Inhalte beschneidet, wie der ästhetische Vorgriff einen politischen Rückschlag auslöst.

HEINER UND INGE MÜLLER

DIE KORREKTUR

(2. Fassung)
[1957]

Personen:

SPRECHER	DER MAJOR
PARTEISEKRETÄR	ARBEITERIN
BREMER	EIN JUNGER ARBEITER
HEINZ B.	ZWEITER ARBEITER
FRANZ K.	DRITTER ARBEITER
INGENIEUR C.	DER HEISERE
INGENIEUR E.	ERSTER ARBEITER
BAULEITER	DER BAUER

PROLOG

SPRECHER Wir zeigen, wie eine von tausend Brigaden
(Und es ist nicht die beste) klug wird durch Schaden.
Wir hoffen, unser Spiel beweist:
Dumm ist, wer sich selber bescheißt.
Alle Spieler stehen auf der Bühne.
PARTEISEKRETÄR Das ist Bremer, Brigadier, Kämpfe gewohnt.
Aber die alten Waffen genügen nicht an der neuen Front.
SPRECHER Ders ihm beibringt, ist der Parteisekretär.
PARTEISEKRETÄR Es ist nicht nur der.
BREMER Das ist Heinz B. An dem hab ich festgestellt:
Es ist nicht alles Hund, was bellt.
HEINZ B. Franz K., Goldgräber. Im Verlauf
des Spiels geht ihm ein Auge auf.
FRANZ K. Das ist der Major. Von Hitler zum Hauptmann gemacht.
Im Arbeiterstaat hat ers nicht mal zum Maurer gebracht.
SPRECHER Und hier: Bauleiter Otto Schmidt,
Genannt der Zahlenotto. Er hat falschen Tritt.
INGENIEUR C. Gestatten Sie, daß ich ergänz:
Hier steht die alte, da steht die neue Intelligenz.
SPRECHER Wir sind der Rest, den keiner mit Namen kennt,
Doch unentbehrlich zum guten End.
Der wußte vor zehn Jahrn noch nicht, was eine Kelle ist.
Der lernte es als Kind schon. Der ist Aktivist.

Der Heisere. Er säuft. Doch bitten wir, sich da nicht aufzuregen.
Eh er uns absäuft, werden wir ihn trockenlegen.
Die Frauen, die sich nichts gefallen lassen,
Mitbaun am eignen Haus, mitfahrn auf eignen Straßen.
Der Bauer, der sich plagt um Soll und Saat.
Unbekannte Täter der großen Tat.

1 a

PARTEISEKRETÄR Du bist Bauleiter im Abschnitt 6. Dort arbeitet die Brigade Sense, hat den höchsten Lohn und arbeitet schlecht. Warum?

BAULEITER Ganz einfach: sie betrügen.

SEKRETÄR Warum?

BAULEITER Sie betrügen alle, wenn der Brigadier mitmacht. Und ich kann nichts machen, solange ich nichts in der Hand habe, daß ich ihnen auf die Finger schlagen kann.

SEKRETÄR Da meinst du also, wenn du ihnen auf die Finger schlägst, mit denen sie arbeiten, arbeiten sie besser? Gut, daß du nichts in der Hand hast.

BAULEITER Zugegeben: die Leute haben Wartezeiten, und das heißt Verdienstausfall. Was wir hier machen, ist auch für die Ingenieure neu. Sie machen nichts ohne Rückendeckung, das frißt Zeit. Die Zeichnungen verspäten sich, und die Brigaden müssen warten.

SEKRETÄR Sind die Ingenieure bei den Produktionsberatungen dabei?

BAULEITER Selten, und auch dann nicht alle.

SEKRETÄR Das müßt ihr ändern. Habt ihr den Arbeitern erklärt, was sie hier aufbaun und warum, und wen sie betrügen?

BAULEITER Soll ich ihnen die Zeitung vorkaun? Was soll ich denn noch alles machen?

SEKRETÄR Was nötig ist.

BAULEITER Die Brigade Sense kriegt einen neuen Brigadier. Er kommt aus der besten Brigade. Er heißt Bremer. Er wird mit ihnen schlittenfahren.

SEKRETÄR Er soll mit ihnen arbeiten. Das kann er nur, wenn er ihnen sagen kann, wofür.

1 b

SEKRETÄR Du bist Ingenieur. Die Arbeiter schimpfen auf die Ingenieure.

INGENIEUR E. *lacht:* Ja. Die Polstermöbel und die Wartezeiten.

SEKRETÄR Die Polstermöbel interessieren mich nicht. Mich interessieren die Wartezeiten.

INGENIEUR E. Das Material können wir nicht machen. Die Intelligenz ist keine Zementfabrik. Mit den Zeichnungen ist das so: Normalerweise wird erst alles projektiert und dann gebaut. Projektierung auf Raten ist neu für die meisten Ingenieure. Also arbeiten sie nur mit Rückendeckung. Und die kriegen sie von Berlin.

SEKRETÄR Die Arbeiter werden sie ihnen nehmen, hier, in den Produktionsberatungen. Warum nehmen die Ingenieure nicht an den Produktionsberatungen teil?

INGENIEUR E. Arbeiter als Aufsichtsräte, das ist auch neu für die alte Intelligenz.

SEKRETÄR Dann verlegt die Produktionsberatungen in die Ingenieursbaracken. Da haben sie ihre Polstersessel und sitzen fest.

2 a

FRANZ K. Ich bin Bauarbeiter, rot seit 1918, seit 46 nicht mehr so. Ich habe mit der Wismut das Erzgebirge auf den Kopf gestellt acht Stunden täglich, in Schächten ohne Sicherung, die jeden Tag absaufen konnten. Wer nicht mit dem Schacht absoff, soff ab im Schnaps. Wen der Schaps nicht fertigmachte, den brachten die Weiber auf den Hund. Es war schwer, sich herauszuhalten: aus den Schächten, aus den Weibern, aus dem Schnaps. Dann wurden die Schächte gesichert und die Weiber verheiratet. Da wurde es langweilig. Hier im Kombinat hab ich mir noch kein Bein ausgerissen. Wenns der Bauleitung zu langsam geht, warum kommt sie nicht zu uns auf die Baustelle? Manchmal schicken sie einen Dispatcher mit Motorrad. Der kommt an in einer Staubwolke, reißt das Maul auf und fährt wieder ab in einer Staubwolke, eh wir zu Wort gekommen sind. Aber in der Versammlung reden sie uns mit Arbeiterklasse an. Wenigstens könnten sie dafür sorgen, daß es keine Wartezeiten gibt. Wir warten auf die Zeichnungen. Wir warten auf Material. Das drückt auf den Lohn. Wir wissen, was wir wert sind und machen nichts umsonst. Eh wir uns bescheißen lassen, baun wir vor: der Lohn steigt schneller als die Mauern, die Kurve schneller als die Produktion. Die Brigadiere schreiben die Norm, die wir brauchen, und der Polier drückt beide Augen zu. Es ist nicht sein Schaden. Bremer war der erste, der das nicht mitgemacht hat. Er sagte immer wieder: Das ist Betrug. Betrug kommt nicht in Frage. Er hat nicht mitgemacht, nicht für Prügel, die er gekriegt hat, und nicht für Bier, das wir ihm angeboten haben. Er sagt, Betrug kommt nicht in Frage. Aber mehr sagte er nicht. Er ist rot bis auf die Knochen.

2 b

Brigadier rechnet

DER »MAJOR« Komm auf die Schaukel, Brigadier. Auf die Normenschaukel.

FRANZ K. Er ist neu. Er kennt sich nicht aus. Klär ihn auf, Major.

MAJOR Also paß auf, Brigadier. Du bist neu hier und kennst dich nicht aus. Hier, das ist die Norm, gemacht von einem Streber mit sechs Mann Hilfestellung, der dafür eine Prämie gekriegt hat: eine Ungerechtigkeit. Die muß ausgeglichen werden. Korrigiert. Also wird geschaukelt. Was wir auf dem Arbeitsplatz nicht schaffen, schaffen wir auf dem Papier. Den Bleistift hast du. Du mußt rechnen können, das ist alles.

HEINZ B. Das ist die Normenschaukel. *Lachen*

FRANZ K. Die Wartezeiten drücken auf den Lohn, wir drücken dagegen. Und die Norm bleibt oben.

BREMER Betrug kommt nicht in Frage.

MAJOR Betrug würd ich nicht sagen.

BREMER Was bist du für einer? Warum nennt ihr ihn Major?

FRANZ K. Er war Hauptmann. Wir haben ihn zum Major befördert. Er ist ein Lump. Aber er hat recht mit der Norm.

BREMER Wofür arbeitet ihr eigentlich?

HEINZ B. Für Geld. *Gelächter*

BREMER Ich weiß, wofür ich arbeite.

FRANZ K. So? Weißt du das? *Singt:*
Der Pole kriegt die Kohle,
der Tscheche kriegt das Licht ...
Redet weiter: Dafür, was?

MAJOR Schreib zweihundert Prozent. Unter dem machen wir es nicht. Wir haben feste Preise.

BREMER Bei mir steht: hundertzwanzig. Hundertzwanzig haben wir geschafft.

FRANZ K. Richtig. Und das ist zu wenig. Deshalb runden wir auf und schreiben zweihundert.

BREMER Wenn ihr mehr verdienen wollt, arbeitet mehr.

MAJOR Ein Vorschlag, Brigadier: Ein Kasten Bier für einen Rechenfehler. Starkbier.

BREMER Nach Waldheim bring ich dich, du Lump.

MAJOR Was heißt hier Waldheim? Auf dem Ohr sind wir taub. Aber die zweihundert brauchen wir. Wenns nicht mit Bier geht, reden wir Fraktur. Wer nicht für uns ist, ist gegen uns.

BREMER Betrug kommt nicht in Frage. Nicht, solange ich hier Brigadier bin.

MAJOR Dann laß dir gleich einen andern Posten reservieren.

BREMER Das schlag dir aus dem Kopf, Major. Wenn ihr nicht mehr arbeiten wollt, verdient ihr weniger. Wozu bin ich Brigadier?

3 a

HEINZ B. Mein Vater ist im Kohlenpott krepiert. Meine Mutter ist im Kohlenpott erfroren, 47 im Winter, weil ich wegen Kohlendiebstahl saß und keine Kohlen klauen konnte. Ich hab dann ein Mädchen aus dem Osten kennengelernt. Die sagte, da gibts Arbeit, und ich bin herüber. Wir wollten heiraten, das kostet Geld. So kamen wir ins Kombinat. Sie war Schlosserin. Sie verdiente gut, mehr als ich, und kriegte Prämien für gute Arbeit. Nach drei Monaten merkte ich, daß sie auch nachts Überstunden machte. Zwei Maurer schlugen sich auf der Baustelle. Dabei kam es heraus. Der eine hatte ihr zwölf Mark geboten. Er war Brigadier, und sie hatte ihm gesagt: Fritz ist kein Brigadier und zahlt schon dreizehn; unter fünfzehn laß ich einen Brigadier nicht ran. Ich habe sie gefragt: was bin ich schuldig, und ob ichs abzahlen kann, ich schaff es nicht auf einen Ritt bei ihrer Taxe. Jetzt ist sie, wo ich hergekommen bin, im Westen. Als Schlosserin kommt sie da nicht an, als Hure ja. Kurz danach hab ich beim VEB gekündigt, weil unser Brigadier ein Arschloch war. Ich hatte es zu laut gesagt, und die Bauleitung kriegte mich am Arsch. Ich kam bei einer Privatfirma unter. Die Arbeiter waren mit dem Betrieb verheiratet. Ich hatte mir vorgenommen, ich heirate nie. Aber die Arbeit klappte: sie aasten nicht mit dem Material, die Termine wurden gehalten. Ich fragte mich:

warum kann das beim VEB nicht auch so sein? Der Chef sagte: Wir sind eine große Familie. Das hieß: Überstunden werden nicht bezahlt. Das war ich nicht gewöhnt. Wie er mir auf die Schulter klopft und sagt, bei mir werden Sie nicht gefragt, welcher Partei Sie angehören, frag ich ihn: mit welcher halten Sies denn, Chef? Das nahm er übel. Wegen der Überstunden bin ich weg, zurück zum VEB. Der neue Brigadier war ein Scharfmacher. Der Vers »Der Bleistift vom Polier/Hört auf den Kasten Bier« paßte nicht auf ihn. Wir schlugen ihn zusammen, weil wir dachten, vielleicht hört er darauf. Er hat nicht zurückgeschlagen. Er stand auf und wischte sich das Blut ab. Er ließ sich auf nichts ein. Er sagte: Betrug kommt nicht in Frage. Wenn ihr mehr verdienen wollt, arbeitet mehr. Dann passierte der Skandal mit dem Fundament. Es sackte ab, weil wir den Beton nicht nachgemischt hatten. Mit dem Beton ist das so: Wir kriegten ihn vom Mischturm. Der läuft automatisch und ist das Neuste. Aber Spezialloren sind nicht da. Also trocknet der Beton auf dem Transport aus, und wir müssen jedesmal nachmischen. Das kostet Zeit und unser Geld. Ich sagte: Er ist zu trocken. Das tritt sich fest, sagte der Major. Der Brigadier läßt uns nicht verdienen, was wir brauchen. Wir müssen sehen, wo wir bleiben. Zeit ist Geld. Franz K. sagte: Wir haben schon auf die Zeichnung warten müssen und nicht zum erstenmal. Sollen wir draufzahlen, weil die Intelligenz Verspätung hat? Haben wir Polster unterm Hintern? Es muß ja nichts passieren, sagte er. Das mit den Zeichnungen stimmt. Normalerweise ist es so, daß in einem Stück gebaut wird, erst wenn die ganze Projektierung fertig ist. Das Kombinat wird in Scheiben geliefert: eine Scheibe Projektierung, eine Scheibe Bau. Aber wir haben den Beton nicht nachgemischt. Der Brigadier war nicht dabei. Er hat im nächsten Abschnitt die Verschalung kontrolliert. Als es passiert war, fragte er: Was habt ihr da gemacht? Der Major sagte: Genau wie sonst. Es muß an der Zeichnung liegen. Der Brigadier hatte die Verantwortung für unsre Arbeit. An ihm blieb alles hängen.

3 b

BAULEITER Das Eckfundament von Halle 6 rutscht ab. Es muß herausgerissen und neu gegossen werden. Gearbeitet hat dort die Brigade Bremer. Sie hat schlecht gearbeitet. Das muß untersucht werden.

ARBEITERIN Wir verlangen, daß der Unfall an der Strecke untersucht wird. Eine Streckenwärterin ist an der Kreuzung Autostraße/Werkbahn überfahren worden. Der LKW hat auf ihr Haltesignal nicht gehalten. Sie mußte zum Gleis ausweichen, und die Lok hat sie überfahren. Sie hat vier Kinder und liegt im Krankenhaus, beide Beine ab. Sie stirbt, weil der LKW-Fahrer keine Zeit hatte.

EIN JUNGER ARBEITER Er steht im Leistungslohn.

ARBEITERIN Einen Mord hat er geleistet.

2. ARBEITER Richtig. Was heißt hier Leistungslohn.

3. ARBEITER Der Leistungslohn ist schuld, ihr seid die Unschuld selber, was?

DER HEISERE Wenn wir immer auf die Weiber warten, kommen wir nie zurecht.

ARBEITERIN Wir verlangen, daß der Unfall untersucht wird.

1. ARBEITER Erst das Fundament.

ARBEITERIN Wir wollen gehört werden. Wir arbeiten wie ihr. Das ist auch ein Fundament.

BAULEITER Das bestreiten wir nicht. Eure Forderung ist berechtigt. Der Unfall wird untersucht, der Fahrer wird bestraft, wenn sich herausstellt, daß er schuld ist. Aber eins nach dem andern, das Wichtigste zuerst. Das müßt ihr einsehn.

ARBEITERIN Wir sind nicht wichtig, was? Warum vermauert ihr uns nicht gleich in euer Fundament!

1. ARBEITER Erstens: weil wir das Kombinat nicht zum Vergnügen baun. Zweitens: die Kohle ist für alle.

BAULEITER Der Kollegin können wir nicht helfen, wenn die Ärzte ihr nicht helfen können. Ihren Kindern helfen wir, wenn wir besser baun und schneller. Also erst das Fundament. Wo sind die Kinder?

ARBEITERIN Im Wochenheim.

BAULEITER Hat sie Verwandte?

ARBEITERIN Nein.

BAULEITER Gut. Dann sorgt ihr dafür, daß für die Kinder gesorgt wird und schnell. Und gebt uns Bescheid.

ARBEITERIN Ja.

2. ARBEITERIN Hier liegt noch eine Beschwerde vor. Ein sorbischer Bauer beschwert sich, daß ein Lastwagen mit Bauholz durch sein Rübenfeld gefahren ist, um den Weg abzukürzen.

BAULEITER Hol ihn herein. Aber er soll es kurzmachen. *Herein der Bauer.*

DER BAUER Durch mein Rübenfeld ist ein Lastwagen vom Kombinat gefahren. Ich will Schadenersatz. Ich hab schon drei Felder abgegeben für euer Kombinat. Der Russe hat sie mir gegeben. Jetzt wollt ihr sie für euren Sozialismus haben, und euer Sozialismus fährt mit dem Lastwagen durch mein einziges Rübenfeld.

3. ARBEITER Unser Sozialismus heißt Fritz Erpen. Wir haben ihn schon zweimal verwarnt. Er war zuletzt beim Zirkus. Feuerspeier. Er versäuft seinen Sprit. Der fehlt ihm dann, und er muß es am Weg einsparen.

BAULEITER Ist er hier?

3. ARBEITER Nein.

DER BAUER Ich will Schadenersatz.

DER HEISERE Halt uns nicht auf. Wir haben mehr zu tun, als dein Gejammer anzuhören, Pollack.

DER BAUER Ich bin Sorbe.

DER HEISERE Das ist dasselbe.

DER BAUER Pollack haben die SS zu mir gesagt. Jetzt heißt es Sorbe.

DER HEISERE Bei uns im Bunker arbeiten zwei von deinen Leuten, Sorbe. Wer ersetzt uns den Schaden, wenn die uns die Norm hochtreiben, weil sie sich anschmeißen wolln? Ich weiß Bescheid.

2. ARBEITER Wenn du halb soviel arbeiten würdest wie die sorbischen Kollegen, wären wir weiter.

DER BAUER Die Rüben fehlen mir. Das Soll hab ich nicht festgesetzt.

BAULEITER Wegen Schadenersatz geh zur Aufbauleitung. Wer durch dein Feld fährt, fliegt. Noch was?

DER BAUER Ich renn ihm die Forke in die Reifen beim nächstenmal. *Ab*

BAULEITER Jetzt das Fundament. Bremer, du bist der Brigadier. Ihr habt das Fundament gemacht. Was hast du zu sagen?

BREMER Wir haben gearbeitet wie sonst. Ist die Zeichnung geprüft worden?

JUNGER ARBEITER Ist die Zeichnung überhaupt fertig? *Lachen*

INGENIEUR C. Ich bin der verantwortliche Ingenieur. Die Zeichnung habe ich gemacht. Sie stimmt. Sie können Gift darauf nehmen. Für die Ausführung bin ich nicht verantwortlich. Wer sind Sie überhaupt? Sie sind neu hier. Ich bin Fachmann, Bauingenieur seit dreißig Jahren.

BREMER Spezialist für Rüstung, was?

BAULEITER Genosse Bremer, zur Sache: das Fundament. Der Ingenieur hat recht. Die Zeichnung stimmt. Um die Ausführung hat er sich nicht gekümmert, das ist sein Fehler. Aber der Brigadier bist du.

BREMER Ich trau keinem, der für Hitler gearbeitet hat. Das gehört zur Sache.

INGENIEUR C. Das ist eine Diffamierung. *Geht.* Das lasse ich mir nicht bieten.

DER HEISERE Den sind wir los.

INGENIEUR E. Er hat für Hitler gearbeitet, das stimmt. Aber die Zeichnung stimmt auch. Das ist nachgeprüft. Er kann nicht aus seiner Haut. Was er im Kopf hat, gibt er her. Sie haben kein Recht, ihn zu beleidigen.

BAULEITER Richtig. Was er im Kopf hat, gibt er her. Wir brauchen ihn, Genosse Bremer, du wirst dich bei dem Ingenieur entschuldigen.

BREMER Ich laß mich in Stücke reißen für den Sozialismus. Aber ich krieche einem Ingenieur nicht in den Hintern.

BAULEITER Auch für den Sozialismus nicht? Überlegs dir. Was ist mit dem Fundament?

Heinz B. steht auf

MAJOR *zieht ihn zurück*: Halts Maul und laß den Brigadier ausfressen.

HEINZ B. Was du eingebrockt hast.

MAJOR Du nicht?

HEINZ B. *steht auf*: Brigadier, wir haben den Beton nicht nachgemischt. Der Beton war ausgetrocknet vom Transport, weil die Speziallоren fehlen. Wir wollten Zeit sparen.

1. ARBEITER Haben wir bessren Beton? Haben wir Speziallоren?

FRANZ K. Wir hatten schon auf die Zeichnung warten müssen.

1. ARBEITER Wir nicht?

BAULEITER Also drei Wochen Zeitverlust durch Kampf um die Minute. Von den Kosten nicht zu reden. Bremer, was sagst du jetzt? Dem Ingenieur wirfst du vor, daß er Geld kostet und sich nicht um die Brigaden kümmert. Deine Brigade hat sabotiert unter deiner Leitung. Das Fundament kostet mehr als ein Ingenieur.

BREMER Das ist keine Brigade, das sind Lumpen.

3. ARBEITER Du bist ein guter Brigadier, nur die Brigade taugt nichts, was?

3 c

MAJOR Bremer machen sie jetzt fertig, die Parteigenossen den Genossen Brigadier. Uns solls recht sein. Wir sind nur einfache Arbeiter. Was können wir dafür, wenn der Brigadier nicht auf uns aufpaßt.

HEINZ B. Rede nicht von Arbeitern. Du bist ein Lump.

MAJOR Wer ist hier der Lump? Wer hat uns verzinkt vor der Produktionsberatung? Der Brigadier hatte unsern Beton schon geschluckt. Anschmeißen willst du dich. Gut, schmeiß dich an. Wir werdens nicht vergessen.

FRANZ K. Wer ist wir?

4 a

PARTEISEKRETÄR Ich kam Ende 44 aus der Sowjetunion nach Deutschland zurück, mit dem Fallschirm über Pommern abgesetzt im Auftrag der Partei. Was ich sah, war schlimmer, als wir es vorausgesehen hatten. Kleinbürgerfrauen, behängt mit den Eroberungen ihrer Männer, mit Kleidern aus Paris, Pelzen aus dem Osten. Mütter, die ihre Kinder in den Volkssturm jagten. Witwen in stolzer Trauer. Und in den Todeszellen die Genossen. Damals dachte ich: Wir müssen jede Hand abhacken, die sich für Hitler gerührt hat. Heute seh ich, wie der Sozialismus aufgebaut wird auch mit solchen Händen. Bremer hatte den Kopf riskiert für die Partei, als es darauf ankam. Seine Brigade hat ein Fundament verdorben, und auf Fundamente kommt es an. Das war eine Niederlage. Das hatte er begriffen. Wie man aus der Niederlage einen Sieg macht, das mußte er begreifen. Er sagte: das sind Lumpen. Wir sagten: es sind Arbeiter. Du bist ihr Brigadier.

4 b

PARTEISEKRETÄR Bremer, du hast den Ingenieur zu Unrecht beschuldigt, also mußt du dich entschuldigen bei ihm. Ich verstehe, daß es dir schwerfällt, aber es muß sein.

BREMER Soweit sind wir also.

PARTEISEKRETÄR Wir können es uns leisten, den Sozialismus auch mit Leuten aufzubauen, die der Sozialismus nicht interessiert. Soweit sind wir. Wir können nicht auf sie verzichten. Soweit sind wir noch nicht. Und wenn wir soweit sind, ist es nicht mehr nötig, weil sie sich interessieren werden für den Sozialismus.

BREMER Ich weiß noch, wo der Feind steht. Ich hab schon 1918 auf der Barrikade gestanden.

PARTEISEKRETÄR Wir brauchen keine Barrikaden, Genosse Bremer, wir brauchen Industriekombinate. Wir müssen den Kapitalismus an die Wand arbeiten. Wenn du das nicht begreifst, hast du nichts begriffen.

BREMER Ich mach mich nicht lächerlich. Die Intelligenz lacht über uns.

PARTEISEKRETÄR Sie arbeitet für uns.

BREMER Sie wird auch dafür bezahlt, und nicht zu knapp.

PARTEISEKRETÄR Sie ist noch knapp.

BREMER Also die Partei verlangt von mir, daß ich zu Kreuze krieche vor einem bürgerlichen Ingenieur.

PARTEISEKRETÄR Daß du deinen Fehler korrigierst.

BAULEITER Zweitens: Bremer hat als Brigadier versagt. Brigadier kann er nicht bleiben.

BREMER Sie haben mir Bier angeboten und Prügel. Das Bier hab ich nicht genommen, und die Prügel hab ich gekriegt. Ich bin nicht eingestiegen auf die Normenschaukel. Darum haben sie das Fundament versaut hinter meinem Rücken.
Aber ich hab versagt und soll auslöffeln.

BAULEITER Du hast den Löffel, du bist Brigadier.

1. ARBEITER Das verpfuschte Fundament ist eine Kritik an deiner Arbeit.

BREMER Sollt ich den Betrug mitmachen? Auf die Schaukel, Brigadier?

1. ARBEITER Der Betrug ist gemacht worden, und du bist Brigadier.

BREMER Gegen eine Brigade komm ich auf. Aber das sind Lumpen.

SEKRETÄR Wer hat sie dazu gemacht? Mit dem Kapitalismus sind wir fertiggeworden, hier. Mit dem, was er hinterlassen hat, müssen wir fertigwerden. Gegen eine Brigade kommst du auf, also arbeite mit ihr.

BREMER Mit dem Major etwa, der Offizier war und Nazi geblieben ist? Der gehört nach Waldheim.

SEKRETÄR Wenn du weißt, daß er dahin gehört, warum ist er noch in der Brigade? Wenn wir nicht wissen, was du weißt, warum bist du in der Partei? Unsre Waffe ist der Staat, warum kämpfst du mit nackten Händen?
Pause

BREMER Gut, ich hab versagt als Brigadier.

BAULEITER Gut, wenn du das einsiehst, Bremer. *Zum Sekretär:* Wer soll jetzt den Brigadier machen?

1. ARBEITER Was ist das für ein Standpunkt: Du hast schlecht gearbeitet, also hör auf zu arbeiten.

SEKRETÄR Du hast schlecht gearbeitet, du bist kritisiert worden, lerne daraus und arbeite besser. *Zum Bauleiter:* Bremer bleibt Brigadier und macht aus den »Lumpen« eine Brigade. *Zu Bremer:* In der Produktionsberatung hat ein junger Arbeiter aus deiner Brigade den Betrug aufgedeckt, den er selber mitgemacht hat. Niemand hat ihn gefragt, aber er hat geantwortet. Warum? Frag ihn. Er hat A gesagt: ob er B sagt, liegt an dir.

5 a

Brigadier rechnet

MAJOR Was soll das heißen?

BREMER Das soll heißen: für die Arbeit, die ihr am Fundament geleistet habt, gibts keinen Leistungslohn.
Pause

FRANZ K. Das ist in Ordnung, Brigadier. Aber wer kommt für die Wartezeiten auf? Der Ingenieur etwa, der auf der Zeichnung sitzt? Oder wenn ein Oberplaner die Kartoffeln auf den Bauplatz dirigiert und den Zement in die Küche? Der Mist, der oben gemacht wird, fällt auch auf uns. Beschiß ist Notwehr.

MAJOR Nichts geht in Ordnung. Was geht mich das Fundament an. Ich will mein Geld.

BREMER *zu Franz K.:* Was heißt hier Notwehr? Den Kapitalismus haben wir hinter uns. Aber er fällt uns in den Rücken, wenn wir ihn nicht an die Wand arbeiten. Wir wissen, warum wir ein Industriekombinat nach dem andern baun. Wir haben keine Zeit, das vorher zu lernen. Aber wir kommen nur weiter, wenn alle weitergehn. Wartezeiten, Planungsfehler. Wie solln wir passend machen, was uns nicht paßt, wenn ihr Kapital draus schlagt?

FRANZ K. Hört sich gut an, Brigadier.

HEINZ B. Rot seit 1918, aber nichts behalten und nichts dazugelernt.

5 b

INGENIEUR C. Es passierte mir zum erstenmal, daß ein Arbeiter sich mir gegenüber so etwas herausnahm. Ich habe immer saubere Arbeit geleistet, korrekt auch unter schwierigen Bedingungen, wie hier. Zwei Tage nach der Produktionsberatung über das verpfuschte Fundament im Abschnitt 6 führte ich eine Delegation durchs Baugelände, Studenten, Journalisten, Techniker aus der CSSR. Bei den Kühltürmen kam Bremer auf uns zu. Er sah müde aus. Er tat mir fast leid. Er hatte einen Zettel in der Hand. Er gab mir den Zettel und ging weiter. Auf dem Zettel stand: Ich nehme die in der Produktionsberatung gegen Ingenieur C. erhobene Beschuldigung zurück. Sie entspricht nicht den Tatsachen. Bremer. – Einer der Journalisten fragte mich nach dem Verhältnis zwischen Arbeitern und Intelligenz im Kombinat. Gut, sagte ich.

5 c

Franz K., Heinz B. beim Essen. Ein Plakat im Hintergrund: »Werktätige! Die Sozialistische Einheitspartei ist eure Partei!«

HEINZ B. Brigadier, ich will in die Partei eintreten.

Pause

BREMER Weißt du, was du da willst?

HEINZ B. Ich hab dem Major das Nasenbein zerschlagen. Wird das angerechnet auf die Kandidatenzeit?

BREMER Unsre Aufgabe besteht nicht darin, Nasenbeine zu zerschlagen. Wir sind die herrschende Klasse. Unsre Waffe ist der Staat. Der Major hat schon seine Papiere. In die Partei willst du. Weißt du, auf was du dich da einläßt? Da wird viel verlangt. Weniger Bier, mehr Arbeit. Bis an den Bauch im Dreck, wenn es sein muß. Aufstehn, wenn du fällst, und wieder aufstehn, wenn du wieder fällst. Und glaub nicht, daß dabei ein Posten abfällt. Die Partei ist kein Versorgungsinstitut. Wieviel Frauen hast du? Zähl genau. Zwei sind zu viel.

HEINZ B. Keine.

BREMER Das ist vielleicht zu wenig. Aber du hast Zeit.

HEINZ B. Ich hatte eine, hier im Kombinat. Sie war Schlosserin. Sie ist im Westen, wo ich hergekommen bin.

BREMER Warum hast du sie gehen lassen?

HEINZ B. Eine Hure kann ich nicht gebrauchen.

BREMER Wer hat sie zur Hure gemacht?

HEINZ B. Ich nicht.

BREMER Hat die Partei gesagt, euch kann sie nicht gebrauchen, weil ihr das Fundament versaut habt?

HEINZ B. Nein, das hast du gesagt.

BREMER Also: du weißt, was du machst?
HEINZ B. Ja.
BREMER Dann red mit dem Sekretär. Und was wird mit dem Fundament?
HEINZ B. Das Fundament machen wir neu.
BREMER Wenn es wieder absackt, zerbrech ich dir den Schädel. Einverstanden?
HEINZ B. Einverstanden.
Heinz B. und Bremer ab. Der Major kommt, im Ausgehanzug, bleibt vor dem Plakat stehn, grinst zu K. herüber, greift nach dem Plakat.
FRANZ K. *geht auf den Major zu:* Hände weg, Major.

EPILOG

Gesprochen vom Darsteller des Heinz B.
Auf die Straße geworfen vom Kapital
In die Panzerschlachten, hinter Stacheldraht,
Von der Partei in den Kampf um Energie und Kohle
Fluß, steh still! Dein Lauf wird korrigiert!
Platz da, Erde! Was du hast, gib her!
Auf dem Bauplatz zwischen Hoang-Ho und Elbe
Mit Beil und Bagger, mit Schaufel und Großkran,
Fluchend und stolpernd und ohne Aufenthalt,
Links und links im Schritt der Fünfjahrpläne
Reißen wir aus der krepierenden alten
Die neue Welt.

Hans Dieter Mäde
Die Neufassung

Heiner Müller analysiert weiter oben (S. 64) die Wirkung, die von der ersten Fassung der *Korrektur* ausging. Die Diskussion nach der »Probeaufführung« im Maxim-Gorki-Theater blieb nicht die letzte. Weitere Beratungen und Aussprachen mit dem gesamten Ensemble, mit Genossen aus der Parteiorganisation des Theaters und aus dem Parteiapparat, mit der Dramaturgie und der Theaterleitung folgten. Dann »trat die Selbstkritik der Autoren in die exekutive Phase«: Heiner und Inge Müller gingen an die Umarbeitung.
Es hat nicht an Leuten gefehlt, die versuchten, diesen Entschluß zu mißdeuten. Sie wurden in doppelter Hinsicht enttäuscht. Weder die Autoren noch das Theater spielten die Beleidigten, weil sie kritisiert

worden waren. Sie wollten nämlich etwas über unsere neue Wirklichkeit sagen und wollten es selbstverständlich so gut, so klar, so nutzbringend wie möglich sagen. (Müller: »Die neue Literatur kann nur *mit dem neuen Publikum* entwickelt werden.«) So war wenig Zeit zur Kopfhängerei, wohl aber Anlaß zu gründlichem Nachdenken und zu verstärkten Anstrengungen. Das Stück, das dann seine Uraufführung erlebte, war auch keineswegs das alte mit ein paar »Retuschen«, sondern wirklich eine *neue Fassung*, in der die Kritik produktiv umgesetzt war. Ich meine, das ist ein großer Erfolg – politisch und künstlerisch. So ist ein Vergleich der beiden Fassungen wohl von allgemeinerem Interesse.
Die in den Aussprachen ermittelten Ursachen für die Depression, die durch die erste Fassung bewirkt wurde, lassen sich unter drei Hauptgesichtspunkten zusammenfassen: 1. Die Widersprüche und der Hauptkonflikt; 2. Die Widersprüche und die Partei; 3. Die Widersprüche und die Arbeiterklasse (Spontaneität und bewußter Kampf).
Zu Punkt 1: Seit geraumer Zeit lenkt die Sozialistische Einheitspartei Deutschlands die Aufmerksamkeit ihrer Mitglieder und aller Werktätigen auf die Existenz von inneren Widersprüchen im Leben unserer Republik, sie erläutert die dialektische Gesetzmäßigkeit der Entstehung solcher Widersprüche im Übergang zur sozialistischen Gesellschaft und zeigt die Wege zu ihrer Überwindung in bewußtem Kampf. Die besondere Begabung von Heiner und Inge Müller besteht – wie sie schon im »*Lohndrücker*« bewiesen – vor allem in ihrer Fähigkeit, mit dialektischem Scharfblick solche Gesetzmäßigkeiten, solche charakteristischen Widersprüche aufzuspüren und die Möglichkeit und Notwendigkeit ihrer Lösung zu gestalten. So ist es nicht erstaunlich, daß sie bei einem Besuch in »Schwarze Pumpe« auf eine ganze Reihe größerer (und ernsthafter) oder kleinerer (und komischer) Widersprüche stießen und mit reichem Material nach Hause fuhren.
Bei der Konzeption ihrer Fabel unterlief jetzt den Autoren der erste Irrtum. Sie verknüpften auf knappstem Raum (Spieldauer der Erstfassung 28 Minuten) zwei außerordentlich komplizierte Probleme. Der gesellschaftliche Hauptkonflikt ist sogleich in der Erzählung des Arbeiters Franz K. und in der Szene 3 (»Normenschaukel«) gegeben; noch vorhandene Normenschaukelei aus Mangel an sozialistischem Bewußtsein und unter dem Einfluß unbelehrbarer reaktionärer Elemente. Die eigentliche Fabel aber wird bewegt durch den Konflikt, der aus Bremers sektiererischem Verhalten entsteht. Bremer, schon wegen einer sektiererischen Fehlhandlung zur Bewährung auf die Großbaustelle geschickt, macht den gleichen Fehler in anderer Form ein zweites Mal. Er wird dafür kritisiert, als Brigadier abgesetzt, hält jedoch trotz aller »Nackenschläge« zur Sache. Durch seine Haltung beeindruckt – »beschämt« –, entschließt sich Heinz B. zum Eintritt in die Partei.
Diese Fabel-Konzeption war die erste Ursache für die im Zuschauerraum beobachtete Depression. Ohne Zweifel war gerade die Auslösung des »Beschämungseffekts« auch im Zuschauerraum eines der Ziele der Autoren. Aufführung und Diskussionen ergaben jedoch, daß die beabsichtigte Wirkung nicht eingetreten war. Denn ein nicht unbe-

trächtlicher Teil des Publikums las die Fabel, grob gesprochen, so: Bremer, ein alter Revolutionär, der für die Sache der Partei acht Jahre im KZ gesessen hat, wird wegen eines Fehlers als Funktionär abgesetzt und ins Kombinat geschickt (»bezieht Prügel«). Er widersteht dem Verlangen seiner Brigade nach Betrug (und bezieht, diesmal buchstäblich, Prügel). Er macht einen neuen Fehler, wird kritisiert und abgesetzt (bezieht also wieder Prügel). Eine Lesart, die nicht gerade geeignet war, bei der Klärung von Rolle und Funktion eines Parteimitgliedes im Leben unserer Gesellschaft zu helfen.

Außerdem: Diese Fabel-Konzeption ließ die gesellschaftliche Hauptfrage, wie sie in der Szene »Die Normenschaukel« als Kampf des Neuen mit dem Alten vor uns erscheint, zurücktreten vor Bremers Problemen. Dadurch erhielten Schwierigkeiten, Rückständigkeiten, Negatives ein in der Proportion zu großes Gewicht. So wurde denn auch die Partei (und damit sind wir bei Punkt 2) lediglich in ihrem Bemühen gezeigt, Bremers Fehler zu korrigieren, nicht aber in der Führung und Organisierung des bewußten Kampfes zur Lösung der hauptsächlichen Widersprüche. Und endlich – dies betrifft Punkt 3 – kam der aktive Anteil der Arbeiter am Kampf um die Meisterung ihrer Probleme ungenügend zum Ausdruck. Auseinandersetzungen unter den Arbeitern wurden wenig gezeigt; so bekamen sowohl der Parteieintritt Heinz B.s als auch die Erfolge und die Entstehung des Neuen, von denen berichtet wurde, den Anstrich des Spontanen.

Am Rande: All das wurde durch einige Mängel der Inszenierung – besonders der Hauptszene »Fundamente« – eher unterstrichen als gemildert.

Das etwa war der Ausgangspunkt, als die Autoren neu an die Arbeit gingen. Wie man sieht, handelte es sich weniger um formale als vielmehr um elementare politische und inhaltliche Fragen, bei deren Lösung allerdings Formprobleme nicht unbeachtet blieben. (Müller hat auf sein Streben nach einer geschlossenen Form als eine Ursache dafür hingewiesen, daß er die Fabel so und nicht anders führte und dadurch »die Inhalte beschnitt«.) So erwies sich die strenge Form der ersten Fassung a-b-a-b (Szene-Erzählung-Szene-Erzählung) in der neuen Aufgabenstellung als nicht mehr durchführbar und wich einer lockeren Abfolge, die Szenentitel fielen weg usw. Untersuchen wir die Veränderungen im einzelnen.

Die neue Fassung beginnt mit einem *Prolog*. Die bisherige erste Szene (»Ein Brigadier«), in der Bremer vorgestellt wurde und in der der Parteisekretär als eine Art besserer Empfangschef fungierte, ersetzten die Autoren durch zwei neue Szenen (1a, 1b). In ihnen tritt uns die Partei – vorläufig in Gestalt ihres Sekretärs – als aktive, an der Veränderung der Wirklichkeit arbeitende Kraft gegenüber. Wir erfahren, daß die Brigade Sense – »hat den höchsten Lohn und arbeitet schlecht« – einen neuen Brigadier bekommt. (Bauleiter: »Er kommt aus der besten Brigade. Er heißt Bremer. Er wird mit ihnen schlittenfahren.« Sekretär: »Er soll mit ihnen arbeiten. Das kann er nur, wenn er ihnen sagen kann, wofür.«) Also: In der neuen Exposition ist das ideologisch-politische Motiv des Sektierertums, das Bremer ins Kombi-

nat gebracht hat, weggefallen. Wir werden klar auf Ökonomisches (Arbeitsproduktivität, Wartezeiten usw.) orientiert.
Die Erzählung des Arbeiters Franz K. (jetzt Szene 2a) weist nur geringe Veränderungen auf, darunter aber eine für die Geschichte bedeutsame: Am Schluß nimmt Franz K. das Motiv der Szene 1a (»Das kann er nur, wenn er ihnen sagen kann, wofür.«) von der Gegenseite her auf. Er spricht von dem Versuch der Brigade, Bremer zur Teilnahme an der Normenschaukelei zu bewegen, und schließt: »Er hat nicht mitgemacht, nicht für Prügel, die er gekriegt hat, und nicht für Bier, das wir ihm angeboten haben. Er sagt: Betrug kommt nicht in Frage. *Aber mehr sagte er nicht.*« Und in der übrigen fast unveränderten Szene 2b (Normenschaukel) stellt Heinz B., auf Bremers zornig vorgebrachtes: »Ich weiß, wofür ich arbeite!«, die Gegenfrage: »Wofür denn?«, und Bremer bleibt die Anwort schuldig.
Diese Beispiele machen die neuen Akzente, unter denen Bremers Geschichte konzipiert wurde, bereits deutlich. Die in der alten Fassung folgende »Erzählung des Ingenieurs Martin E.« und die Szene »Vorschriften« sind von den Autoren gestrichen worden. Beide hatten nur lockere Verbindungen zur Fabel. Die Ingenieurserzählung berichtete, in sprachlich reizvoller Form, von anekdotischen Begebenheiten aus der »wilden Zeit«, der Baustelle; aber das Eigenleben, das diese Mißlichkeiten innerhalb des Fabelgeschehens besaßen, ließ zu, sie allgemeingültiger auszulegen, als sie gemeint waren. Die Szene »Vorschriften« hatte zu den künstlerisch schwächsten des Stücks gehört. Neu an dieser Stelle ist der »Brief des Ingenieurs Herbert C.«, der die Position dieses Vertreters der alten Intelligenz präzis umreißt und die Schranken, die seine Sicht noch hemmen, ebenso deutlich macht wie sein schon erreichtes Verständnis der friedlichen Perspektive unseres Staates. Die »Erzählung des Arbeiters Heinz B.« blieb, von einigen Straffungen abgesehen, unverändert.
Die nun folgenden Veränderungen bilden das Herzstück der neuen Fassung: über sie muß im Zusammenhang gesprochen werden. Bei der Analyse der großen Mittelszene (bisher »Fundamente«, jetzt 3b) fällt sofort dreierlei auf. Erstens: Die Aktivität in der Auseinandersetzung um ihre Probleme wurde mit knappen Strichen verstärkt. Jetzt wird z. B. weder die Unterstellung, der Leistungslohn sei schuld an dem zu verhandelnden Unfall, noch der Ausfall des Heiseren gegen die Sorben unwidersprochen hingenommen. Zweitens: Aus dem Vorsitzenden, der in der Erstfassung auftrat, ist ein Bauleiter geworden. Das ist mehr als eine Bezeichnungsänderung. Die Figur ist eindeutiger geworden, wir haben sie schon in Szene 1a kennengelernt. (Im Prolog wird über den Bauleiter gesagt: »Er hat falschen Tritt.«) Diese Veränderung setzt bestimmte Härten und Unvollkommenheiten der Produktionsberatung ins richtige Verhältnis. Drittens: Der bisherige Hauptinhalt der Szene, die Beleidigung des Ingenieurs durch Bremer ist zwar nicht herausgenommen, aber doch so verknappt, daß er zu einer Episode unter anderen wird. Das verstärkt zugleich die Wirkung des Konflikts zwischen Bremer und der Brigade.
Diese entschiedene Akzentverlagerung setzt sich fort in der Szene, die

dem Stück den Namen gab (*»Die Korrektur«*, jetzt 4b). In der alten Fassung bestand ihre Funktion darin, Bremer klarzumachen, daß der Ingenieur gebraucht wird, und daß er, Bremer, sich korrigieren (entschuldigen) muß. Daraus ist jetzt eine völlig neue Szene geworden. Das drückt sich rein äußerlich darin aus, daß die etwas fatale Zweisamkeit Sekretär – Bremer aufgegeben ist. Jetzt findet eine Parteiberatung statt, an der auch der Bauleiter und der erste Arbeiter teilnehmen; dieser greift an zwei entscheidenden Punkten der Sitzung in das Geschehen ein. Verändert ist aber vor allem die inhaltliche Zielrichtung der Szene: Die Auseinandersetzung Bremers mit dem Ingenieur ist nur noch Einleitungs- und Randmotiv. Die Korrektur, die von Bremer verlangt wird, ist völlig anderer, tieferer Natur. Der Sekretär formuliert die Aufgabenstellung in der Neufassung seiner Erzählung folgendermaßen: »Bremer hatte den Kopf riskiert für die Partei, als es darauf ankam. Seine Brigade hat ein Fundament verdorben, und auf Fundamente kommt es an. Das war eine Niederlage. Das hatte er begriffen. Wie man aus der Niederlage einen Sieg macht, das mußte er begreifen.«

Und Bremer begreift – nicht widerstandslos, nicht ohne Schmerzen, aber er begreift. Darum wird auch der Vorschlag des Bauleiters, ihn als Brigadier abzusetzen, vom ersten Arbeiter und vom Sekretär nachdrücklich zurückgewiesen. Bremer bleibt Brigadier. Der Sekretär entläßt ihn mit dem Hinweis auf den jungen Arbeiter, der in der Produktionsberatung einen Betrug aufdeckte, den er selbst mitgemacht hat. (»Niemand hat ihn gefragt. Aber er hat geantwortet. Warum? Frag ihn.«)

Schon diese Veränderungen haben entscheidende Bedeutung. Aber die Autoren gingen noch einen Schritt weiter. Sie schrieben zwei neue Szenen, die innerhalb der Brigade spielen. Schon in der Szene »Fundamente« war der Mitteilung Heinz B.s über den nicht nachgemischten Beton eine kurze Auseinandersetzung mit dem Major vorangegangen. Sie wird jetzt in der Szene 3c wieder aufgenommen. Die Brigade beginnt, sich von dem Major zu distanzieren. In der gleichfalls neuen Szene 5a wird die Grundsituation von 2b (Normenschaukel) unter veränderten Bedingungen wiederholt. Bremer hat verstanden, daß es nicht genügt, einen Standpunkt zu haben, daß man ihn auch vertreten, erklären, durchsetzen muß. Die Differenzierung in der Brigade ist weiter vorangetrieben: der Major ist faktisch isoliert, Franz K. nimmt die Diskussion auf und muß sich, als er die Argumente Bremers mit einem skeptischen »Hört sich gut an, Brigadier« quittiert, von Heinz B. sagen lassen: »Rot seit 1918, aber nichts behalten und nichts dazugelernt.« So ist dem Parteieintritt Heinz B.s (5c) die Zufälligkeit, das Nur-Spontane genommen, er ist vorbereitet, und auch die neue Schlußpointe, mit der die Autoren ein Motiv aus dem ersten Bild des *»Lohndrükkers«* umgewandelt wieder aufnehmen, wird möglich. Aus der Geschichte des einsamen, sich nicht mehr zurechtfindenden Sektierers ist die Geschichte einer Brigade geworden. So kann der Prolog ankündigen: »Wir zeigen, wie eine von tausend Brigaden (und es ist nicht die beste) klug wird durch Schaden.«

Vergleicht man die Summe der Veränderungen mit der selbstgestellten Aufgabe, so wird deutlich, daß es den Autoren gelungen ist, alle wesentlichen Hinweise, die ihnen gegeben worden waren, Punkt für Punkt fruchtbar zu machen – wobei diese ideologischen Berichtigungen fast ausnahmslos zu echten künstlerischen Vertiefungen wurden. So bewirkte denn die Neufassung auch nicht mehr Depression, sondern von ihr ging – um die Worte eines Kritikers zu zitieren – »heitere Klarheit und Zuversicht« aus.

Die Veränderungen entstanden nicht in der »Isolierzelle« und nicht »auf einen Ritt«. Zwischenstadien wurden zur Diskussion gestellt und zwischen Autoren, Dramaturg und Regisseur beraten. Die Zusammenarbeit war nützlich und lehrreich für alle Teile. Den Regisseur zwang z. B. die neue, weniger strenge Form, seine bisherige Grundkonzeption zu überprüfen. Die Podestlösung der ersten Inszenierungsfassung wurde verworfen. Der Gedanke, alle mitwirkenden Schauspieler ständig auf der Bühne anwesend sein zu lassen, um nachdrücklich das gemeinsame Entstehen für die Sache zu unterstreichen, wurde von den Autoren aufgegriffen und zu Ende geführt. So entstand die heiter-ironische Vorstellung der Figuren, die dem Zuschauer hilft, seine Aufmerksamkeit auf das Wesentliche der Vorgänge einzustellen, und die eine optimistische Ausgangsposition, eine Betrachtung der Vorgänge aus der Perspektive des »Wir sind über 'n Berg«, möglich macht. Oder: Die Autoren schlugen in ihrem Prolog, der den *»Lohndrücker«* mit der *»Korrektur«* verbindet und damit wirklich zu einem Theaterabend zusammenführt, die Zeilen vor: »Wenn wir jetzt die Bühne drehn, werden wir sieben Jahre weiter sehn«, und das Theaterkollektiv fand, dadurch angeregt, jene offene Verwandlung aus der noch düsteren *»Lohndrücker«*-Stimmung in die Helligkeit der *»Korrektur«*-Dekoration, die eine zusätzliche, befreiende emotionale Wirkung auslöst.

Die Korrektur der *»Korrektur«* ist abgeschlossen. Inzwischen ging die Neufassung bereits in zahlreichen Vorstellungen über die Bretter. Nicht abgeschlossen ist die Diskussion, die auf neuer Ebene fortgeführt und ständig aus dem Zuschauerraum in die Betriebe getragen wird. In diesen Aussprachen ist zu erfahren, daß *»Die Korrektur«* von unseren Arbeitern als praktische Hilfe bei der Lösung ihrer Probleme verstanden wird. So zeugt die Geschichte dieses kleinen Stücks neuer Literatur von der höheren Qualität, die das Verhältnis von Produzenten und Konsumenten auch im Bereich der Kunst bei uns bereits erreicht hat.

ROLF SCHNEIDER

DER DRITTE KREUZZUG
[1960]

Personen

WÄRTER
RITTER KUNIFRIED VON RAUPENBIEL
SEIN VATER
EIN ABT
HEINRICUS, CAROLUS } SCHULKINDER
EIN PATER
PFALZGRAF ZEDEWITZ
ELISABETH
DER HERZOG
EIN DIENER
EINE FRAU
EIN MÖNCH
DER BANQUIERE
KAISER FRIEDRICH I. VON HOHENSTAUFFEN
GRAF ERLENBUSCH
GRAF MORMELSTEIN
EIN PRIESTER
EIN FÜRST
CONNÉTABLE
DUKE
PIERRE, HENRY } KNAPPEN
EIN RITTER
GRÄFIN ROSA MARIA
DER MANN
EIN SÄNGER
STIMMEN

Öffnen eines Gitters. In einem Keller

WÄRTER Gott zum Gruß, Gefangner.

KUNIFRIED Gott zum Gruß, Wärter.

WÄRTER Hast die Nacht gut geschlafen?

KUNIFRIED Es hat wieder getropft vom Gemäuer.

WÄRTER Draußen ist Herbst. Es regnet. Hat schon mancher geklagt.

Geschirrklappern

Bring' dir eine Suppe. Zum Aufwärmen.

KUNIFRIED *erfreut* Aus Milch und Eiern!

WÄRTER Mit Butter.

KUNIFRIED Ein gutes Zeichen.

WÄRTER *schonend* Kein gutes Zeichen.

Pause

KUNIFRIED Hast du sonst was?

WÄRTER Zwei Rollen Pergament. Die zugeschnittene Feder aus dem Bürzel einer Gans. Einen Napf voll Tinte.

KUNIFRIED Hat der Herzog meine Bitte erhört.

WÄRTER Er hat.

KUNIFRIED Auch ... kein gutes Zeichen?

WÄRTER Auch kein gutes Zeichen.

Pause

KUNIFRIED *seufzt* Laß mich allein, Wärter.

WÄRTER Wollte dir noch sagen...

KUNIFRIED Was?

WÄRTER Tust mir leid, Gefangner.

KUNIFRIED Danke. Laß mich allein.

Gitter. Schritte. Er seufzt. Das Pergament raschelt. Die Feder kratzt. Er spricht langsam, beim Schreiben

Einsitzend im herzoglichen Burgverlies, schreibe ich, Ritter von Raupenbiel, die Geschichte meines Lebens. Mir zum Zeitvertreib, andern zur Freud' und Belehrung. *Seufzt* Ich bin geboren ums Jahr 1165. Genaures weiß keiner. Mein Vater hat's nicht notiert, denn er war unkundig des Schreibens wie Lesens gleich den meisten vom Adel. Und er hat's nicht im Gedächtnis behalten, denn wir waren zahlreich. Als da sind:

JUGENDLICHE STIMMEN Friedrich.

Heinrich.

Elsbeth.

Maria.

KUNIFRIED Die zwei letzten Zwillinge.

JUGENDLICHERE STIMMEN Arnulf.

Rosalinde.

Siegmund.

Siegfried.

Siegbert.

KUNIFRIED Die drei letzten Drillinge. Von da ab verwandte mein Vater mehr Sorgfalt aufs Namenfinden und ging zumal nach den modischen Dichtungen.

SEHR JUGENDLICHE STIMME Kondwiramuors.

Irminbert.

Lohentrut.

Brinkelse.

KUNIFRIED Und:

Säuglingsgeschrei.

Ich, Kunifried, der Spätling. Insgesamt vierzehn. *Seufzt* Ich denke gern zurück an die Landschaft meiner Kindheit.

Quellmurmeln

Ein Bach floß zum Weiher.

Baumrascheln

Die Linden rauschten im Wind. Ein Reh sprang im Buchenholz.

Pferdewiehern

Auf der Koppel graste ein Pferd, Feirefiz, unser einziges.

Gezwitscher

Vögel sangen. Wir waren gut Freund mit den Tieren auf Raupenbiel, bis auf –

VATER Die verdammten Wildschweine haben die Rüben zerwühlt! Wovon soll ich euch zwei Wochen ernähren?

KUNIFRIED So mein Vater. Worte wie die klingen unpassend zu einem vom Adel, der sich doch besser im Kampf ziert statt mit Runkelrüben. Aber meines Vaters Kampf war der gegen vierzehn gefräßige Mäuler und war ihm genug, denn Raupenbiel ist klein und ärmlich, die Burg halb zerfallen. Ungern denk' ich zurück an die Wintertage, wo der Wind durch die rissigen Mauern pfiff.

Sturmgeräusch

VATER Es ist kalt.

KUNIFRIED Pflegte mein Vater zu sagen.

VATER Es ist kalt, doch wir zeigen Würde. Sitz aufrecht, Brinkelse! Würde, sag' ich, und bleibt unsereins nichts, so bleibt ihm doch das. Wir sind von besonderm Blut – schmatz nicht so gierig, Kondwiramuors! Wir sind von besonderm Blut und sind damit ausgezeichnet vor dem schmutzigen Volk in den Dörfern. Dem Tüchtigen stehet die Welt offen. Die Ordnung, wodrin wir leben, gibt ihm jegliche Gelegenheit. Auch im Kreuzzug, wo ich arm blieb wie eine Kirchmaus und elender als zuvor, sind ein paar Pfiffige reich geworden von Gold und Beute. Jeglicher unter euch ist mithin zu Großem berufen, er muß sich bloß anstrengen.

KUNIFRIED Solche Worte, gesprochen, wo der Schneewind ins Zimmer fährt und der Grützbrei in den Näpfen bloß ein Klecks ist – solche Worte dringen tief ein ins kindliche Gemüt. Freilich wußt' ich, daß nach der ritterlichen Erbfolge nur einer Burg und Land Raupenbiel erben würde nach dem Tod meines Vaters. Friedrich nämlich, mein ältester Bruder.

Glockengeläut. Gregorianischer Meßgesang.

Glockengeläut und Gesang frommer Männer waren der nächste Eindruck meiner Kindheit.

ABT Willkommen, kleiner Kunifried.

KUNIFRIED So sprach zu mir der Abt von Sankt Sebastian.

ABT Willkommen. Du wirst eine gute Bildung bei uns haben, kleiner Kunifried. Gleich andern deinesgleichen, die das Schicksal in vornehmer, doch armer Familie zur Welt kommen ließ. Nicht vorzüglich eine Bildung am Schwert wird es sein, kleiner Kunifried. Wohl aber eine an geistigen Waffen, die nicht minder scharf sind als die eisernen.

KUNIFRIED So sprach der Abt. Ich aber lernte das Schreiben, das Lesen, das Lateinische, die Arithmetik und die Geographia.

PATER *streng* In welchem Lande lebst du, Heinricus?

KIND Im Heiligen Römischen Reich deutscher Nation, Pater Anselmus.

PATER Welches aber ist die höchste Person im Reiche, Heinricus?

KIND Kaiser Friedrich von Hohenstauffen, genannt Barbarossa, das ist: der Rotbart.

PATER Welches aber ist unsres Kaisers Barbarossa wichtigste Aufgabe, Carolus?

ANDRES KIND Die Eroberung von neuem Raume zum Leben, Pater Anselmus.

PATER Die Eroberung von neuem Raume zum Leben, vere dictus. Denn das deutsche Volk, es lebt auf beschränktem Boden, wie's der große und tapfre Welfenherzog Heinrich, genannt der Löwe, immer wieder sagt. Und Deutschland ist ein Teil vom Okzident, das ist: des Westens, das ist: des Abendlands, es hat sich seine Ordnung zu schützen, welche von Gott ist und christlich. Welches aber ist die östliche Grenze unsres Landes, Carolus?

KIND Der Fluß Elbe, Pater Anselmus.

PATER Und wer wohnt östlich hinter dem Fluß Elbe?

CHOR DER KINDER Die bösen Slawen!

PATER *eifernd*: Die bösen Slawen, vere dictus. Sie sind minderwertig, und es heißt drum zu recht: gen Ostland wollen wir reiten, um deutsches Gebiet zu gewinnen und die bösen Slawen zu vertreiben. Wir haben Anspruch auf diese Gebiete, nota bene, und wir wollen sie erobern, und wenn es sein muß, durch die rauhe Gewalt der Waffen...

KUNIFRIED In solcher Umgebung des friedfertigen Lernens wuchs ich heran. Ich studierte die Wissenschaften und die Künste. Bis ich ein junger Mann ward.
Glockengeläut. Gregorianischer Meßgesang
Glockengeläut und Gesang frommer Männer waren auch der letzte Eindruck meiner Kindheit. Und dann stund ich auf der Straßen. Allein. Ein mittelloser Jüngling. Unkundig der Waffen. Nur mäßig geübt im Reiten.

VATER Dem Tüchtigen stehet die Welt offen.

KUNIFRIED Klang's mir im Ohr, der Spruch meines Vaters.

Lautenakkord
Ich wurde ein Minnesänger.
Hufklappern
Auf klappriger Mähre, das Saitenspiel im Arm, zog ich von Burg zu Burg ...
Er singt zur Laute:

Nichts Süßeres, herzliebe Fraue,
Auf dieser weiten Welt geschieht,
Als daß ich in dein Auge schaue,
Selbst wenn dein Auge mich nicht sieht.
Doch sieht es mich, so schlägt mein Herze,
Als bald und stürmisch himmelwärtse,
Weil ich unmäßig glücklich binne:
Das macht die Zauberkraft der Minne.

ZEDEWITZ *schluchzt* Wundervoll! Es geht mir zum Herzen! Der Minnesang hat meine lederne Seele weich gemacht, und Zähren rollen mir in den Bart. Ich fühle, daß ich gegen die Kunst empfindlich bin. Diesen Becher auf dich, Ritter Raupenbiel!

KUNIFRIED Danke Euch, Pfalzgraf Zedewitz.

ZEDEWITZ *trinkt* Ah! Hast du Lust, einen Rundgang auf die Zinnen meiner Pfalz zu tun?

KUNIFRIED Mit großer Freude.

ZEDEWITZ Komm.
Schritte
Übrigens: hier, dieser Teppich, auf dem du gehst: echte persische Knüpfarbeit. Mit besonders kunstvollem Muster.
Hat mich zwanzig Pfund Silber gekostet.

KUNIFRIED Ich staune.
Türknarren

ZEDEWITZ Und hier, diese Tür *er klopft dagegen* gutes arabisches Schnitzwerk. Hat mich zweiundvierzig Pfund Silber gekostet.

KUNIFRIED Ich bewundere Euch.

ZEDEWITZ Heut ist das Zeug noch mehr wert. In den palestinensischen Häfen sitzen wieder die Türken und schlagen einen tollen Gewinst auf, kann keiner zahlen.
Im Freien.
Ah, Vollmond! Frischer Wind kommt vom Norden. Ich kann wieder denken, wie's mir zukommt: akkurate und nackt, ohne mattes Geträum' und süßes Tandaradei... Hör zu, lieber Raupenbiel: Ich hab' mir oft überlegt, warum einer die

Kunst nicht in den Dienst einer nützlichen Sach' stellt, was sagst du?

KUNIFRIED Versteh' nicht ganz...

ZEDEWITZ Weißt du, ich bin'n nüchterner Mann. Ich überleg' mir, ob einer mit der Wirkung, die die Kunst hat, nicht für ein Ding eintritt, was andre Leut' kaufen sollen, was sagst du?

KUNIFRIED Hab' nie drüber nachgedacht.

ZEDEWITZ Dann tu's.

Sie gehen

Was ist Neues in der Welt?

KUNIFRIED *ölig* Herr von Zedewitz. Ihr seid außerordentlich vermögend...

ZEDEWITZ Weiß ich.

KUNIFRIED *ölig* Bin ein fahrender Sänger, welcher seinen Lebensunterhalt auch durch das Weitertragen von Nachrichten...

ZEDEWITZ Hier ist ein Stück Silber.

KUNIFRIED Danke ergebenst. *Berichtet* In Trier ist ein ungenähter Rock ausgestellt worden im Dom, welcher das graue Gewand Christi sein soll, wär' dann das siebte. Trotz der Bestrafung des Welfenherzogs Heinrich, genannt der Löwe, für seine Aufsässigkeit, wird von fürderem Ungehorsam der Fürsten berichtet...

Getrappel und Wiehern vieler Pferde

ZEDEWITZ Da kommt meine letzte Roßherde zurück von der Koppel. Ungefähr fünfzig Tiere. Gut gewachsen.

KUNIFRIED Herrliche Tiere.

ZEWEDITZ Ich hab' über achthundert. Genau: Achthundertzweiundsiebzig.

KUNIFRIED Erstaunliche Anzahl.

ZEDEWITZ Pferdezüchten ist meine Leidenschaft.

KUNIFRIED Eure Tiere sind berühmt.

ZEDEWITZ Will ich meinen, hehe. Leider ist das eine kostspielige Sach'. Futter, Stallung und so. Keiner kann aus seinen Hörigen mehr 'rausprügeln wie drin ist.

KUNIFRIED Aber man kauft doch Eure Pferde.

ZEDEWITZ Nicht genug, lieber Raupenbiel, nicht genug. Weißt du, ich will dir was vorschlagen. Bleib bei mir. Sing nicht mehr so viel von der Liebe, sondern dicht' ein paar hübsche Lieder auf meine Pferde, vielleicht gehn sie dann besser. Ist das ein Angebot?

KUNIFRIED Und ob es eins war! Ein solches bietet sich nicht alle Tage. Ich konnt' mein unsichres Wanderleben aufgeben.

Saß im Remter der Zedewitzschen Pfalz, versah eine geregelte Arbeit.

EIN KLEINER MÄNNERCHOR *singt, zu Lautengeklimper*

Ein Zedewitz mit edlen Maßen –
Dein gutes Pferd auf allen Straßen!

KUNIFRIED So und ähnlich dichtete ich. Studierte es ein mit einer Gruppe von Knechten, die mein Verslein in den Städten, den reichen Dörfern, an den Höfen sangen.

ZEDEWITZ Eh, mein lieber Raupenbiel, du arbeitest.

KUNIFRIED Geb' mir Müh'.

ZEDEWITZ Die Müh' allein tut's nicht. Ich hab' dich engagiert, damit mein Umsatz steigt.

KUNIFRIED Aber er steigt doch.

ZEDEWITZ Ungenügend, mein Lieber, immer noch ungenügend. Deine Beköstigung kostet mich monatlich den Kaufpreis von einem ausgewachsenen Hengst. Die singenden Knechte kosten mich zwei Hengste. Von meinen hundertzwanzig Zweijährigen sind bis jetzt ganze vierzig verkauft, das ist mir zu wenig. Ich möcht' endlich wieder ein großes Geschäft machen, fünfzig, sechzig Tiere, laß dir was einfallen.

KUNIFRIED Ich ließ mir was einfallen.

Hufklappern

Zusammen mit einem Pferdeknecht und einem ledigen Fuchswallach aus dem Zedewitz-Stall ritt ich bis Worms und begab mich vor die kaiserliche Pfalz.

ELISABETH Auf wen wartest du, Ritter?

KUNIFRIED Auf den Herzog, edles Fräulein.

ELISABETH Lang?

KUNIFRIED Seit fünf Stunden.

ELISABETH Mein Vater ist viel beschäftigt. Tust mir leid, hübscher Ritter. Will's versuchen, ob ich dich hinbring'.

KUNIFRIED *hingerissen* Gott segne Euch und erhalte Euch Eure Schönheit!

ELISABETH Komm mit.

Schritte. Tür

HERZOG *mit vollem Munde kauend* Elisabeth?

ELISABETH Dieser Ritter wartet seit fünf Stunden.

HERZOG *kauend* Eigentlich, wollte ich keinen –. Eh gut. Laß mich allein, Kind.

Schritte. Tür.

Schmatzend Und was willst du? Faß dich kurz. *Trinkt hörbar* Mich erwarten dringende Staatsgeschäfte.

KUNIFRIED Mein Name ist: Kunifried Ritter von Raupenbiel.

HERZOG Hübscher Name!

KUNIFRIED Mein Herr, Pfalzgraf Hans von Zedewitz, erlaubt sich, Euch, herzogliche Hoheit, durch mich seine ergebensten Grüße zu übermitteln.

HERZOG Komm zur Sache.

KUNIFRIED Mein Herr, Pfalzgraf Hans von Zedewitz, lasset Euch, herzogliche Hoheit, fragen, ob Ihr in Eurer Eigenschaft als hoher Feldherr des kaiserlichen Heeres eine größere Anzahl von Pferden der Zedewitzschen Zucht für den Troß erwerben möchtet.

HERZOG Mein Lieber – eh –

KUNIFRIED Raupenbiel.

HERZOG Mein lieber Raupenbiel. Ich bin zwar deinem Herrn, meinem entfernten Freund Zedewitz, einigermaßen zugetan, aber die persönliche Sympathia spielt in diesen Dingen sowieso keine Rolle. Ich darf Neuerwerbungen für den kaiserlichen Marstall nur nach sorgfältiger Wahl und Prüfung machen. Ob ich dabei auch Pferde aus dem Zedewitzschen Gestüt nehme, kann ich jetzt noch nicht entscheiden.

KUNIFRIED Wir könnten Euch, herzogliche Hoheit, um Euch die Entscheidung beträchtlich zu erleichtern –

HERZOG Kerl! Ich bin unbestechlich!

KUNIFRIED Daran hegt niemand den mindesten Zweifel.

HERZOG Was also willst du?

KUNIFRIED Wir könnten Euch, herzogliche Hoheit, eines unserer Pferde leihweise überlassen.

HERZOG Was soll ich damit?

KUNIFRIED Ihr könntet's ausprobieren.

HERZOG Schön.

KUNIFRIED Ihr könntet's ausprobieren, so viel und so lange Ihr's wollt.

HERZOG Und dafür Futter und Wartung aus meiner eigenen Tasche zahlen.

KUNIFRIED Verzeihung: Das Geld für Stallung, Futter und Wartung würden wir tragen.

HERZOG Würdet ihr tragen? Hm. Aber ich könnte das Pferd ausprobieren?

KUNIFRIED So viel und so lange Ihr's wollt.

HERZOG Indessen, es bliebe –

KUNIFRIED Unser Eigentum.

HERZOG Es wäre geliehen.

KUNIFRIED Es wäre geliehen.

HERZOG Das könnt' einer schwerlich als Käuflichkeit und Bestechung auffassen.

KUNIFRIED Keinesfalls.

HERZOG Es wär' mir schrecklich, in den Ruf zu kommen, daß ich bestechlich wär'.

Pause

KUNIFRIED *vorsichtig* Das Pferd und den Knecht habe ich gleich mitgebracht.

HERZOG Ach! Hübscher Einfall. Überhaupt: eine neuartige Idee. War es deine?

KUNIFRIED Ja, herzogliche Hoheit.

HERZOG Du scheinst mir ein kluger Bursche ... Hm. Natürlich kann ich jetzt noch nichts über die Einkäufe für den kaiserlichen Marstall sagen, aber ich werd's mir genau überlegen ...

Pause

Ah, sag bitte, mein Lieber ...

KUNIFRIED Hoheit?

HERZOG Hat dein Wort Gewicht in Zedewitz?

KUNIFRIED Etwas.

HERZOG Sind noch viele Tiere in der Pfalz?

KUNIFRIED Sehr viele.

HERZOG Könntet ihr mir vielleicht noch eins oder zwei dieser Pferde ausleihen?

KUNIFRIED Selbstverständlich könnten wir's. Herr von Zedewitz verkaufte insgesamt zweihundertachtzehn Tiere verschiedenen Alters an den kaiserlichen Marstall.

ZEDEWITZ Ich habe noch nie so blendende Geschäfte gemacht.

KUNIFRIED Sagte er häufig zu mir, wie auch zu andern, und sein ehrliches Gesicht strahlte vor Freude. Doch.

ZEDEWITZ Skandal! Skandal!

KUNIFRIED Rief er eines Tag's.

ZEDEWITZ Skandal! Hör zu, Raupenbiel: Irgendwer ist hinter unsre Geschichte mit den verborgten Pferden gekommen. Die Straßensänger schrein's schon aus in den Dörfern ...

KUNIFRIED *will etwas sagen*

ZEDEWITZ Halt's Maul, Kerl! Du hast alles ausgeheckt! Ich hab' gute Umsätze gehabt dieses Jahr, drum will ich ein Auge zudrücken, daß du mich in den blöden Ruf gebracht hast. Aber pack deinen Plunder und scher dich fort, auf der Stelle!

KUNIFRIED Und ich packte Wams und Wäsche und mein Beutelchen mit mühsam erspartem Silber. Ich zog mein Rößlein aus dem Zedewitzschen Stall und ritt von dannen.

Ach, unsanft geht unser Zeitalter um mit den schlauen Köpfen, und Undankbarkeit ist das tägliche Brot der Dienenden!

KUNIFRIED *seufzt und schreibt weiter* Ich, Kunifried Ritter von Raupenbiel, gelange nunmehr in der Beschreibung meines Lebens zu jenen Jahren, da mir das Schicksal die größten Hoffnungen machte und in denen ich sah, daß irdisches Glück doch nur blanke Eitelkeit sei, vanitas vanitatem. *Seufzt* Ich zog damals wieder zu Pferd durch unser anmutiges Land.

Hufklappern

War aber bald müd' des Umherstreifens und des Nächtigens in immer neuen Betten. Im Jahr des Herrn 1187

Geräusch einer großen Menschenmenge

fand ich, vor einem schwäbischen Dorf, den Weg verriegelt durch eine große Menge von Leuten. Ich sprang vom Pferd und fragte die Umstehenden –

EIN MANN Pst!

EINE FRAU Der Pater predigt wieder so himmlisch.

MÖNCH *hält eine Ansprache* Ich könnt' euch viele Einzelheiten erzählen – oh, zahllose Einzelheiten! Aber ich will mir's sparen und eure Phantasie lieber lenken auf die große Sach'. Das Grab unseres lieben Heilands ist nimmer in unsrer Hand, sondern Türken und Mohammedaner besudeln die heilige Statt. Sie verwehren dem frommen Pilger jeglichen Zutritt, sie plündern und meucheln ihn, und ich frag' euch, Christen: können wir's dulden?

DIE AUFGEWÜHLTE MENGE Nein!

MÖNCH Wir können's nicht dulden. Ihr habt recht. Aber nicht ohnmächtiger Zorn sei unsre Regung. Wir wollen das Grab Christi wieder befreien und reiche, sehr reiche Beute machen an denen, die's jetzt schänden. Alt und jung, jeglicher Ritter, Ministeriale und Knappe wird das Kreuz nehmen und zu den Fahnen des Glaubens eilen. Und so frage ich euch, die ihr hier beieinander seid: Wollt ihr den dritten Kreuzzug?

DIE AUFGEWÜHLTE MENGE Ja!

KUNIFRIED Und ich wollte ihn auch. Einem armen Sänger und Straßenwurm klingt das Wort Beute gar süß in den Ohren. Und zumal stund mir der Sinn nach fremden Ländern und kühnen Aventuiren.

Hufklappern

Ich begab mich zur Pfalz, wo die Kreuzritter sich trafen.

Geräusch einer Menschenansammlung

KUNIFRIED Viel Geschäftigkeit und Umherlaufens war hier in den Höfen. Ich wartete lang. Und sah plötzlich ein sehr bekanntes Gesicht in der Menge, und ich eilte und stellte mich so, daß sein Blick...

HERZOG Ach, Ritter, kennen wir uns nicht?

KUNIFRIED Gewiß, herzogliche Hoheit.

HERZOG Woher?

KUNIFRIED Ich war vor eineinhalb Jahren im Dienst des Pfalzgrafen Zedewitz.

HERZOG Ah! Komm beiseite;

Schritte

Du hattest damals die Idee mit den verborgten Pferden?

KUNIFRIED Gewiß, herzogliche Hoheit.

HERZOG War ein reizender Einfall. Schad, daß er ruchbar geworden ist. Die Meinung der Menge war damals nicht sanft gegen mich, aber eine Versammlung von namhaften Rechtsgelehrten hat mir billigerweis' die Lauterkeit meines Tuns bestätigt. Heut ist alles vergessen. Unsre Zeit ist kurzlebig. Und was treibst du?

KUNIFRIED Ich bin dabei, das Kreuz zu nehmen, wie jedermann.

HERZOG Brav, brav.

KUNIFRIED Wo's schon der Zufall gefügt hat, daß ich Euch Euren Weg kreuze –

HERZOG Der vollkommene Zufall, in der Tat.

KUNIFRIED Wollt' ich fragen, ob Ihr, kaiserlicher Feldherr, meine bescheidnen Gaben gebrauchen könnt, daß ich Euch diene, zum Ruhm der großen Sach'.

HERZOG Hm. Kannst du schreiben?

KUNIFRIED Ja.

HERZOG Lesen?

KUNIFRIED Ja.

HERZOG Latein?

KUNIFRIED Ja.

HERZOG Etwas rechnen wirst du auch können. Etwas rechnen kann jeder, wie will er sonst leben? Mein Secretarius ist mir fortgelaufen, ein übler Gesell. Wenn du willst, kannst du seine Stelle übernehmen.

KUNIFRIED Ob ich wollte! Mit Freuden wollte ich! Und so saß ich fortan zwischen steinernem Gemäuer, verfertigte Schriften, Documenta mit bedeutendem Inhalt.

ELISABETH Nun, mein hübscher Ritter...

KUNIFRIED Oh, edles Fräulein! Gott segne Euch!

ELISABETH Hab' gehört, daß du hier bist. Erinn're mich noch gut an dich, mein hübscher Ritter.

KUNIFRIED Euer Anblick ist mir unvergeßlich geblieben seit wir uns sahn, edles Fräulein.

ELISABETH Deine arme Hand ist gänzlich überzogen mit Staub und Tinte.

KUNIFRIED Die Documenta. Ich hab' viel Arbeit.

ELISABETH Die innerliche Vergnügung soll nicht leiden unter der allzuvielen Arbeit. Die Harmonie des Ausgleichs schafft erst den vollkommenen Menschen.

KUNIFRIED Edle Weisheit!

ELISABETH Hat mich mein Beichtvater gelehrt. Drum kann Vergnügung nicht Sünde sein.

KUNIFRIED Gewiß nicht.

ELISABETH Sieh, der Mond ist aufgestiegen im Himmel.

KUNIFRIED Ich seh's.

ELISABETH Ich hab' Lust auf einen Gang durch den Garten. Aber ich hab' Ängste im Finstern. Komm mit und beschütz mich.

KUNIFRIED Welch süße Bitte.

Sie gehen

ELISABETH Die Luft ist ganz voll von Blumengeruch, riechst du's?

KUNIFRIED Ich riech's.

Nachtigallenschlagen

ELISABETH Und die Nachtigall schlägt in den Heckenrosen, hörst du's?

KUNIFRIED Ich hör's.

ELISABETH Und die Wind' sind ganz warm und weich und lassen das Haar fliegen, fühlst du's?

KUNIFRIED Ich fühl's.

ELISABETH Oh, welch schöner Abend! Du glaubst's nicht, mein hübscher Ritter, wie groß die Langeweile ist in meinem Leben! Wie ich lechze nach Zeitvertreib! Du bringst mir Abwechslung, mein hübscher Ritter, ich spür's.

KUNIFRIED Danke, edle Dame.

ELISABETH Begleitest mich gern so?

KUNIFRIED Ich wüßt' mir nichts Schönres.

ELISABETH Mach dich nützlich beim Vater. Dann kannst du's oft tun, vielleicht... immer?

KUNIFRIED *aus tiefster Inbrunst* Ich will meine letzten Kräfte opfern!

ELISABETH Deine Kräfte... Wie mager dein Arm ist. Dein

Gesicht. Deine Brust... ich fühl' jedes Knöchlein...

KUNIFRIED Bin lang gepilgert auf holprigen Straßen.

ELISABETH Werd's meinem Vater flüstern, daß du wieder zu Kräften kommst...

KUNIFRIED Das tat sie wohl auch. Denn –

HERZOG Hast du schon gevespert?

KUNIFRIED Noch nicht.

HERZOG Ein hoher Gast hat abgesagt. Wär schad' um die Speisen. Sparen ist ein Zeichen von Weisheit, nichts ist wichtiger in Zeiten kriegerischer Vorbereitung wie das Vertrauen des Volks in die Weisheit der Führer. Komm. Ich lad' dich ein.

Schritte

Diener: die Suppe!

DIENER Die Suppe.

Geschirrklirren

HERZOG Kommst du mit deiner Arbeit zurecht?

KUNIFRIED Ich geb' mir Müh.

Sie löffeln

HERZOG Wie schmeckt sie dir?

KUNIFRIED Die Arbeit?

HERZOG Die Suppe.

KUNIFRIED Oh, gut. Aber –

HERZOG Fremdartig.

KUNIFRIED Fremdartig, ja.

HERZOG So was ist Mode. Die Leut', die viel Geld haben, mögen gern, was von weither kommt und von jenseits der Meere. Du ißt eine Suppe aus Reis, gewürzt mit zerstoßenem Pfeffer.

KUNIFRIED Was ist das: Reis?

HERZOG Eine Getreidepflanze, welche in den sumpfigen Gegenden wächst von dem Land Indien.

KUNIFRIED Und was ist Pfeffer?

HERZOG Die Frucht von einem indischen Strauch.

KUNIFRIED Aha.

HERZOG Du ahnst was?

KUNIFRIED Was?

HERZOG Ahnst du nichts?

KUNIFRIED Ich ahne nichts.

HERZOG Aha. *Pause* Weißt du überhaupt, wo das Land Indien gelegen ist?

KUNIFRIED Nein.

HERZOG Es liegt in Asien. Es liegt südöstlich von uns, noch jenseits von Palästina. *Pause* Begreifst du's jetzt?

KUNIFRIED Bitte?

HERZOG Vielleicht ist es gut, wenn du's nicht begreifst, hör zu: Unser Kreuzzug kommt zähe voran. Es fehlt Geld. Für die Fourage, für die Waffen. Das Volk stellt sich geizig. Hast du keinen Einfall, wie man's ihnen sagt, daß sie was spenden?

KUNIFRIED Ich überlegte. Immer eingedenk der lieblichen Elisabeth. Ich überlegte mehrere Tage, um ein paar Sätze zu finden, griffig und simpel, daß sie dem Volk ins Herz dringen...

Geräusch einer wartenden Menge.

KUNIFRIED *hält eine Rede* Rettet das Grab! Es gibt, Christen, nur einen Gedanken zur jetzigen Zeit, welcher all unser Tun leitet: Rettet das Grab! Und Tausende von Rittern nahmen das Kreuz und folgten dem Spruche. Wovon aber sollen sie essen auf dem langen Weg? Wovon Waffen erneuern? Drum rufen wir euch: Macht die Tasche auf! Wir setzen Leib und Leben in Gefahr. Die ihr hierbleibt, helft und spendet, macht die Tasche auf!

KUNIFRIED Das Ergebnis war mager, allem zum Trotz. Sagte eines Tages der Herzog.

HERZOG Heute kommt ein Banquiere. Sorg, daß ich ohne Störung bin.

KUNIFRIED Ich fragte, was das ist: ein Banquiere.

HERZOG Weißt du's nicht? Ein neuer Beruf der Italiener. Leute, die Münzen verschiedener Länder tauschen und Geld ausleihen auf eine neue Art. Und ausleihen *seufzt* ausleihen müssen wir leider.

KUNIFRIED Er kam, der Banquiere und erregte sofort meine Neugier. Er war ein kostbar gekleideter, etwas fetter Mann, von fremdartigem Wohlgeruch umgeben.

BANQUIERE Presto, presto, condottiere! Voliano parlare!

Tür

KUNIFRIED Es war wirklich bloß aus Versehen, daß ich in das Zimmer geriet, wo Herzog und Banquiere saßen.

BANQUIERE No, no, condottiere. Ich habe noch keine Flotte, vielleicht später. Aber ich will nicht, daß ihr mit meinem Geld meine Rivalen bezahlt.

HERZOG Unsre Fürsten werden das schwer begreifen.

BANQUIERE Prego, condottiere, es gibt andere Banquieri, aber ich bin der reichste. Al la fine: Ich finanziere den Papst. Und auch der Papst will, daß ihr den Landweg –

HERZOG Was suchst du hier, Raupenbiel?

KUNIFRIED Der Ton meines Herzogs erschreckte mich sehr und vertrieb mich. Nach fünf Stunden kamen sie beide wieder hervor. Erschöpft alle zwei, und der Banquiere rieb sich zufrieden die Hände.

BANQUIERE Merviglioso, si, si. Gracia, condottiere, molto gracia.

KUNIFRIED Als er hinaus war, sagte der Herzog:

HERZOG *murmelt* Ein zäher Halunke. *Seufzt* Aber ohne Geld kann keiner Krieg führen, wie?

KUNIFRIED Gewiß nicht.

HERZOG Um's zu beschaffen, muß einer Opfer bringen. Auch persönlich.

KUNIFRIED Gewiß, Herr Herzog.

HERZOG Der Banquiere leiht uns Geld, aber unter der Bedingung, daß wir den Landweg nehmen, um nach Jerusalem zu gelangen.

KUNIFRIED Nehmen wir ihn doch.

HERZOG Sagst du! Über so was entscheidet die Fürstenversammlung, und die Mehrheit der Fürstenversammlung ist für den Seeweg.

KUNIFRIED Vielleicht, daß man die Mehrheit umstimmt.

HERZOG Unmöglich.

KUNIFRIED Einen Teil davon.

HERZOG Man müßt' eine Sippe finden, mit vielen Stimmen in der Versammlung. Man müßt' sie auf unsere Seite ziehn.

KUNIFRIED Wär' die Lösung.

HERZOG Ich wüßt' eine.

KUNIFRIED Wen, Herr Herzog?

HERZOG Die Mormelsteins. Sie würden reichen.

KUNIFRIED So versucht's.

HERZOG Die Mormelsteins sind mir persönlich gram, weil ich dem jungen Mormelstein was verweigert hab'.

KUNIFRIED Gewährt's ihm.

HERZOG Meinst du?

KUNIFRIED Aber ja, Herr Herzog.

HERZOG Werd' ich's wohl müssen. *Seufzt* Armes Kind!

KUNIFRIED Bitte?

HERZOG Denk' grad an sie.

KUNIFRIED An wen?

HERZOG Elisabeth.

KUNIFRIED Eure Tochter?

HERZOG Wen sonst.

KUNIFRIED Was ist mit ihr?

HERZOG Der junge Mormelstein will sie heiraten. *Seufzt* Und ich muß sie ihm geben.

KUNIFRIED Oh, ich Tor! Durch meinen eigenen blinden Eifer hatt' ich mir selber und meinem Glück die Grube gegraben!

HERZOG Der Alte hat keine Ahnung, was ich wieder für ihn getan hab'.

KUNIFRIED Sagte der Herzog. Der Alte, das war: Kaiser Friedrich Barbarossa, er war ja damals schon über die achtzig, und ich sah ihn

Fanfarenstöße

auf dem Mainzer Hoftag, auf der Versammlung der Fürsten.

Saal voll Unruhe

KAISER *senil, tischklopfend* Meine Herren Ritter! Ich habe euch, meine Herren Ritter, ich habe euch aufzufordern, daß ihr meinen kaiserlichen Anordnungen nachkommt, meine Herren Ritter, welche sich im Einklang befinden mit den Gedanken und Zielen der Kirche, meine Herren. Wir haben alle das Kreuz genommen, meine Herren, und wir führen doch einen Kreuzzug! Einen Kreuzzug, meine Herren Ritter, und weil wir einen Kreuzzug führen, wollen wir doch das Kreuz überall hinführen, wohin uns der Kreuzzug führt, meine Herren! Und ich verwahre mich dagegen, meine Herren Ritter, daß ich hier spreche . . . daß ich hier spreche in einem anderen Interesse als meinem Gewissen. Aber es ist doch so, meine Herren, es ist doch so, daß es schließlich gleichgültig ist, welchen Weg wir nehmen, meine Herren, wir wollen nur bald in das Heilige Land kommen, meine Herren Ritter, und das Grab endlich befrein!

Lärm: Beifall und Ablehnung.

HERZOG Das Wort hat der Graf von Erlenbusch.

ERLENBUSCH Mit allem gebührenden Respekt gegen unseren Herrn und Kaiser möchte ich doch feststellen, daß es durchaus nicht gleichgültig ist, welchen Weg wir nehmen! Der Weg zu Schiff ist vielleicht nicht kürzer. Sicher, aber ist er billiger! Wenn wir das Heilige Grab befreien wollen, dann wollen wir auch nur das und nichts anderes! Ich lehne es ab, meine Haut für die päpstliche Hausmacht zu Markte zu tragen!

RUFE Jawohl.

Unruhe

HERZOG Das Wort hat der Graf von Mormelstein.

MORMELSTEIN Es ist gewiß so: der Schiffsweg ist billiger. Meine Freunde werden wissen, daß ich diesen Gedanken immer vertreten habe. Wir wollen das Heilige Grab befreien, und wir wollen nichts anderes. Auf dem Wege dorthin unnötige, ich betone: unnötige Kräfte zu verlieren, hieße den Kreuzzug, unseren Kreuzzug auf gefährliche Weise schwächen.

RUFE So ist es! Jawohl!

MORMELSTEIN Aber ist denn, so frage ich mich auch, ist denn das Grab nur jener eine Ort, an dem der Heiland begraben liegt? Ist denn das Heilige Grab nicht auch dort, überall dort, wo christlicher Glaube herrscht? Und sollte man, wenn man das Grab rettet, es nicht auch überall dort retten, wo es in Gefahr ist? Und sind solche Orte nicht dort, wohin uns gerade der Landweg führen würde?

RUFE Das ist Haarspalterei! Das ist Verrat!

MORMELSTEIN Ich bin außerordentlich betroffen, von meinen eigenen Freunden solche Worte zu hören. Denn meine Überlegungen sind aus christlichem Geist. Wenn meine Freunde die Größe der Aufgab' und Bedrohung nicht sehen, üben sie Verrat an sich selber, und ich bin nicht gewillt, ihnen darin zu folgen.

Lärm

HERZOG *mühsam* Die Mehrheit der Versammlung wird entscheiden!

KUNIFRIED Die Mehrheit der Versammlung entschied es: den Landweg. Die Stunde des Abschieds rückte heran. Auch für mich.

ELISABETH *schluchzend* Ade, mein lieber Kunifried! Weiß nicht, ob wir uns je wiedersehn. Denn wenn du auch heil zurückkommst, ich werde Gräfin Mormelstein sein und umringt von Merkern, die meine Tugend bewachen. Nimm diesen Ring von meinem Finger als Unterpfand. Gott schütze dich, ade!

KUNIFRIED Ich hängte den Ring an einer Schnur um den Hals, und wieder wurde mir's schwer, ach, so schwer ums Herze!

Glockengeläute. Gregorianischer Meßgesang

Vielfach gesegnet von der Kirche,

Jubel

umjubelt von der Menge der Zurückbleibenden zogen wir aus.

Hufklappern

Wir ritten. Wir ritten südostwärts. Wir vereinigten uns –

RUFE Damned! Ein gottverfluchter Weg!

KUNIFRIED mit den sehr gottesfürchtigen Kreuzrittern Britanniens und –

RUFE Merde! Eine dreimal gottverdammte Hitze!

KUNIFRIED den sehr gottesfürchtigen Rittern Frankreichs. Wir ritten lange und immer weiter südostwärts, doch schließlich

Hörnerklang

waren wir an die Grenze der ersten byzantinischen Kirchenprovinz gekommen.

RUFE Formiert euch zum Angriff! Voran! Der Fahne nach!

Waffenlärm

KUNIFRIED Und die Mauern fielen in Staub. Der Fürst dieser Landschaft wurde gefesselt vor einen unserer Priester geführt, und der Priester sprach:

PRIESTER *routiniert* Ich bin Legat Seiner Heiligkeit des Papstes und in seinem Auftrag. Du bist bis vor zwölf Jahren gehorsamer Sohn unserer Kirche gewesen, ist es so?

FÜRST Es ist so.

PRIESTER Du bist hernach übergetreten zum byzantinischen Glauben, welcher ein schlechter und ketzerischer Glaube ist, du bist ungehorsam geworden wider den päpstlichen Stuhl, ist es so?

FÜRST Es ist so.

PRIESTER Bist du gewillt, deiner Ketzerei abzuschwören?

FÜRST Was bleibt mir andres übrig?

PRIESTER Aus dir spricht die Stimme der wiedergekehrten Frömmigkeit, knie nieder. Sprich mir nach: Vater, ich habe gesündigt.

FÜRST Ich habe gesündigt.

PRIESTER Ich schwöre ab der byzantinischen Ketzerei.

FÜRST Ich schwöre ab.

PRIESTER Ich bekenne mich zur allein seligmachenden Kirche und dem Papst als dem Stellvertreter Gottes auf Erden.

FÜRST Ich bekenne mich.

PRIESTER Ich werde die Kirchensteuer für die vergangenen zwölf Jahre in Höhe von – wieviel?

STIMME Zweihundert Pfund Gold, Eminenz.

PRIESTER Zweihundert Pfund Gold dem päpstlichen Stuhl entrichten.

FÜRST Ich werde sie entrichten.

PRIESTER Wann?

FÜRST Angesichts der Zerstörungen ... ich weiß nicht.

PRIESTER Ich werde dir diesen braven Klosterbruder zurücklassen, welcher dir beim Eintreiben der Steuern mit Gebet und Tat zur Hilfe sein wird.

Hörnerklang

KUNIFRIED Es gab noch mehr solcher abgefallenen Kirchenprovinzen, und noch mehr brave Klosterbrüder blieben bei deren Fürsten.

Hufklappern

Wir aber ritten weiter südostwärts, ritten lange, doch schließlich

Hörnerklang

gelangten wir ins Land der Heiden.

RUFE Formiert euch zum Angriff! Voran! Der Fahne nach!

Waffenlärm

KUNIFRIED Und wir waren siegreich, denn wir waren mehr. Danach steckten die abgeschnittenen Köpfe von Heiden auf den Lanzen besonders eifriger Kreuzritter *Gregorianischer Meßgesang*, die dem Himmel für ihren Sieg dankten.

HERZOG Kein appetitliches Bild.

KUNIFRIED Sagte der Herzog.

HERZOG Ich mein' die Köpfe. Aber schließlich ist es ein guter, ein nötiger Krieg.

KUNIFRIED Dieses Bild gab, daß mir etwas übel war. Offenbar war es auch anderen so, denn ...

HERZOG die Leut' werden müd', wir müssen sie bei Humor halten. Du bist doch Dichter, Raupenbiel, dichte was.

KUNIFRIED Ich dichtete.

MÄNNERCHOR *singt im Marschrhythmus*:

Die Sonn' ist wie Glut. Doch reiten wir Trab.
Groß ist unser Mut. Wir retten das Grab.

KUNIFRIED Und wir kamen langsam weiter voran. Eines Tags geschah's dann.

HERZOG Ist mein Zelt gut bewacht?

KUNIFRIED Ja, Herzog.

HERZOG Verbürgst du dich dafür, daß wir nicht gestört werden?

KUNIFRIED Ja, Herzog.

HERZOG Ein englischer Duke und ein französischer Connétable besuchen mich. Ich wünsch' nicht, daß es bekannt wird. Du übernimmst die Wachdienst' vor meinem Zelt.

KUNIFRIED Ja, Herzog.

Schritte im Sand

HERZOG Da kommen sie. – Meine Herren.

FRANZOSE Bon soir, mon Herzog.

ENGLÄNDER How are you, Herzog.

HERZOG Kunifried, nimm dich der Knappen dieser beiden Herren an. Bitte kommt.

Schritte

PIERRE *gähnt* Wird das lang' dauern, Henry?

HENRY Ich fürcht' ja.

PIERRE Wenn's nach meinem Herrn geht, sind sie in fünf mal einer Minute fertig. Er liebt keine Verhandlung.

HENRY Meiner auch nicht. Wie ist es mit deinem?

KUNIFRIED Ich weiß aus verschiedenem Anlaß, daß er lange verhandelt.

PIERRE Dacht' mir's. Mein Herr hat gesagt: die Deutschen wissen keine größ're Vergnügung, wie möglichst lang übers Geschäft zu reden.

KUNIFRIED Welches Geschäft?

HENRY Er stellt sich ahnungslos!

PIERRE Vielleicht ist er's?

HENRY He, weißt du wirklich nichts?

KUNIFRIED Ich schätz' die Gabe meines Herrn, nur über die Ding' zu reden, die nötig sind, und das Verschwiegene verschwiegen zu lassen.

HENRY *kichert* Ahi! Ahi! Was glaubst, wie sie sich einigen, Pierre?

PIERRE Ich glaub', mein Herr schlägt vor: jeder ein Dritteil.

HENRY Würd' sagen: Wär' fair.

PIERRE Was sagst du?

KUNIFRIED Weiß nicht, was ihr redet.

HENRY *lacht* Er weiß nicht, ah! Er weiß nichts!

PIERRE Hör zu, Ritter: du bist ohne Ahnung, was hier verhandelt wird?

KUNIFRIED Ja.

PIERRE Wir werden's dir sagen...

HENRY *schießt das Wort wie einen Pfeil ab* Pfeffer!

KUNIFRIED Pfeffer?

PIERRE Was sonst? Die Straßen, auf denen der Pfeffer aus Indien gebracht wird, sind wieder christlich.

HENRY Und der Hafen Akkon, aus welchem die Gewürze ausgefahren werden in unsre Länder, ist es auch.

PIERRE Jetzt wird beraten, welchen Anteil am Handel jedes unserer Länder und die mit ihm verbündeten Kaufhäuser erhalten.

HENRY Dafür haben wir nämlich gekämpft.

PIERRE Jetzt ist er erschüttert.

HENRY Er sagt kein Wort mehr.

KUNIFRIED Und ... das Heilige Grab?

HENRY *lacht* Das Heilige Grab, ah! Das Heilige Grab! *Sein Lachen erstickt in Husten. Pause*

PIERRE *gähnt* Mein Herr scheint mit seinem Vorschlag keinen Erfolg zu haben.

HENRY Dabei ist ein Dritteil so vernünftig.

KUNIFRIED *verbissen* Unser Heer war das größte.

PIERRE Seht, seht: genau das hat mein Herr befürchtet.

HENRY Was würdest du vorschlagen?

KUNIFRIED Die Hälfte.

PIERRE O lala. Mein Herr wird sich freun.

HENRY Höchstens dreieinhalb Teile von zehn.

PIERRE Höchstens. Unsre beiden Heere zusammen sind immer noch größer als das Heer der Deutschen!

KUNIFRIED Mindestens viereinhalb von zehn.

PIERRE UND HENRY Unmöglich.

Schritte

HERZOG Also vier! Das ist hart, meine Herren. Ich willige bloß ein, weil ich unsre Einigkeit erhalten möchte.

FRANZOSE Man muß auch was fürs Geistige tun.

HERZOG Ich mach' Euch darauf aufmerksam, Connétable, daß wir mit dem Gewinst des Pfefferhandels nicht viel mehr wie unsre Schulden decken können. Ich frage mich, weshalb wir dann überhaupt diesen Krieg führen.

FRANZOSE Um das Heilige Grab zu befrein, habt Ihr das vergessen? *Er lacht albern. Es ist ihm sofort peinlich. Er räuspert sich.* Im übrigen bestätigen wir Euch, daß trotz der soeben glücklich beigelegten kleinen Unstimmigkeit unsre Freundschaft unverändert und fest ist.

ENGLÄNDER *schnell* Die Größe unsrer Freundschaft zeigt sich gerade darin, daß sie es wagen kann, jede Unstimmigkeit öffentlich auszutragen und zu beenden.

FRANZOSE *schnell* So ist es. Kommt, Duke, ich verspüre ein hochgradiges Bedürfnis nach meiner türkischen Tänzerin. Au revoir, mon Herzog. Komm, Pierre.

ENGLÄNDER Good bye, Herzog. Come along, Henry.

Schritte

HERZOG *langsam* Auf Wiedersehen ... Gauner!

KUNIFRIED Ermesse jeglicher, wie's danach in mir aussah. Ich hatte auf einen großen Gewinst gerechnet. Ich hatt' geringes Beutegut, doch den Hauptgewinst hatte ich nicht. Jetzt, noch nach Jahresfrist stieß mir säuerlich der Geschmack der einstmals gegessenen Pfeffersuppe auf, und ich fühlte

Zorn. Nun ich alles wußte, wollte ich wenigstens einen Zipfel vom großen Reichtum erhaschen. Ich war, kann ich sagen, geschickt darin. Sagte ich etwa zu einem Ritter: Sieh dir das an.

RITTER Kamel um Kamel wird zum Hafen geführt.

KUNIFRIED Schwer beladen.

RITTER Was ist das, was sie tragen, weißt du's?

KUNIFRIED Reis und Pfeffer aus Indien. Matten aus Madras. Feiner Stoff aus Damaskus und Mossul. Seide aus China.

RITTER Himmel! Wem gehört das?

KUNIFRIED Denen, die's zahlen, in Europa.

RITTER *lüstern* Bringt das Gewinst?

KUNIFRIED Großen.

RITTER Für wen?

KUNIFRIED Für die italienischen Kaufleute und für den großen Adel.

RITTER Und ich schind' mein einziges Pferd für ein paar Silberbecher als Beute, pfui Teufel!

KUNIFRIED Gespräche wie das hatte ich öfter. Sie brachten Erfolg.

Eine große Menschenmenge, Unruhe

EMPÖRTE STIMMEN Wir machen das nimmer mit! Wir haben das Grab wollen befreien, nicht die Gewürzstraßen! Wir meutern! Kein Schwertschlag mehr für den Pfeffer!

HERZOG *leise* Ts, ts, Raupenbiel, eine richtige Meuterei. Komm beiseit', ich will mich mit dir beraten.

Schritte

Ich hab' noch nie so was gesehn! Eine Ungeheuerlichkeit! Was haben sie?

KUNIFRIED Sie sind unzufrieden mit ihrer mangelnden Beute.

HERZOG Was interessiert sie der Pfeffer?

KUNIFRIED Sie haben erfahren, daß die Gewürze und Stoffe größeren Wert haben als ihr dürres Plündergut.

HERZOG Kommt denn jedes Geheimnis ans Licht in dieser geschwätzigen Welt? Man muß was tun gegen das Meutern.

KUNIFRIED Man muß sie beteiligen.

HERZOG Woran?

KUNIFRIED Am Pfeffer.

HERZOG Unmöglich! Wollen wir eine Kolonie von Pfefferhändlern gründen?

STIMMEN *entfernter* Nieder mit dem Kreuzzug! Das ist kein Kreuzzug! Nieder mit dem Pfeffer!

HERZOG Entsetzlich, diese Rufe!

KUNIFRIED Wenn der Pfefferhandel eine Sache des gesamten Heeres ist, wird sich keiner aus dem Heer dagegen empören.

HERZOG Hm. Vielleicht... vielleicht hast du recht. Woran denkst du?

KUNIFRIED Jeder Ritter darf Pfeffer hier einkaufen. Keine große Menge. Er bezahlt sie mit seiner Beute, und es wird ihm gesagt, wie groß der Gewinst ist. Alsbald wird jeder mit Freude streiten für den Gewürzhandel.

HERZOG Das... hm. Pfeffer für jedermann, wie? Pfeffer fürs Volk, Volkspfeffer... Nun gut. Ich werd's ihnen sagen.

KUNIFRIED Er sagte es ihnen, und die Ritter –

STIMMEN Ja, das klingt anders! Das läßt sich hören!

KUNIFRIED Sie kaufen ihren Pfeffer. Auch ich kaufte Pfeffer. Mehr als die andern. Ich war ein besonders bevorzugter Mitarbeiter des Herzogs, und ich erhielt eine besonders große Menge zu besonders niederem Preis.

Hörnerklang

KUNIFRIED Inzwischen war das gesamte Jerusalem in unsrer Hand. Die hierbleiben wollten, hatten sich das Land wieder aufgeteilt und die Eingeborenen wieder zu Hörigen gemacht. Die Ritterorden bauten sich wieder ihre Burgen, und das Grab hatten wir auch befreit. Überall war schon Aufbruch. Zum letztenmal brachte ich meinem Herrn das Essen ins Zelt. Er saß an seinem Tisch. Lüstern aufs Fleisch. Und während ich mich über seinen faltigen Nacken beugte und ihm den Braten auflegen wollt', fiel mir etwas aus dem Hemdlatz heraus und in seinen Teller.

Ein metallener Gegenstand klirrt auf Metall

HERZOG Ein Ring? Seit wann regnet es goldene Ringe vom Himmel?

KUNIFRIED *eilig* Ich trug ihn am Hals, Herzog. Das Band ist gerissen. Bitte, gebt mir –

HERZOG Diesen Ring kenn' ich.

KUNIFRIED *flehend* Bitte, Herr Herzog!

HERZOG Diesen Ring kenn' ich! Ich hab' ihn Elisabeth geschenkt, meiner Tochter! Wie kommst du zu diesem Ring, Kerl!

KUNIFRIED Herzog!

HERZOG Du hast ihn gestohlen, Kerl, gesteh's! Du hast ihn gestohlen!

KUNIFRIED Nein, Herzog!

HERZOG Sondern?!

KUNIFRIED Sie hat... hat ihn mir geschenkt.

HERZOG Geschenkt? Warum soll sie dir einen Ring schenken, du Wurm!

KUNIFRIED Aus ... Liebe.

HERZOG Aus was?

KUNIFRIED Liebe.

HERZOG Liebe?

KUNIFRIED Sie hat mich geliebt, Herr Herzog. Wir haben uns geliebt.

HERZOG Geliebt? Verführt hast du sie, du Molch! Ausgenutzt hast du meine Gnade, zu buhlen! So was hab' ich jahrelang unter meinem Schutz gehabt! Scher dich fort, Wüstling, aus meinen Augen und aus meinem Dienst!

Wasserrauschen

KUNIFRIED Auf einem gemeinen Frachtschiff, statt im Schiffe des Herzogs, so fuhr ich zurück, um in die Heimat zu gelangen. Alle waren beieinand auf meinem Schiff, welche ein Beutelchen mit Pfeffer besaßen. Ich selber lag auf meinem Gewürzsack, träumte vom künftigen Wohlstand, in die Sonne blinzelnd, als ...

Ein sehr lautes Schrammen und Krachen. Ein noch lauteres Wasserrauschen

RUFE Unser Schiff ist auf Grund! Der Boden ist leck! Wir sinken! Rette sich wer kann.

KUNIFRIED Ich sprang ins Wasser, *Man hört es* ich schwamm, Stunde um Stunde, *Man hört es* bis ich ans Land trieb, an die Küste Siziliens. Hilfreiche Fischer nahmen mich auf. Hungernd und bettelnd schlug ich mich durch bis zur Heimat. Der Pfeffer, mein Reichtum, lag irgendwo in der See.

KUNIFRIED *seufzt und schreibt weiter* Nach meiner glücklichen Rückkehr aus dem Heiligen Land zog ich wieder, arm wie vorher, durch die Lande. Singend und Neuigkeiten berichtend. Ein Minnedichter wie ehedem. Sang ich eines Tags auf einer Burg.

Er singt zur Laute

... weil ich unmäßig glücklich binne:
Das macht die Zauberkraft der Minne.

ROSA Wie hübsch. Wie zierlich. Liebe die Musik, und da kann ich es sogar leiden, wenn sie von Minne handelt.

KUNIFRIED Dank Euch, edle Dame.

ROSA Darfst mir die Hand küssen.

KUNIFRIED Danke, edle Dame.

ROSA Iß und trink. Der Tisch ist für dich gedeckt. Hier in der

Burg sind bloß Frau'n. Sie müssen achten, daß sie nicht zu üppig werden.

KUNIFRIED *kauend* Danke, edle Dame.

ROSA Wie gefällt's dir auf meiner Burg?

KUNIFRIED Sie ist kostbar. Voller Geschmack.

ROSA Etwas klein. Ich wünsch' mir eine größere.

KUNIFRIED *kauend* Die größte und schönste auf der Welt stünd' Euch zu, edle Dame.

ROSA Vierzig Zimmer, nicht mehr. Die hier hat sechzehn. Willst du bleiben, Ritter, ein paar Tage, vielleicht eine Woche oder länger? Mir die Zeit vertreiben mit sanften Liedlein, wenn's mich langweilt?

KUNIFRIED Oh, dank' Euch – gern, edle Dame.

ROSA Brauch' auch einen Merker und Wächter. Soll nicht dein Schad' sein.

KUNIFRIED Ich blieb also und blieb gern. Zweimal hatte ich Unglück gehabt mit meinen Herren im Dienst. Nun war's eine Dame – vielleicht ging's mir besser? Sie war anziehend und wohlgestalt. Wie gemacht für Artigkeiten, die so vollkommen sind wie die meinen...

ROSA *müde* Laß das Posieren und Komplimentemachen. Meine Nächte sind mir genug. Jetzt ist Mittag, ich brauch' Ruh'.

KUNIFRIED Dunkle Worte. Absonderliche Worte. Dazu war's wirklich eine reine Weiberburg. Nur allabendlich hört ich geheimnisvolle Besucher, die ich nicht zu Gesicht bekam. Allein ihre ledigen Rößlein wieherten im Nachtwind. *Man hört es* Ich begriff's nicht. Dann überfiel mich die Ahnung. Ich trug sie tagelang in mir. Ich druckste herum. Schließlich fragte ich geradehinaus.

ROSA *seufzt* Ja, Ritter, Gott hat mir einen schönen Leib gegeben, angenehmes Gesicht, klugen Verstand. Leib und Gesicht einer Dame sind zum Vergnügen der Männer gemacht. Verstand kann dazu helfen, aus diesem Vergnügen angemessnen Gewinst zu ziehn.

KUNIFRIED *vorsichtig* Ihr habt ihn gezogen?

ROSA Ich war arm. Heute hab' ich eine Burg mit sechzehn Zimmern.

KUNIFRIED Das also war's! Ein Schauder ergriff mich. Und eine innere Stimme sprach.

KUNIFRIEDS INNERE STIMME Geh fort von hier. Du hast nicht teil an den Vergnügungen, da ist es besser, moralisch zu sein.

KUNIFRIED Ich war nahe daran, mein Ränzlein zu packen. Da sagte die Gräfin:

ROSA Will mit dir sprechen, Ritter.

KUNIFRIED Immer zu Eurem Dienst, edle Dame.

ROSA Ich hab' ein Angebot auf eine Burg mit vierzig Zimmern, so wie ich sie wünsch'. Ich brauch' Geld.

KUNIFRIED Ihr seid reich.

ROSA Nicht genug. Ich brauch' mehr und brauch's schnell. Weißt keinen Rat?

KUNIFRIED Deine Besucher –

ROSA Seufzen genug, wenn's ans Zahlen geht.

KUNIFRIED Ihr müßt bitten und schmeicheln.

ROSA Ihre Geldkatz' ist taub gegen Schmeichelei.

Pause

KUNIFRIED *langsam* Sind sie von hoher Stellung?

ROSA Grafen und Heerführer.

KUNIFRIED Kommt's nicht vor, daß ihnen manchmal ein Geheimnis entschlüpft?

ROSA Ja. Die Sanftheit meines Bettes macht sie geschwätzig.

KUNIFRIED Ihr müßt's im Kopf behalten. Das Geheimnis anderswo verhandeln gegen gutes Geld. Jeder hat Feind' unter den Großen.

ROSA Hast recht. Aber . . . mein Gedächtnis ist nicht gut in den Nächten, ich brauch' meinen Geist für die Zärtlichkeit. Es müßt einer dabei sein, der sich's merkt.

KUNIFRIED Wer?

ROSA Du.

KUNIFRIED Ich?

ROSA Kannst du schreiben?

KUNIFRIED Ja.

ROSA Schnell schreiben?

KUNIFRIED In meiner Schule im berühmten Kloster von Sankt Sebastian, war ich einer der schnellsten.

ROSA Du könntest hinter diesem Alkoven stehn, mit einer Tafel, und notieren, was sie brabbeln. Was sagst du?

KUNIFRIED Ich sagte ja. Wenn auch sehr zögernd. Freilich spürte ich gleichwohl prickelnde Neugier auf das, was kommen würd'. Und noch am gleichen Abend –

ROSA Besuch kommt, Kunifried. Versteck dich.

KUNIFRIED Sagte die Gräfin, und ich verkroch mich hinterm Alkoven.

Tür, Schritte

HERZOG *atemlos* Danke, meine Liebe. Noch klopft mir das Herz.

Der Ritt auf deine Burg ist mir jedesmal eine übermäßige Anstrengung. Ich bin kein Jüngling mehr, wenn auch noch kein Greis. Doch die schönsten Vergnügungen wollen durch die höchste Mühe erworben sein.

ROSA Wär' Euch lieber, ich wohnte in Eurer Näh'?

HERZOG Um des Himmels willen, Rosa Maria! Ich käm' ins Gerede – nichts schlimmer als das! *Pause, gleichsam den beschworenen Schauder auskostend. Dann lacht er breit.*

ROSA *lacht. Dann Rascheln*

HERZOG Dein Bett ist das weichste von allen Betten, die ich kenn'. Es muß einer hart gelegen haben in seinem Leben, um ermessen zu können, was ein weiches Bett ist. In den Tagen des Kreuzzugs, auf dem harten Lager, im Zelt unterm Himmel Jerusalems, da hab' ich mich nach einem Pfühl gesehnt wie die – *stockt*

ROSA Was habt ihr?

HERZOG Da war ein Geräusch.

ROSA Der Wind.

HERZOG Es war näher. Hier im Raum.

ROSA Vielleicht ein Insekt.

HERZOG Es hat geklungen wie Atem.

ROSA Dann war's meiner. Mein Atem geht lauter in Eurer Näh'. Ihr seid so voll Unruh', Herzog, ich will sie Euch nehmen.

KUNIFRIED Sie nahm sie. Danach –

HERZOG Ruhe, snfte Ruhe ... Einziger Ort, wo ich sie hab'. Wenn ich draußen auf mein Pferd steig', reit' ich wieder hinein ins gehetzte Leben, mit jedem Schritt.

ROSA Ihr habt Sorgen.

HERZOG Immer. In meinem bedeutenden Amt habe ich immer Sorgen. Doch gegenwärtig sind sie größer als je.

ROSA Sprecht. Erleichtert Euer Herz, das beladne.

HERZOG Ach ja, das tut gut! Laß deine weiße Hand auf meiner zottigen Brust.

ROSA Was bedrückt Euch, Herzog?

HERZOG Der Pfeffer.

ROSA Der Pfeffer?

HERZOG Und die andern kostbaren Waren des Orients. Es gibt wieder zuwenig davon. Möchtest wieder Suppe und Fleisch essen, fade wie Wasser?

ROSA Gewiß nicht.

HERZOG Keiner will das. *Seufzt* Ach!

ROSA Ihr seufzt.

HERZOG Ich denk' daran, daß ich einst eine Ladung von Pfeffer habe vernichten lassen.

ROSA Habt Ihr?

HERZOG Ist lang' her. War in Jerusalem, beim Kreuzzug. Die Ritter wollten am Gewürzhandel teilhaben, ich hab's ihnen erlauben müssen, da ist das Schiff gesunken, auf dem sie heimfuhren. Eine so komplizierte Sach' wie der Gewürzhandel verträgt keine übermäßige Rivalität, drum muß man sie sich vom Halse – *stockt*

ROSA Was habt Ihr?

HERZOG Da war es wieder.

ROSA Was?

HERZOG Das Geräusch.

ROSA Ich hab' nichts gehört.

HERZOG Ganz deutlich, Rosa Maria. Wie lauter Atem. Oder wie ein Stöhnen. Still!

Stille. Dann entferntes Glockenläuten

ROSA Die Glocken vom Münster.

HERZOG Schon Mitternacht. Ich muß zurück in meine Pfalz.

KUNIFRIED Er ging zurück. Und am nächsten Tag erhielt er Besuch.

HERZOG Ach, du bist es, Raupen ... mhm ...

KUNIFRIED ... biel.

HERZOG Du hast dem Diener gesagt, es wär' dringend und von größter Wichtigkeit für mich?

KUNIFRIED Schwört mir freies Geleit zu.

HERZOG Hallo, Bursche, welchen Ton –.

KUNIFRIED Schwört's mir zu, wenn Euch Euer Ruf lieb ist.

HERZOG Mein Ruf ist untadelig.

KUNIFRIED Gibt genug, was ihn vernichten könnt', und ich weiß es.

HERZOG Jedermann hat hier freies ...

KUNIFRIED Schwört.

HERZOG Also ich schwör's. – Aber ich stell' fest, Raupenbiel, dein Benehmen ist albern.

KUNIFRIED Nach dem Ende des Kreuzzugs habt Ihr das Schiff, das den Pfeffer der Kreuzritter fuhr, absichtsvoll in den Grund gesenkt.

HERZOG Unsinn. Ein zufälliges Unglück.

KUNIFRIED Ihr habt's selbst gesagt. Heute nacht. Ich hab's gehört.

HERZOG Du hast's gehö ... *schnell* Du warst der Atem!

KUNIFRIED *elegisch* Es hat mir fast das Herz gebrochen.

HERZOG Was willst du?

KUNIFRIED Den Wert, den Ihr mir geraubt habt: zwanzig Pfund Gold.

HERZOG Kerl! Was erlaubst du dir! Ich laß dich festnehmen!

KUNIFRIED Ihr habt mir geschworen. Draußen stehn Freunde von mir. Wenn Ihr mich trotzdem festnehmen laßt, werden sie's allen Kreuzrittern sagen, die betrogen sind, und Euer Verhältnis mit der Gräfin Rosa Maria in die Welt schrein. Das gleiche werd' ich tun, wenn Ihr nicht zahlt.

HERZOG Gemeinheit! Ich werde erpreßt!

KUNIFRIED Aber er zahlte. Ich ging zurück zu meinem Pferd. Bestieg's. Ritt davon.

Hufklappern

Das mit den Freunden war freilich bloß eine List gewesen, aber sie hatte genutzt.

EIN MANN He, wohin reitest du, Bruder?

KUNIFRIED Nach Süden.

MANN Mein Weg. Kann ich mich anschließen?

KUNIFRIED Wenn du willst.

Sie reiten.

MANN Schlechte Straße.

KUNIFRIED Gibt schlimmere.

MANN Wie lang' reitest du schon?

KUNIFRIED Drei Stunden.

MANN Ich vier.

KUNIFRIED Trockener Tag heute.

MANN Man möcht' seinen Gaumen feuchten.

KUNIFRIED Möcht's gern.

MANN Dort ist eine Schenke.

KUNIFRIED Du kennst sie?

MANN Sie ist gut. Hat reifen Wein und einen lustigen Sänger und Fiedelspieler.

KUNIFRIED Ich steig' ab.

MANN Ich komm' mit dir, Bruder.

Schritte. Tür. Lärm und Fiedelspiel

KUNIFRIED Knecht, he! Zwei Kannen mit Wein.

SÄNGER *singt*

Die Großen sind groß,
Und die Kleinen sind klein,
Und hast du kein Freud nit,
Sauf einen Wein.

KUNIFRIED Der Sänger ist lustig.

MANN Prosit, Bruder.

KUNIFRIED Knecht, he! Noch zwei Kannen mit Wein. – Du mußt wissen, Bruder, ich hab' heute ein Glück gemacht.

SÄNGER *singt*

Die Magd ist eine Schwalbe
Und treulos ist's Spiel.
Versauf deinen Zorn, Bruder,
Aber sauf nit so viel.

KUNIFRIED *angetrunken* Knecht, he! Noch zwei Kannen mit Wein.

SÄNGER *singt*

Auch der Mensch kann ein Wild sein
Wie's Schwein in der Hetz.
Den Fuchs fangt die Falle.
Den Fisch fangt das Netz.

MANN Trinkst du noch zwei Kannen mit, Bruder? Ich lad dich ein.

KUNIFRIED *schnarcht*

MANN Ist wenig gewöhnt. Er schläft.

KUNIFRIED Als ich wieder aufwachte, schweren Kopfs, saß ich im Kerker des Herzogs, wo ich itzo noch sitz'. Ach, ein Leben wie meins ist Elend und Krebsgang. Böt' sich nur einmal noch eine Möglichkeit, daß ich dem Herzog heimzahl', was er mich geschädigt! Doch ich glaub's nimmer!

Öffnen des Gitters

WÄRTER Mach dich fertig, Gefangner.

KUNIFRIED Was ist?

WÄRTER Der Henker wartet im Kreuzgang.

KUNIFRIED Ich bin soweit.

WÄRTER Es ist für halb elf angesetzt, daß er dir den Kopf abschlägt. Ist in zehn Minuten. Ein Klosterbruder ist schon im Hof.

KUNIFRIED *schluckt* Ja.

WÄRTER Der Herzog hat mir freilich aufgetragen, dir eine Wahl zu stellen, daß du dein Leben dennoch verlängerst.

KUNIFRIED *schnell* Ich nehm's an, was es auch ist!

WÄRTER Ist nichts Gutes. Sollst dich im kriegerischen Kampf bewähren, in der vordersten und gefährlichsten Reih'.

KUNIFRIED Gibt es Krieg?

WÄRTER Bald.

KUNIFRIED Wo?

WÄRTER Im Heiligen Land. Die Heiden haben das Grab Christi besetzt und geschändet. Wir haben einen neuen Kreuzzug. Den vierten.

GERHARD RENTZSCH

DER NACHTZUG

[1962]

Personen:

DER ERSTE

DER ZWEITE

SPRECHER Vor zwei Jahren traf ich auf einer Reise in die Tschechoslowakei einen jungen Ingenieur, einen Landsmann. Wir unterhielten uns, er fragte, was es daheim Neues gäbe, er sprach von seiner Arbeit; er war für ein Vierteljahr irgendwo in Mähren als Spezialist eingesetzt für ein Dresdner Werk, das Elektroanlagen baut und exportiert.
Als er in Ostrava ausgestiegen war und ich weiterfuhr, dachte ich über ihn nach und über einen Vorfall, den er mir beiläufig, in wenigen Sätzen erzählt hatte – ein Geschehnis, das sich im Sommer 1959 in seiner Bekanntschaft zutrug. Er hatte mir aber sicherlich etwas verschwiegen: daß nämlich der eine dieser Bekannten er selbst war. Und ich verstand ihn nachträglich sehr gut, weshalb er ein eigenes Erlebnis, und gerade ein solches, als ein fremdes ausgab.
Damals empfing ich die Anregung für mein Hörspiel »*Nachtzug*«.
Musikakzent

ANSAGE »*Nachtzug*«, ein Hörspiel von Gerhard Rentzsch.
Musikakzent
Von fern Zugpfiff. Verwehendes Rangiergeräusch

DER ERSTE Halb zwei durch. Das geht die ganze Nacht: Pfiffe, Waggonkrachen – –
Rangiergeräusch
Und sie schläft. Sie schläft so ruhig, als wohnten wir schon zehn Jahre hier. Und da ist nicht nur der Bahnhof. Keine fünfzig Meter weit, an der Ausfallstraße nach München: eine Tankstelle. In der Wohnung nebenan: der Weinkeller irgendeines Hotels – – Wenn der Bahnhof eine Rangierpause einlegt, dann wird vorn ein Diesel donnernd an die Zapfsäule bugsiert, und dann kommt der Kellner nach Hause und hustet und dreht das Radio an, laut genug, daß man sich den Kopf zerbricht: Was spielen sie da?
Nein, sie wacht nicht auf davon. Nur manchmal, wenn ich mich herumwälze oder leise ans Fenster trete, dann spüre ich,

wie meine Unruhe in ihren Schlaf fällt – – Es wird nie ganz dunkel in diesem Zimmer. Das Neonlicht von der Tankstelle knallt in die Gegend wie eine Leuchtkugel. Einmal sah ich, wie sie nach der Nachttischlampe tastete, wie ihre Hand im Leeren herumflackerte und schließlich auf dem Koffer liegenblieb, der neben ihrem Bett steht. Und ich begreife nicht: Warum liege nur ich stundenlang wach und warte und warte? Und plötzlich reizt es mich, irgendwas krachend umzuwerfen. Ich könnte sie anschreien – aber im nächsten Augenblick denke ich: Was ist denn los? Er wird kommen. Klar, er kommt. Es war abgemacht. In einem Monat sind wir alle vier wieder zusammen. Wenn sie also morgen früh fragt: Gut geschlafen?, dann sage ich: Ja, ausgezeichnet!

Zugpfiff

Jetzt raus hier – ja, das wäre wie eine Erlösung. Die Lastzüge ansehen vorn an der Tankstelle, die gegen zwei hier haltmachen, befrachtet für die Markthalle in München. Und dann zum Bahnhof – – Halb drei kommt der Nachtschnellzug aus Hannover. Zehn vor halb werde ich oben an der Sperre sein. Da ist das Stellwerk: Wie ein beleuchtetes Aquarium hängt es über den Gleisen. Hebel werden umgelegt, Drahtseile schnurren, auf dem Bahnsteig klappert ein Handkarren vorbei – – Jetzt schleppen sie ihr Gepäck zur Waggontür, denke ich. Irene geht hinter ihm. Wie groß ist diese Stadt? wird sie fragen. Wie weit bis zur Donau? Und: Was meinst du – ob er uns abholt?

Fünf vor halb. In der Ferne scheppert die Warnglocke eines Bahnübergangs. Jetzt werden sie die ersten Lichter der Stadt sehen. Das Gaswerk huscht vorbei, die Riesenreklame von Michelin, der Viadukt. Die Bremsen knirschen – – Eine Minute vor halb. Ich sehe die Lok heranschwimmen. Ich denke noch: Wie viele Leute mögen hier aussteigen, nachts halb drei –? Da läuft der Zug ein.

Zuggeräusch von fern

Dreiviertel zwei. Er ist unterwegs. Er muß unterwegs sein. Er ist den sechsten Tag überfällig. Heute kommt er, mit diesem Zug. Ich gehe zum Bahnhof.

Musikakzent

DER ZWEITE Der helle Fleck – – Wie mir bloß dieses helle Viereck auf die Nerven geht! Gleich morgen muß da was drüber – – Eigenartig. Man hakt ein Bild ab, und plötzlich sieht ein Zimmer aus wie verwüstet. Als sei ein Loch in der Wand, durch das es ständig zieht – – Schade, das Bild war

nicht schlecht. Aquarell, kaum größer als ein Schulatlas. »Wanderzirkus bei Nacht«. Zelt, Wohnwagen, eine bunt bemalte Kasse, darüber eine funzlige Bogenlampe. Pitt sagte mal, die Kasse sähe aus wie das Innenleben von Doktor Keßler – – Ja, das Bild war auf eine seltsame Art lustig. Wo mag's jetzt hängen? Alte Sache: daß es immer die entbehrlichsten Dinge sind, denen man am meisten nachtrauert. Und daß sie nie ohne Spur verschwinden. Jedes hat sein Viereck in der Wand, mit dem es zurückbleibt.
Vielleicht sollte ich von dem Bild schreiben? Damit anfangen? Irgendwie muß ich ja anfangen. Schon kurz vor zwei. Morgen muß der Brief weg. Zwei Dutzend Sätze, ohne Spur von schief gelächelter Entschuldigung. Ich komme nicht, weil – erstens, zweitens, drittens.
Ja, wenn das so einfach wäre! Wenn sich das so leicht herunterschriebe! Natürlich wird er die Geschichte mit dem Bild geradezu albern finden. Aber gehört sie denn nicht dazu, und alles, was damit zusammenhing? Und das war ein kleiner Roman. Verschenken oder mitnehmen? Aber wem schenken, ohne daß dumm gefragt wird? Und wenn wir mit dem Bild in eine Kontrolle gerieten – was dann? Zahnarzt Bremer, hieß es, hatte ein zusammengerolltes kleines Gemälde alles verdorben. Warum haben Sie denn das Gemälde aus dem Rahmen geschnitten, Herr Doktor? Wo wollen Sie denn damit hin –?
Also sind wir schließlich losgezogen, in die Stadt, in eine private Kunsthandlung, und haben das Aquarell verkauft. Und wie der Kunsthändler, während er über die Brille weg taxierte, sich wie beiläufig nach Edelporzellan erkundigte, und ich bilde mir das nicht ein: der hat gewußt, zu welcher Sorte Kundschaft wir gehörten. Oder daß eine Stunde vor Abfahrt des Zuges Keßler anrief. Ob ich versehentlich seinen Bleistiftspitzer eingesteckt habe? Nichts weiter. Nicht mal gute Erholung am Schluß. Daß ich Urlaub hatte und verreisen wollte, hatte er einfach vergessen. Er fragte mich nur nach dem Bleistiftspitzer, dieser monströsen Rübe, ohne die er nicht arbeiten kann – und Irene stand schon an der Tür neben den Koffern, kalkweiß vor Schreck, und sie glaubt mir bis heute nicht, daß der Anruf von Keßler kam, von unserem alten Chef, und daß der Grund eine solche Lappalie war. So hatte er sich von mir verabschiedet, und ich dachte: an dieses komische Telefongespräch wirst du dich wohl lange erinnern – –

Ja, das gehört alles, alles dazu. Denn es stimmt nicht, daß sich unsere Entschlüsse beschreiben lassen als ein einziger großer Ruck. Warum habe ich erst das Bild verkauft und wollte jetzt, es gäbe nicht diesen hellen Fleck auf der Wand? Kleine, tropfenkleine Signale. Kaum daß man sie bemerkte, waren sie schon erloschen. Und wie viele treffen uns, werden gar nicht registriert und lenken uns trotzdem?

Nein, dieser Brief wird eine halbe, lückenhafte Sache. Ich kann die letzten paar Tage nicht aus mir herausschneiden wie eine Fotografie: hier, nimm die Lupe, wenn du nicht alles erkennst! Er wird die Lücken sofort wittern. Was erzählst du mir da für Zeug? Warum schreibst du nicht: Entschuldige vielmals – aber ich war feige?

Siehst du, Pitt – und darum wird nichts anderes übrigbleiben als zu lügen. Sagen wir mal: Irene im Krankenhaus. Ich habe in der letzten Zeit so viele Leute angelogen – jetzt bist du an der Reihe.

Musikakzent

Im Freien

Hin und wieder die akustischen Signale eines Bahnhofs in unmittelbarer Nähe

DER ERSTE Wenn sie aufwacht, findet sie den Zettel. »Bin zur Nachtapotheke.« Nicht sehr originell, aber wenig zu fragen hinterher.

Pfiff

Noch fünfundzwanzig Minuten. Der Bahnhof sieht aus wie ein Lokal nach der Polizeistunde. Die Gäste fort, alles klar zum Ausfegen. Da, der Dienstraum: als würde hinter verhängten Fenstern heimlich weitergezecht – – Schnellzug aus Hannover. Ist das hier? Jetzt könnte mir jemand einreden: Hier bist du nie gewesen. Die Ankunft vor einem Monat, Neuhäuser an der Sperre, so ganz anders, als ich mir unseren alten Chef vorgestellt hatte, seine seltsam steife Begrüßung, als sei er nur stellvertretend gekommen für jenen Mann, dem ich vor anderthalb Jahren noch jeden Strich meiner Arbeit vorlegen mußte, seine Rosen für Karla, wie eingefroren im Cellophan: alles nie geschehen – – Eingefahren ist der Schnellzug aus Hannover. Und sie lachte, und im nächsten Moment schluchzte sie ins Taschentuch und hantierte dauernd mit dem Lippenstift und lachte wieder: Wir sind da! Wir sind da –!

Keine vier Wochen her ––

Signalglocke
Die Glocke. Ob das schon für diesen Zug ist? Fünfundzwanzig Minuten – das wären noch vierzig Kilometer Fahrt. Nein, da liegen noch ein paar Stationen dazwischen: Weißenburg, Treuchtlingen – – Aber im Abteil wird es wohl langsam lebendig.
Mir ist, als käme ich mit diesem Zug noch einmal an. Als war bis hierher nur Zwischenstation: Umsteigen und warten. Als habe noch gar nichts angefangen. Die neue Arbeit – eine Beschäftigung in der Pause. Das Zimmer – ein Dach bloß für unsere Koffer. Neuhäuser – ein Mann, der einen nichts angeht.
Ja, hier noch einmal ankommen. Auf jemand zugehen und einfach sagen: Grüß dich!
Ein Handkarren
Noch dreiundzwanzig Minuten.
Musikakzent

DER ZWEITE Bald wird es hell draußen. Schlafen? Lohnt kaum noch. Jetzt ein bißchen Zeug einpacken und irgendwo hin ––
Zündet sich eine Zigarette an
Vor drei Jahren, fällt mir ein, da sind wir um so eine Stunde losgezogen. Der alte Mitrianu hatte uns seinen Kahn geborgt und zwei Angeln. Es war noch ganz finster. Im Schilf rumorten die Vögel, und der Kahn blieb dauernd in diesem meterhohen Schilfwald stecken. Weißt du noch, Pitt? Es war eine heillose Katastrophe. Erst fiel die Lampe ins Wasser, dann ging die Thermosflasche kaputt, und schließlich wußten wir überhaupt nicht mehr, wo wir herumstakten. Kein Gedanke mehr ans Fischen. Erinnerst du dich? Hast du eigentlich die Bilder von Rumänien mitgenommen? Meine hab' ich verbrannt – –
Wie wird dir bloß zumute sein, wenn du eines Tages liest: Das Kombinat in Braila ist fertig. Was hätte ich gedacht? Vielleicht, daß es schade um die Fotos war. Oder: ob der alte Mitrianu noch da ist? Gerade du hast den Alten sehr gemocht, Pitt. Wie lebt sich's drüben mit solchen Erinnerungen? Vermodern sie und zerfallen und lassen einen in Ruhe? Ich glaub's eben nicht.
An den Brief wollen wir mal nicht denken. Am Ende unserer zehn Jahre so ein kleiner mieser Schwindel – wer hätte das gedacht. Aber er ändert nichts. Es hat uns auseinandergehauen wie mit der Axt. Eine Freundschaft, die nicht daran dachte, aus dem Leim zu gehen – einfach weg-

gefeuert. Wer ist schuld? Ich? Habe ich uns auseinandergehauen?

Wir müssen darüber reden, Pitt – –

Von hier ab setzen die Musikakzente bereits in den letzten Sätzen ein und gehen in die ersten des folgenden Parts über, verbinden also deutlich und bereiten den kommenden Dialog vor.

DER ERSTE Zwei Uhr zehn – – Wo kriegt man jetzt noch eine Flasche Kognak her? Die Bars haben bis fünf offen. Ein teurer Spaß, aber egal. Und gemütlich ist das Zimmer auch nicht gerade.

So klein und eng. Einer muß auf dem Bettrand sitzen. Überhaupt riecht alles ein bißchen nach ausgebombt. Die Koffer stehen herum, Schnaps aus Kaffeetassen, und dann ist dieser böse Moment der Ankunft noch nicht tot: der Zug abgedampft, der letzte Wagen verschwunden – da ist einem zumute, als kriegt man einen Schlag in die Kniekehlen, als ist man auf freier Strecke hinausgeworfen – –

Na, wir werden's hinunterspülen, und dann werde ich eine Ansprache halten, ganz leicht eingefärbt – klar, mit Schwung. So etwa: Grüß dich, Towarisch! Ich habe sehr auf dich gewartet, aber nie gezweifelt, daß du kommst. Nun wollen wir alles begraben, was hinter uns liegt. Ein neues Leben beginnt. Und wir zwei werden's schaffen, Junge. Wir sind eine gute Mannschaft. Laß uns die Ärmel hochkrempeln und Dampf machen – wie die anderen. Wie Neuhäuser. Ein Jahr hat der gebraucht, da schwamm er oben. Mit ein paar Koffern ist er hier angekommen, genau wie wir, und mit dem eisernen Willen, nicht lange drauf sitzen zu bleiben. Heute beißt den keiner mehr. Der ist so hart, daß ihn nicht mal ein Diamant ritzen könnte. Wir haben ihn besucht. Die Wohnung – wie aus einem Werbefilm. In der Garage steht ein weißer »Taunus«, die Frau läuft nur in Modellkleidern herum. Und ich schwöre: da ist kein Hokuspokus dabei. Ich sage die Wahrheit und nichts als die Wahrheit! Ja, Towarisch, wir haben auf die richtige Karte gesetzt und auf den richtigen Mann – – Salut zur Ankunft! Es wird alles gut.

Musikakzent

DER ZWEITE Auseinandergehauen wie mit der Axt! Und wir hatten doch schon den Schlüssel herumgedreht, wir nahmen die Koffer auf, Irene hatte zur Tarnung unsere Bademäntel draufgeschnallt, und in einer Stunde ging der Zug, der Zug nach Berlin.

Die Wohnung hatte ausgesehen, als sei eben eine Auktion mit anspruchsvollen Käufern vorbei; nur das Beste war weg. Zigarettenrauch hing noch in der Luft. In der Küche – ich werde das nie vergessen, Pitt – stand ein Korb mit Brotscheiben auf dem Tisch und eine Schüssel soßiger Butter – – Heute frage ich mich, wieso ich Irene anfuhr, daß sie die Butter in der Sonne hatte stehenlassen, und Irene sagte: Ach Gott, nahm die Schüssel und stellte sie ins Bad. Dann sind wir gegangen. Es war Viertel zwölf, Sonntag, ein wundervoller, warmer Tag im Juni – –

Musikakzent

DER ERSTE Zwei Uhr dreizehn. In zwölf Minuten also über die Donau. Vielleicht ist jemand im Abteil, der dir das Werk zeigt, wenn der Zug über die Brücke donnert. Nachts sieht es aus, als würde es im nächsten Augenblick in die Luft steigen. Ein imposanter, herrlicher Anblick ... Und dort werden wir arbeiten – – Ja, es hat sich alles gelohnt. Die große Welt tut sich auf, mein Lieber! Du fährst aus der Stadt, eine neue, breite Betonstraße entlang, da siehst du es von weitem schimmern: ein Klotz wie von mattem Silber, zwanzig Stockwerke hoch. Allein die Fassade vom Hauptgebäude soll eine Viertelmillion gekostet haben, gebaut nur aus Glas und rostfreiem Stahl. Nachts wird sie von Scheinwerfern angeleuchtet. Als sie fertig war, erzählte mir Neuhäuser, sind die Leute in Scharen hingekommen und haben sich das angesehen. Das ist keine Fabrik. Das ist ein herrlicher, silbern glänzender Vogel – –

Musikakzent

DER ZWEITE Unterwegs zum Bahnhof, im Taxi, stierte ich unentwegt auf den Zähler, und jedes Klicken hämmerte auf mich ein: Du hast recht. Man muß was riskieren. Drüben sind auch Deutsche. Du bist kein Verbrecher. Jeder lebt allein. Du hast recht, du hast recht – wie eine Litanei, und immer wieder von vorn. Ich dachte an dich, Pitt, ich dachte an unsere Pläne, an Neuhäusers Karriere, ich sah das Werk vor mir, von dem er uns geschrieben hatte – und wiederum stieg etwas wunderbar Verlockendes aus all den Bildern, die ich mir malte.

Wir kauften die Fahrkarten. Es war noch eine halbe Stunde Zeit zur Abfahrt. Der Zug war noch nicht da. Auf dem Nachbargleis lief ein Ferien-Sonderzug ein. Eine Flut von braungebrannten Menschen ergoß sich auf den Bahnsteig. Plötzlich rief jemand herüber: Gute Reise! Und schönes

Wetter –! Es war Ingenieur Wolf aus dem Vorrichtungsbau. Er lachte und winkte uns zu und verschwand in dem Strom der Hunderte, die wieder zu Hause waren. Und dann, Pitt, dann waren es eigentlich nur ein paar Sekunden. Ich habe sie bis heute nicht restlos begriffen, und wie sollst du sie verstehen? Aber sie sind der Schlüssel zu allem – –

Laß uns einmal nachdenken, wie unser letztes Kapitel angefangen hat. Irgendwo in der Vergangenheit muß ein gleicher Augenblick gewesen sein, der alles entschied. Erinnere dich! Wo ist der Anfang?

Musikakzent

DER ERSTE Zwei Uhr fünfzehn – – Jetzt sind hier ein paar Leute eingetrudelt. Ein alter Mann mit einem Spankorb, ein Trupp Zwanzigjähriger, Rucksäcke geschultert, prall wie Ballons.

Noch dreizehn Minuten. Von den Jungens dreht einer am Kofferradio. Aber nachts Viertel drei, da ist nicht mehr viel los.

Im Hintergrund, ganz dünn, Stimmen und Schritte, ein Gelächter. Alles entfernt sich. Aus der Kulisse löst sich stark rhythmisch akzentuierte Musik, Schlagzeug als Daueruntergrund für den folgenden Part bis »So hat es angefangen –«

Schade. Ein bißchen Musik nachher – – Wenn wir den Plattenspieler noch hätten – – Ich würde zuerst dieses nette kleine Ding auflegen – »Cobanaca«? Nein. Es war eine Brunswick-Platte. Schwarzes Etikett, goldener Titel. Eine hübsche Melodie. Ein bißchen süß und ein bißchen traurig – – »A garden in the rain«? Ja. »A garden in the rain.« Karla hatte die Platte aus Berlin mitgebracht –

DER ZWEITE »A garden in the rain –«

DER ERSTE Ganz eigenartig schleppender Rhythmus. Und am Ende zitterte eine Celesta – – Merkwürdig. Wie komme ich jetzt darauf?

DER ZWEITE Auf dem Plattenteller kreist goldene Schrift –

DER ERSTE Richtig – mein Geburtstag. Wie oft haben wir sie wohl in den paar Stunden gespielt? Dreißigmal vielleicht. Nach Mitternacht dachten wir, nun muß die Nadel bald den letzten Ton weggeschliffen haben, und dann legten wir sie doch immer wieder auf – – Erinnerst du dich? 23. Oktober, voriges Jahr?

DER ZWEITE Ich suche den Anfang, Pitt.

DER ERSTE Es war sehr lustig, und es wurde ziemlich spät. Irene hatte einen Schwips und wollte nicht nach Hause.

DER ZWEITE Der Anfang –

DER ERSTE »A garden in the rain« – ja, das müßte man nachher auflegen. Das wär' wie ein kleines, freundliches Dach. Alle hocken drunter, irgendwie geborgen – –

DER ZWEITE Ja, ich erinnere mich – – Dein Geburtstag, Pitt. Wir tanzten – – Auf dem Plattenteller dreht sich ein goldnes Etikett – – Die Celesta zittert – – Karla hebt die Nadel ab. Geht zur Couch. Brennt sich eine Zigarette an – – Pitt?

DER ERSTE Ja –?

DER ZWEITE Pitt – an diesem Abend sagte einer von uns: Wie wär's, wenn wir alle vier über den Jordan gehen, nach drüben –? Wer hat das gesagt, Pitt?

DER ERSTE Wer?

DER ZWEITE Karla?

DER ERSTE Ich glaube.

DER ZWEITE Sagte nicht Karla: Wie wär's – alle vier?

DER ERSTE Ja, das stimmt. Das sagte sie.

DER ZWEITE Nicht ein anderer von uns?

DER ERSTE Nein.

DER ZWEITE Du hast es auch gehört?

DER ERSTE Ja.

DER ZWEITE Was hast du gedacht, als es Karla sagte?

DER ERSTE Gott – es war ja nur so nebenhin. Ich hab's nicht ernstgenommen.

DER ZWEITE Richtig – wir lachten darüber. Wir hielten es alle für Spaß, auch Karla selbst. Und dann wieder »A garden in the rain –«, das goldne Etikett kreist, wir tanzen ––

DER ERSTE Es war recht lustig, was?

DER ZWEITE Und dann, ich weiß nicht mehr wie, habe ich eine Ansichtskarte in der Hand. Sie war vor einem Vierteljahr geschrieben – – Pitt, hattest du Neuhäusers Karte 'rausgesucht?

DER ERSTE Ich weiß nicht mehr –

DER ZWEITE Neuhäuser war schon ein paar Monate weg, wir hatten ihn fast vergessen, da schrieb er uns eine Karte.

DER ERSTE Die Karte aus Tirol –

DER ZWEITE Wer hatte sie an diesem Abend 'rausgesucht, danach, als gesagt war: Wie wär's –? War das nicht auch Karla?

DER ERSTE Kann sein.

DER ZWEITE Ja – Sie. Sie hockt auf der Couch und blättert in einem Stapel Ansichtskarten. Und die Platte läuft. Ich sehe mir ein Gebirgsfoto an, zeige es Irene, und ein paar Augenblicke lang denken wir alle: Ja, wie wär's eigentlich –? Dann zittert die Celesta, ich hebe die Nadel ab, und alles ist erst mal vorbei – –

Rhythmus aus

Ja, so hat es angefangen. Der Funke war da. Jeder von uns spürte es. Jeder wußte: auch der andere starrt auf diese winzige glimmende Gewalt. Noch fachte sie keiner an – aber keiner trat sie aus. Wir schauten zu wie einem Spiel, das uns noch gar nichts angeht. Wir vergaßen es tagelang, aber es vergaß uns nicht: Eine alte technische Zeichnung gerät mir in die Hand, die Kontrollunterschrift: Neuhäuser, Oberingenieur. Hundertmal vorher gelesen, ohne was zu empfinden. Jetzt denke ich: Neuhäuser –? Hundertmal vorher im Betrieb einer Frau begegnet, jetzt fällt mir ein: Das war ja seine Sekretärin. Ein Wagen auf dem Parkplatz: sein Auto, das er kurz vorher verkauft hatte.

So kommt er zurück, ein vergessener Mann, vergessen bis zu jenem Abend. Hat dich das nie gewundert, Pitt –? Längst war die Sensation seiner Flucht verraucht. Andere kamen und arbeiteten bei uns, für die er ein Irgendwer war – und durch nichts verschwimmt Erinnerung so schnell als durch Menschen, mit denen man sie nicht teilen kann. Er war so tot wie die Streitereien, ob er tatsächlich schon jahrelang mit einem Fuß drüben gestanden hatte, kein Agent, kein Dieb. Mehr so ein Beobachter, ein Spaziergänger auf der anderen Seite – alles war vergessen. Erledigt.

Und nun kommt er wieder zurück, eine verschwommene, verlockende Gestalt. Siehe da – er war nicht untergegangen, er hatte Verbindungen, er war im Begriff, groß 'rauszukommen, und er hatte uns davon signalisiert. Am Kartenrand stand ein Satz, den man bei jedem anderen überlesen hätte. Dieser von ihm aber begann uns allmählich zu hypnotisieren: Schreiben Sie mir doch mal –!

DER ERSTE Ja. Ja, so war es – –

DER ZWEITE So hat es angefangen, Pitt – – Und dann, etwa vierzehn Tage nach deinem Geburtstag, sind wir wieder alle vier zusammen. Es ist, als sei nichts geschehen. Ein verregnetes Wochenende. Das Fernsehprogramm ist vorbei. Es geht auf Mitternacht. Wir hören Radio, wir legen noch ein paar Platten auf. »A garden in the rain« – und der Funke glimmt. Was wird jetzt passieren? Jeder wartet auf den anderen, daß er was sage. Und dann stellt einer – ich hab's vergessen wer – ein paar Fragen: Wie kommen wir eigentlich auf die Idee, daß Neuhäuser ein prächtiger Kerl war? Was sollen wir drüben? Wieso kann man hier nicht leben?

DER ERSTE Wer soll das gefragt haben?

DER ZWEITE Denke genau nach, Pitt!

DER ERSTE Das hat niemand gefragt.

DER ZWEITE Stimmt – – Als Kinder spielten wir oft: »Wer ist der größte Feigling?« Dazu wurden Kanalisationsröhren gebraucht, ein finsterer Friedhof, Klingelbretter – was weiß ich. Später geht das viel einfacher. Eine Frage, die man stellen müßte, die aber nicht kommt – mehr ist nicht nötig... Nein, niemand fragt, wieso wir uns einbilden, Neuhäuser sei ein prächtiger Kerl gewesen. Dafür bemerkt Karla, wir hätten ja seine Karte noch gar nicht beantwortet. Und sie fragt: Oder habt ihr was dagegen –? Ich sehe dich an, Pitt –

DER ERSTE Nein, sage ich.

DER ZWEITE Schreib ihm ein paar Zeilen, sage ich zu Karla. Aber ein bißchen unverbindlich. Gott, sagt sie, nur keine Angst, ich werde euch schon nicht verschaukeln!

DER ERSTE Ja, das sagte sie.

DER ZWEITE Wir lachen – und ich weiß: jetzt fängt es an zu brennen. Aber im nächsten Augenblick sage ich mir: Unsinn! Das hat man ja alles in der Hand. Du bist ja Herr deiner Entschlüsse –! Aber wir waren es nicht mehr.

DER ERSTE Karla –

DER ZWEITE Ja, Pitt. Sie ist deine Frau, wir haben uns immer gut verstanden, sie kann so leicht und so fröhlich leben – – Sagen wir nicht, sie hat uns verrückt gemacht. Jeder von uns hatte doch seinen Kopf. Aber sie sammelte verstreute Unzufriedenheit, Wünsche, hingeworfene Bemerkungen und gab dann etwas als unsere Meinung aus, was so gar nicht stimmte, aber doch wiederum nicht falsch war. Und dann der Unterton: Na – habt ihr keinen Mut?

DER ERSTE Karla – – Sie ist jetzt sehr glücklich.

DER ZWEITE Ich weiß es, Pitt.

DER ERSTE Als wir hier ankamen, war sie wie berauscht, lachte und weinte – ich konnte sie überhaupt nicht begreifen. Jetzt geht sie jeden Morgen in die Stadt bummeln, sieht nach den Preisen, wo ist das billiger, wo das. Sie läßt sich Prospekte geben, sie rechnet, erzählt mir von Krediten, sie weiß schon, wo wir im Urlaub hinfahren und was das kostet – – und ich – – ich muß dir das einmal sagen – ich lebe wie neben ihr her. Sie hat keine Ahnung, daß ich hier auf dem Bahnhof stehe – –

Was ist nur mit uns nicht mehr in Ordnung?

DER ZWEITE Weißt du es wirklich nicht, Pitt?

DER ERSTE Mich macht diese Zufriedenheit verrückt, dieses Lächeln, wenn sie morgens aufwacht – – ja, irgendwas bröckelt. Dabei ist sie doch – ein prachtvolles Mädel, nicht wahr? Sieht gut aus, zielstrebig, verrenkt sich nicht den Hals, um lange rückwärts zu sehen. So einen Menschen braucht man, wenn man zu was kommen will.

DER ZWEITE Karla! Weißt du noch, wie sie an jenem Abend umherschwirrte? Alle steckte sie an mit ihrer Fröhlichkeit. Los, sagte sie zu uns, braut mal einen netten Drink, ihr Meisteringenieure!

DER ERSTE Ja, ja. Wir klemmten uns ein paar Flaschen unter den Arm, zogen ab in die Küche und plünderten den Kühlschrank. Dann fehlte irgendwas –

DER ZWEITE Wir suchten eine Zitrone.

DER ERSTE Stimmt. Ich rief hinüber: Wo sind die Zitronen, Karla?

DER ZWEITE Keine da, sagte sie. Und Irene meinte: Habt ihr schon mal erlebt, daß in diesem Staat was da ist, wenn man es braucht?

DER ERSTE Wir fluchten –

DER ZWEITE – und das Stichwort war gefallen: dieser Staat! Hetzjagden nach einer Zitrone. Nach einem Stück Fleisch. Nichts da. Aber arbeiten! Kämpfen!

DER ERSTE Um den Plan kämpfen. Um tausend irgendwelche Erhöhungen. Jede rostige Rasierklinge soll auf den Altar des Vaterlands, weil es Schwedenstahl ist –

DER ZWEITE Ja, denke ich. Schreib an Neuhäuser, Karla!

DER ERSTE Und Resolutionen. Appelle. Aufbauwerk. Schulung. Artikel für die Wandzeitung. Und du darfst keine Zahnschmerzen haben, weil du dann vor versiegelten Türen stehst, denn der Arzt ist abgehauen. Und du darfst nicht nach Westberlin. Du darfst dies nicht und das nicht.

DER ZWEITE Schreib, Karla! Schreib an Neuhäuser!

DER ERSTE Und die Fahnen wehen, und vor lauter Symbolen siehst du keinen Himmel mehr.

DER ZWEITE Wir sind wie im Fieber. Das ist kein Gespräch. Das ist ein Steinschlag.

DER ERSTE Aber wir hatten doch recht!

DER ZWEITE Wir brauchten eine Rechtfertigung.

DER ERSTE Das ist die Wahrheit!

DER ZWEITE Mit Steinen schlugen wir alles tot, was ihr im

Wege war. Und dann setzten wir uns auf die Trümmer und sagten: Nein. In diesen Ruinen kann man nicht leben!

DER ERSTE Aber warum denn stehe ich hier, auf diesem gottverlassenen Bahnhof, wenn wir nicht recht hatten?

DER ZWEITE Acht Stunden am Tag hantierten wir mit Meßgeräten, mit Rechenschieber, Logarithmen. Wie kämpften wir um die Wahrheit einer Schraube! Noch eine Kontrolle. Eine dritte, vierte. Wenn es um den Entwurf eines kleinen Relais ging – was für ein Aufwand an Logik, an geprüften Werten, bis in die Kette der Beweise kein Messerrücken mehr dazwischen paßte. Aber als wir unsere Zukunft entwarfen, da malten wir mit einem Stock im Wasser.

DER ERSTE Dieser Abend – – Möglich, daß wir da und dort ein paar Kratzer hinwischten. Aber das ist immer so. Das haben wir sogar oft genug drüben gelesen: Ohne Kratzer geht's nicht ab, wo man mit Schwung was Großes unternimmt!

DER ZWEITE Ich sehe uns an diesem Abend in der Wohnung herumgehen wie über ein Schlachtfeld, heißgeredet, hochgepeitscht, fiebernd vor Anstrengung –

DER ERSTE Ja, ich weiß: mit Schwung über Hürden zu setzen, das war nie dein Fall. Immer hast du einen Moment zu lange nachgedacht, einmal zu oft nachgewogen –

DER ZWEITE Ja, fiebernd vor Anstrengung – so ungeheuer machte es uns zu schaffen, dieses Leben und unsere Vergangenheit zu erschlagen. Das Werk. Keßler. Unser Studium. Das halbe Jahr in Braila, dieses schwere, schöne halbe Jahr – alles tot.
Wir stampfen durch die Zimmer deiner Wohnung, Pitt, wie über ein Schlachtfeld. Eine flimmernde Musik – – eine Karte aus Tirol auf dem Tisch, und der Satz bohrt und bohrt: Schreiben Sie mir doch mal –!

DER ERSTE Ich verstehe dich nicht. Was willst du eigentlich? Worauf willst du hinaus?

DER ZWEITE Ich muß wissen, Pitt, was wir für einen Preis bezahlt haben, damit wir eines Tages unser Leben in Koffer packen konnten, den Zug nach Berlin nehmen – und ab. Sage mir nicht: der Preis war unsere Stellung, denn sie war ja unerträglich, nicht wahr? Oder was in unseren Wohnungen war, in unseren Schränken – denn diese Dinge machten uns ja letztlich keinen Spaß. Was haben wir bezahlt? Oder etwa gar nichts? Oder zahlt man drüben?
Wie ist das, Pitt?

DER ERSTE Geschenkt wird keinem was. Drüben nicht und hier nicht.

DER ZWEITE Was heißt das? Genauer!

DER ERSTE Um sein Glück muß man schon kämpfen.

DER ZWEITE Also wieder kämpfen – – Zeig mir so einen Kämpfer! Zeig mir Neuhäuser! Wie hat der um sein Glück gekämpft? Wie hat er es geschafft?

Glockensignal weht heran

DER ERSTE Da – die Signale werden gezogen. Der Gepäckkarren rollt auf den Bahnsteig – – Alles später. Wir haben noch viel Zeit.

DER ZWEITE Wir haben nicht mehr viel Zeit, Pitt!

DER ERSTE Wieso? Was meinst du damit?

DER ZWEITE Ich komme nicht.

Musikakzente setzen ein, Rhythmus (Schlagzeug) als Daueruntergrund. Unreales, vorbeiwehendes Zuggeräusch

DER ERSTE Doch – doch du kommst.

DER ZWEITE Nein, Pitt.

DER ERSTE Du mußt kommen!

DER ZWEITE Es hat uns auseinandergehauen wie mit der Axt – –

Neues Glockenspiel

DER ERSTE Aber ich brauche dich doch! Ich bin hier ziemlich allein –

DER ZWEITE Was ist der Preis dafür?

DER ERSTE Zusammen ist man härter –

DER ZWEITE Zehn Jahre – wer ist schuld? Wofür?

DER ERSTE Und hier muß man hart sein – soviel weiß ich schon. Schnell und kalt – – Wenn du nicht kommst – aber warum solltest du nicht kommen?

DER ZWEITE Der letzte Preis – das ist unsere Freundschaft, Pitt. Auch wenn ich gekommen wäre, drüben hätte sie nicht weitergelebt. Sie wäre zerbrochen an der Frage, was wir alles bezahlt haben. Vielleicht werdet ihr zwei glücklich – wir vier wären es nie geworden.

DER ERSTE Wir hätten nicht getrennt fahren sollen: Wir waren alle so schön im Schwung. Warum ging das nur nicht mit dem gemeinsamen Urlaub?
Zwei Uhr siebenundzwanzig – – In einer Minute.

DER ZWEITE Pitt – hörst du mich?

DER ERSTE Der Viadukt, das Gaswerk, die Reklame von Michelin – – Jetzt schleppen sie ihr Gepäck zur Waggontür – – Ja, er kommt.

DER ZWEITE Pitt – wo hat unsere Freundschaft gelebt? Wer hat sie kaputtgemacht? Sieh dich um! Prüfe jede Sekunde der Vergangenheit! Wisch den Dunstschleier fort, der für uns aus den Briefen von Neuhäuser stieg! Wie hat es uns geschmeichelt zu hören, wir seien die Begabtesten des ganzen Werkes. Wie haben wir danach Keßlers Kritik an uns mit Hohn quittiert. Keßler durfte ja nicht recht haben, wir hatten recht – – Heb die Steine auf, Pitt, und sieh nach, ob du wirklich alles totgeschlagen hast.

Musikakzent

DER ERSTE Da schwimmen Lichter heran. Der Zug – –

Über Lautsprecher hört man, sehr undeutlich: »... hat Einfahrt der Schnellzug aus Hannover.«

Jetzt ist alles fort: die flackernde Unruhe, diese taumelnden Gedanken. Jetzt sind wir hier.

Reden wir nie mehr davon, was war. Nur diesen einen Abend. Junge, den wollen wir behalten: auf dem Plattenteller dreht sich ein goldnes Etikett: »A garden in the rain –«

Zugpfiff, nahe, Zuggeräusche, sich langsam nähernd

Die letzten Sekunden – – Ich sehe dich auf mich zugehen, in den Augen eine einzige große Frage: Wird es sich lohnen? Was ist hier das Risiko –? Nein. Wir wollen uns nichts vormachen. Wir sind in eine andere Welt gekommen. Anders, weil man hier anders sein Glück machen muß. Denn darin, glaube ich, unterscheiden sich allein die Welten: wie man hier und dort sein Glück macht.

Lautsprecher: »Zurücktreten von der Bahnsteigkante!«

Was ist anders, fragst du. Ich ahne es nur. Die paar Wochen – was soll man da wissen? Im Kino hab' ich das gesehen: Kleine Seeschildkröten, eben aus dem versteckten Ei geschlüpft, rennen durch den Sand zum Wasser, purzeln durcheinander, voller Angst: Raubvögel kreisen über dem Sand. Nicht die Hälfte der kleinen Lebewesen erreicht das Ziel – – Vielleicht ist es das: Jeder will hier schnell zum Wasser. Ja, darum habe ich so auf dich gewartet. Allein ist man nicht schnell genug. Zusammen werden wir es schaffen. Wir sind die richtige Mannschaft – – Grüß dich, Towarisch!

Der Zug hält. Lautsprecher, jetzt sehr deutlich: »Eingefahren ist der Schnellzug aus Hannover.«

Musikakzent

DER ZWEITE Nein, ich komme nicht!

Und wir waren doch schon auf dem Bahnsteig, der Zug lief ein, die Leute hoben ihr Gepäck auf. In acht Minuten

Abfahrt – – Mir aber war, als ginge dies alles jenseits einer Barriere vor, die für uns noch gesperrt blieb. Wir standen herum wie im Niemandsland. Da sagte Irene: Ich kaufe was zu lesen für die Reise! Und ihr gelber Mantel verschwand zwischen den Menschen, tauchte wieder auf, pendelte langsam hin und her. Da begriff ich: Das war nur ein Vorwand, sie wollte noch ein paar Augenblicke ganz für sich haben.

Gut, jetzt war alles getan, was wir zu viert begonnen hatten. Vorbei die Nervosität, die Hast der letzten Tage und Wochen. Was nun, nach ein paar Zeigersprüngen, anfangen sollte, war neu und anders – und dazwischen lag das Niemandsland einer einsamen letzten Minute – – Ich sah mich um. Ich horchte: da war irgendwas stehengeblieben, leergelaufen. Wo war die Kraft, die uns getrieben hatte –? Fort. Ich spürte sie nicht mehr – – Ich suchte den gelben Mantel, als käme sie von dort zurück – aber wie, wenn es Irene genauso ginge, wenn sie mich suchte? Was war denn dann wirklich vorhanden? Was war denn da noch echt?

Aber er ist doch schon drüben, dachte ich. Er hat auf dich gesetzt. Du darfst ihn nicht enttäuschen. Nein, nein – du mußt fahren! Ich sah mich an seiner Stelle: wie hätte ich gewartet, mit brennender Ungeduld. Und dann wäre der Zug eingelaufen – ohne ihn. Und dann allein auf dem fremden Bahnhof – –

Jemand stieß an unsere Koffer. Ich hörte nicht die Entschuldigung. Ich empfand nur jäh erleichtert, daß ich hier stand. Eine Stationsansage dröhnte. Ich schaute zur Uhr. Noch sechs Minuten. Der Zeiger sprang weiter. Mir war, als sei er ein Arm, der Stück für Stück ein dünnes Gewebe fortzog – jenen flimmernden, bunten Vorhang, hinter dem ich mein besseres Wissen und meinen eigenen Willen ein halbes Jahr versteckt hatte – –

Noch fünf Minuten. Eine Frau sagte: Nein, der Frosch wird jetzt nicht aufgeblasen. Erst wenn wir an der See sind – – Mein Blick fiel auf unsere Bademäntel. Was für eine lächerliche Tarnung –! Tarnung? Wo war denn der Feind? Und ich sah mich in dieser Maskerade, staubig und müde, vor Neuhäuser an der Tür – –

Er lächelt, schaut auf unsere Koffer, ein bißchen zu lange, man möchte fragen: Hoffentlich machen wir Ihnen Ihr Haus nicht dreckig – – Ja, dieser Blick! Was, sagt er, die Bademäntel haben Sie mitgeschleppt? Und er lacht – er lacht wie damals, als er zwei Stunden schippen sollte für den neuen

Parkplatz – – als Keßler nach Braila ging – wie lachte er da! So blöd möchte ich auch sein – in diesem Dreck! Warum läßt der Alte sich nicht krankschreiben –? Ja, das war Neuhäuser! Wie hatte ich das nur alles vergessen können. Wie sollte der nicht groß 'rauskommen in jener Welt? Was verband mich denn eigentlich mit dem –?
Und Neuhäuser versank, und das ganze letzte halbe Jahr versank. Pitts Geburtstag war weg. »A garden in the rain«: – weg! Die Ansichtskarte aus Tirol: erhalten, gelesen, abgelegt. Und ich sah uns wieder zu viert beisammen. Unbeschwerte Sonntage. Ausflüge. Kino. Ein Buch. Karlas Nörgeleien: das Schnurren einer hübschen, gelangweilten Katze – – Und ich gehe wieder Montag früh mit Pitt durchs Werktor. Der alte Breuer von der Hofkolonne zieht die Mütze vor den Ingenieuren, wie er das vor fünfzig Jahren gelernt hat, das ist dem nicht mehr abzugewöhnen. Vor der Glastür zum Büro lauert ein Lehrling, der mit einer Zeichnung nicht zurechtkommt und keine Courage hat, zum Meister zu gehen. Hinter Keßlers Schreibtisch steigt eine Wolke von Wasserdampf auf: Keßler brüht Tee – Keßler – –!
Während ich hier auf dem Bahnsteig herumstand, saß er daheim über seinen Konstruktionen. Ich schämte mich vor ihm, als hätte ich meinen Vater verraten. Da war Wolf, der eben braungebrannt aus den Ferien gekommen war und mir zugewinkt hatte – ein zufriedener, lustiger Kerl – – Ich sah Dutzende von Menschen vor mir, mit denen ich groß geworden war, gelebt und gearbeitet hatte – alle hatte ich sie vergessen. Und ich wußte: Das, was mich mit ihnen verband, würde ich drüben nie wiederfinden, das war nicht zu ersetzen. Und plötzlich sehnte ich mich danach, wieder ihre Erfolge und Niederlagen zu teilen, mich hineinzustürzen in diese Welt, die so hartnäckig war und oft so unbequem, wie die Arbeit im Schilfwald von Braila – –
Die Kupplungen der Waggons krachten. Noch drei Minuten. Wo war Irene –? Ich drehte mich um – da stand sie neben mir, die Augen voller Hilflosigkeit.
Ich sagte: Komm! Wir gehen!
Wir nahmen unsere Koffer auf. Hinter uns verließ der Zug die Halle.

Musikakzent

Im Freien. Ein Zug fährt an und verläßt die Station

DER ERSTE Er ist nicht gekommen – –

Der Zug entfernt sich. Pfiff

Musikakzent

DER ZWEITE Halb drei. Es wird schon hell.

Ja, der Weg ist zu Ende. Ich bin wieder zu Hause. Nebenan schläft Irene. Wir sind zusammen umgekehrt. Wäre es aus Feigheit geschehen, so gäbe es wohl das Glück nicht, das uns jetzt wärmt.

Wir haben verloren und wir haben gewonnen. Aber die Verluste waren vermeidbar, und gewonnen hätten wir wohl auch so. Ich kann keinen Sinn entdecken in allem, was geschehen ist.

DER ERSTE Nicht gekommen – –

DER ZWEITE Mach's gut, Pitt!

DER ERSTE Warum bist du nicht gekommen?

DER ZWEITE Ich weiß nicht, wie du mit jener Minute fertig wirst, die ich auf dem Bahnhof erlebt habe. Auf alle Fälle kommt sie – du magst dagegenstemmen, was du willst: neuen Erfolg, Geld, andere Freunde – sie läßt sich nicht beiseiteschieben. Denn du weißt es besser.

DER ERSTE Zehn Jahre –

DER ZWEITE Mach's gut!

DER ERSTE Wenn ich's ausstreichen könnte –

DER ZWEITE Ich werde nächstens zu Keßler gehen. Doktor, werde ich sagen, eines Sonntags im Juni riefen Sie bei mir an. Sie fragten, ob ich Ihren Bleistiftspitzer eingesteckt habe. Erinnern Sie sich? Sie arbeiteten, nicht wahr? Und ich – ich war im Begriff zu verreisen. Ein paar Minuten, bevor der Zug abfuhr, ist mir eine Menge eingefallen – auch das: Vor zwei Jahren feierten Sie Ihren achtundfünfzigsten Geburtstag im Kombinat in Braila. Blumen in der Baracke, ein paar Flaschen Wein, Früchte, Gebäck. Am Tisch saßen Ihre Kollegen: Ingenieure aus Ungarn, Rumänien, der Tschechoslowakei – und wir beiden Jungen, Pitt und ich. Da sagte ein Tscheche zu mir: Deutscher Doktor – sehr gut! Und da waren wir beide mächtig stolz auf Sie!

Ja, das war's, was ich Ihnen sagen wollte. Ich hatte das nämlich beinahe vergessen. – –

Musikakzent

HANS-JÖRG DOST

SIEBEN GESPRÄCHE UM TRINKGELD

[1966]

Personen:

WILHELM BÜRG
WERNER BÜRG
DER SEHR ALTE STUDIENRAT
DER PFARRER
PAPPKE
HOLTEI
EIN HANDELSREISENDER
SPRECHER

DAS ERSTE GESPRÄCH

WERNER Gerade war ich beim Holtei drüben und hab ihm die Meldung gemacht. Der will gleich rausfahren. Und zu dir bin ich auch rein. Ich dacht, es wär ganz gut, wenn du's weißt, weil du ja morgen wieder draußen bist, den restlichen die Haare zu schneiden.

BÜRG Und du bist selbst mit dabeigewesen, wie sie die Lebensmittel gefunden haben?

WERNER Ich hab sie mit gefunden. – Onkel Willi, vergiß das Rasiern nicht.

BÜRG Da hat ins Judenlager einer was zu essen reingeschmuggelt.

WERNER Einer, sagst du?

BÜRG Wer weiß es.

WERNER Du hörst viel in deinem Laden, ob du wohl ein bißchen aufpassen könntest...? Aber – es wird sich wohl niemand selber verraten.

BÜRG So viel hör ich nicht mehr. Die reden jetzt nicht mal mehr von ihren Söhnen, die im Krieg sind. Und übers Judenlager beim Holtei seiner Tischlerei spricht erst recht keiner.

WERNER Ein Ding ist's ja auch. Ich mach mit dem Sievert die Runde, kurz vor fünf, kurz vor Schluß. Da versteckt einer was im Bett. Sievert hin und zieht ihm die Decke weg, und was meinst du, was der in der Hand hält? – 'ne Plinse.

BÜRG Halt still, Werner, sonst könnt ich dich schneiden. – Kriegen wohl nicht viel zu essen, die da draußen? Ich mein, wenn's auch Juden sind – aber sie müssen doch arbeiten. Es wird einer mehr Bretter schneiden können, wenn er was im Leib hat. – So, Werner. Scharf nachwaschen.

WERNER Geht uns nichts an. Die SS hat uns die Anweisungen

gegeben. Morgen schicken die ja sowieso ihre Leute her. Wäre uns nur recht gewesen, wenn die paar Tage ohne Zwischenfall rumgegangen wären. – Vielleicht kriegen wir sogar noch Schererei mit der Gestapo.

BÜRG Die kommt auch?

WERNER Wenn sich's nicht schnell aufklärt. Holtei will mit der Weitermeldung erst mal warten. Die Gestapo wird die ganze Stadt umstülpen, bis sie den gefunden hat, der's reingebracht hat. – Und uns werden sie schön knebeln.

BÜRG Und die im Lager auch.

WERNER Die solln sie am besten gleich wieder zurückschicken nach Böhmen.

BÜRG Da wärn sie gerade zehn Tage dagewesen.

WERNER Hast recht. – Du bist die Stadtchronik selber. Die Gestapo sollte mit dir zusammenarbeiten.

BÜRG Es ist Tantes achter Sterbetag gewesen, wie sie zur Tischlerei rausgezogen sind.

WERNER Acht Jahre ist's nun schon her.

BÜRG Wir hatten damals den Damensalon kaufen wolln in der Oberstadt. – Na ja, 's ist wohl so besser gewesen für sie.

WERNER Den Damensalon vergißt du nie. Hast nicht genug zu tun mit den »Herren«? – Hier hast zwei Mark heute, trink einen im »Rappen«. Schluck's runter.

BÜRG Behalt's. Hast nie bezahlt.

WERNER Trinkgeld ist Trinkgeld, Onkel Willi. – Wer andern gibt, wird auch was kriegen. Das hat der große Jud selber gesagt. – Und wir werden heut den kriegen, der die Plinsen ins Lager gebracht hat. – Heil Hitler, Onkel Willi.

BÜRG Heil Hitler, Werner.

DAS ZWEITE GESPRÄCH

BÜRG Ich versteh's nicht, Herr Studienrat, wieso Sie sich immer einen Igel schneiden lassen, wo Sie doch ein volles Haar haben, um das Sie jeder beneiden könnt.

STUDIENRAT Jeder hat seinen Tick, Bürg. – Jung und sportlich muß sie eben sein, die Frisur. – Glauben sie es, wenn man etwas hat, das man stets wieder aufs neue verjüngen kann, bleibt man tatsächlich selbst jung. Es ist mit der Frisur wie mit dem Geist.

BÜRG Es könnt Leute geben, die einen starken Haarwuchs haben und kurzgeschnitten gehn, und sie wollen's am End gar nicht.

STUDIENRAT Wen meinen Sie denn, Bürg?

BÜRG Die draußen im Lager, zum Beispiel.

STUDIENRAT Wo?

BÜRG Die Juden.

STUDIENRAT *schweigt*

BÜRG Es ist mit den ihren Haaren wie mit dem Essen. Sie könnten mehr davon haben.

STUDIENRAT *schweigt. Dann belustigt* Sogar die Römer haben kurzes Haar getragen, obwohl sie ganz sicher einen prächtigen Schopf hätten haben können. Man erkennt auch an der Art, wie man kurzes Haar trägt, die Charaktere: Man denke an Cäsar. Man denke an Nero.

BÜRG Ihnen steht's ja gut. Da wird keiner was anders sagen können. – Ich denk noch dran, wie wir nach dem Matur mit Ihnen durchs Bayrische gewandert sind. Alle haben wir uns die Haare kurzschneiden lassen müssen. Es war eine schöne Zeit.

STUDIENRAT Wir haben davon alle was fürs Leben mitgenommen. Und Spaß haben wir auch miteinander gehabt. – Bürg, daß Sie dann Beiers Marie geheiratet haben, verzeihe ich Ihnen nie. Junge, Sie hätten das Abitur machen und studieren können!

BÜRG Die Marie ist auf die kurzen Haare geflogen.

STUDIENRAT Und Sie auf die langen! *Er prustet*

BÜRG Daß ich die Marie dann auf dem Abiturball hab schaufrisieren müssen, war Ihr Einfall, Herr Studienrat. – Sie, der Nestor des Schaufrisierens in unserer Stadt!

STUDIENRAT *unter sich ständig steigerndem Prusten* Und dabei waren Sie, Bürg, völlig blau damals! – Das vergeß' ich nie!

BÜRG Neunzig Pfennig, Herr Studienrat, krieg ich.

STUDIENRAT Einsfünfzig! Bürg, einsfünzig! – Nein, Bürg, das vergeß' ich nie!

DAS DRITTE GESPRÄCH

BÜRG ... ja, Herr Pfarrer, wo heut so viele aus der Kirche ausgetreten sind, möcht man nicht in der Haut eines Pfarrers stecken. – Es trifft einen auch, wenn man nicht direkt was mit dem geistlichen Amt zu tun hat. Das sag ich. – Die Seiten gerade?

PFARRER Wie immer. – Bürg, wir sollten wieder du zueinander sagen, wie früher auf der Penne. Es ist jetzt eine Zeit, in der es für den Pfarrer gut ist, geduzt zu werden.

BÜRG *schweigt*

PFARRER Es muß dir doch aufgefallen sein...

BÜRG Heutzutage fällt einem am besten gar nichts auf, sonst könnt man am Ende selbst auffallen. – Man steht auf einem Posten, von dem aus man sicher manches wird sehn können. Man hat aber auch einen Posten, wenn ich's mal so sagen soll. Und den möcht man nicht verlieren. Kein Mensch wird das so gut wissen wie – wie du als Pfarrer. Von sächsischen Pfarrern hab ich sagen hörn...

PFARRER Bürg!

BÜRG Was gefällt?

PFARRER Wie spät war es heute, als ich zu dir in den Laden kam?

BÜRG Vor einer Viertelstunde bist du gekommen. Gleich nach drei.

PFARRER Und wann war es sonst?

BÜRG Ich möcht sagen, es war immer am Abend. Wenn's bei mir voll ist.

PFARRER Waren meine Haare heute so lang, daß ich deswegen zu dir hätte kommen müssen?

BÜRG 's war erst vor einer Woch gewesen...

PFARRER Das muß dir doch aufgefallen sein!

BÜRG Aufgefallen ist's mir schon. Aber hab ich nicht gerad gesagt...

PFARRER Was du gesagt hast, hab ich gehört. – Ich bin gekommen, um mit dir zu reden.

BÜRG Du hast dich auch sonst mit mir unterhalten. Am Abend.

PFARRER Es hat einer Lebensmittel ins Judenlager gebracht.

BÜRG Da kommst du zu mir?

PFARRER Du warst mit einer Jüdin verheiratet. Mit dir muß ich darüber reden können.

BÜRG Wir möchten mit dem Haarschneiden fortfahren.

PFARRER Wir möchten miteinander reden.

BÜRG Red!

PFARRER Ich kenn dich, Bürg. Du bist einer, der alles verfolgt und sich was dabei denkt. – Du weißt: Sie haben mir vor zwei Jahren aus meiner Gemeinde zwei Juden weggeholt. Und jetzt, wo hier jeder sieht, wie sie im Lager gehalten werden, kommen die Angehörigen, die doch keine Juden sind, zu mir und fragen und klagen. – Deine Frau ist gestorben.

BÜRG Die Marie ist, gerad wie sie bei ihrer Schwester in Eger war, gestorben. Und die hat sie dort behalten wolln. – Sie könnt gut mit oben im Lager sein.

PFARRER *schweigt*

BÜRG Es wird auch geredet, sie würden die Juden vergasen. – Das möcht sein, daß sie was erfinden, was die Juden schnell wegbringt.

PFARRER Bürg, lebt deine Frau noch?

BÜRG Sie ist vor acht Jahren verstorben. In Eger drüben. – Trocken lassen oder anfeuchten?

PFARRER Es quält mich, daß ich gedacht habe, ich könnte nichts dagegen tun, und nun sehe, wie einer den Juden Essen bringt.

BÜRG Du kannst beten für sie. Ich tu's auch. – *Höflich* Ich wünsch keine politischen Gespräche in meinem Laden. – So. Fertig sind wir. Bitte, in den Spiegel hineinzuschaun. Wenn's gefällt ...

PFARRER Die Nazis sind in der Lage, aus allen Verbrechern zu machen. Auch aus uns.

Beide schweigen

BÜRG Ich sag Ihnen, der Satz reicht aus, daß man Sie festnehmen könnte. – Auch wenn's nur einen Zeugen gibt. Man glaubt einem Friseur eher als einem Pfarrer. – Zwanzig Mark bekomm ich, Herr Pfarrer.

PFARRER Zwan – zig ...?

BÜRG Zwanzig Mark, hab ich gesagt. Sonst könnten Sie am Ende auch vergast werden, Herr Pfarrer.

DAS VIERTE GESPRÄCH

BÜRG Geträumt hast von mir, Pappke?!

PAPPKE Es ist verrückt, Wilhelm, weißt du. Ich hab's schon oft geträumt. Und jedesmal genau wieder so. Es ist, wie wenn ich tatsächlich bei dir hier auf dem Stuhl sitz, wie jetzt. Du seifst ein, und ich seh alles genau an dir. Die geplatzte Ader im rechten Auge, die großen Poren über der Oberlippe und alles so. Und wenn du dann das Messer nimmst und mit der linken Hand mir übers Gesicht faßt, damit du die Haut spannen kannst, dann erschreck ich jedesmal. Vielleicht mehr innerlich. – Seit meiner Verwundung neunzehnhundertneununddreißig bin ich ein innerlicher Mensch, Wilhelm.
Und dabei denk ich, du würd'st mich schneiden wolln. Und dann seh ich bloß das Messer noch, obwohl ich's natürlich gar nich sehen könnt. Und die geplatzte Ader dazu. – Ich denk, es kann nichts Gutes bedeuten, wenn ich's träum.

BÜRG Hör auf, Pappke! Hör auf! – Du könnt'st am End einen

Koller kriegen, wenn du dich jedesmal hineinsimulierst. Man könnt ja als Friseur selber die Angst kriegen, wenn man dir zuhört.

PAPPKE Sei ehrlich, gib's zu! Du denkst in so einem Augenblick selber an so was. Wenn ich dich so seh, denk ich, du wärst imstand, was zu tun, das dir keiner zutraun würd. – Ich hab den Pfarrer bei dir rauskommen sehn, der hat nicht gerade gelacht. War was? – Er ist heut nachmittags bei dir gewesen.

BÜRG 's ist mir auch aufgefallen. Ich hab bei mir gedacht, was mit ihm sein könnt. Rauszukriegen war nichts.

PAPPKE Im »Rappen« haben sie gestritten, der Kunze-Heinz und der SA-Schmidt, der – wie's heißt – bloß der Uniform wegen und damit er nicht in den Krieg muß, in die SA eingetreten sein soll. Eine Schweinerei wär's, daß es im Julag keine Lebensmittel gäb.

BÜRG Da müssen die ganz schön besoffen gewesen sein.

PAPPKE Im Suff hat schon mancher was gesagt. – Wenn sie mich im Suff aushorchen wollten, aus mir würden sie nichts herausbekommen. Nicht so viel! – Ich hab ja meinen Verdacht, wer's war.

BÜRG Hast was rausgekriegt? Wer soll's denn gewesen sein?

PAPPKE Ich verrat nix. – Ich möcht nicht, daß durch mich einer Unannehmlichkeiten hätt. – Das ist Sache der Behörde. – Also, Wilhelm, ich weiß nichts. Verstehst?!

BÜRG Pappke, dir merk ich's an. Du weißt was.

PAPPKE Also – der Pfarrer war's nicht. Der redt zuviel. *Lacht*

BÜRG Täusch nicht mit einem, der's sowieso nicht gewesen sein kann. – Du weißt was?

PAPPKE Ich denk, du wüßt's auch schon?

BÜRG Na ja, jeder macht sich seine Gedanken drüber. Was da geschehn ist, passiert ja auch nicht alle Tage.
Geräusch: Aufziehen eines Kastens
Pappke, was hab ich hier in der Hand?

PAPPKE 'ne Faltschachtel. – Mit was drin?

BÜRG Mit was drin. *Er öffnet die Schachtel*

PAPPKE Ein Haarwasser?

BÜRG Rasierwasser.

PAPPKE Was Besondres?

BÜRG Französisches Rasierwasser. – Schwarz von der Wehrmacht gekauft. – Für dich.

PAPPKE Du bist nicht gescheit!

BÜRG Du glaubst's nicht?

PAPPKE Für mich ... Wilhelm!

BÜRG Schtscht. 's könnt einer hörn. – Ich weiß schon, was ich wem schuldig bin.

PAPPKE Französisch, sagst du?

BÜRG Der Feldwebel hat mir's geschworen. – Aber schweigst wie ein Grab?

PAPPKE Ehrensache.

BÜRG Sieht in der Militärverpackung ganz unscheinbar aus. Aber riech mal.

PAPPKE Mmm. – Und was kost's?

BÜRG 'ne Kleinigkeit hat's auch mich gekostet.

PAPPKE *Geräusch von Geldscheinen:* So?

BÜRG Ist schon recht. Besten Dank, Pappke. – Und steck's weg, sonst möcht man uns für Schieber halten. Und träum mir nicht mehr solches verrücktes Zeug!

PAPPKE Keinen Menschen laß ich was sehn. – Und das mit dem Traum, ich hab's nicht so gemeint. Es überkommt mich eben.

BÜRG Gehst zum »Rappen«?

PAPPKE 'n Bier trinken.

BÜRG Und mich interessiert's schon auch, wenn du was erfährst über die Sache mit 'm Lager. – *Lacht* Du wirst's doch eher als die Gestapo wissen!

PAPPKE Übertreib nicht, Willi. Vielen Dank fürs Französische Wasser. – Heil!

BÜRG Heil, Pappke.

DAS FÜNFTE GESPRÄCH

HOLTEI Und ich sag, Bürg, eine Platte zu machen, ist eine Kunst. Wir Holteis zeigen's in unsrer Tischlerei, daß wir's können. Du in deinem Barbierladen.

BÜRG Es ist keine Kunst, Holtei, sag ich, wenn man einem eine Platte macht, dem sie steht.

HOLTEI Meine gehen jetzt sogar ins Ausland. Zu den Verbündeten. Und die Platte, die du mir machst, sieht man nicht mal, weil ich die Mütze aufhab.

BÜRG Sie steckt unter einer Mütze, die nicht jeder aufhat.

HOLTEI *schweigt*

BÜRG *behutsam* Da sind nun welche eingesperrt, weil sie von den andern abgeschnitten sein sollen, und da kommt einer und bringt Lebensmittel hinein in ihr Lager. Holtei, es ist ungesetzlich.

HOLTEI Du hast recht. – Und wer's getan hat, den soll die ganze Schwere des Gesetzes treffen.

BÜRG Sie muß ihn treffen, wenn er erwischt wird.

HOLTEI Es ist so schnell in der Stadt rumgewesen. Unterwegs haben mich ein paar deswegen angehalten. – Ich hab vorhin jemanden zur Gestapo geschickt, eh's aus der Stadt einer meldet. – Die werden ihn schon erwischen. Wenn auch vielleicht nicht heute und morgen. Einmal aber haben sie ihn. Die lassen nichts aus den Augen, was verdächtig ist.

BÜRG Daß ausgerechnet dir in deinem Lager so was passieren muß. Da kann einer sagen, was er will, es wirft ein schlechtes Licht auf einen, wenn man Ortsgruppenleiter ist. Wir kennen dich, Holtei. Aber die Gestapo kann sich nur auf ihre Fakten verlassen.

HOLTEI Viel redst du ja in deinem Laden. Das macht dein Beruf. Aber du bist einer, der nichts weitersagt. Deswegen haben wir dich ja auch im Lager zum Haarschneiden genommen. – Mit dir kann man mal reden.

BÜRG Holtei, schweig still! Es ist nie gut, wenn man was mitweiß. – Es sollt einem nie vertraut werden.

HOLTEI Wilhelm! Am Arsch haben sie mich. – Die werden merken, daß ich's zu spät gemeldet hab. Wo wir erst gedacht haben, wir könnten's unter uns ausmachen. – Und dann wissen die, daß ich zu loyal bin. Und das werden sie mir obendrein vorhalten.

BÜRG Und daß du mal in der SPD warst – das können sie dir eigentlich nicht mehr ankreiden. Wo ich selber fast eingetreten wär.

HOLTEI Du hast keine Ahnung. Da war mal einer bei mir, ein Hoher von der Partei. Der hat mir schon gedroht, daß ich mich ja bewähren soll. – Und das hab ich nicht. Rumhorchen und spitzeln, Wilhelm, ich kann's nicht.

BÜRG Du bist ein Ehrlicher.

HOLTEI Ich bin Nationalsozialist. Ich bin für die gute Sache, weil ich ehrlich bin.

BÜRG Und nun werden sie's dir schwer machen. – Holtei, es gibt Härten, die man über sich weggehen lassen muß.

HOLTEI Versetzen werden sie mich. Die haben schon an der Front 'ne geeignete Verwendung für mich.

BÜRG Du wirst dich eben woanders bewähren müssen.

HOLTEI Ihr habt gut reden. Euch trifft's nicht.

BÜRG Den, der's war, trifft's schon.

HOLTEI Ich wollt, ich hätt ihn längst. –

BÜRG Was würden sie mit ihm machen, wenn sie ihn kriegen?

HOLTEI Die werden ein Exempel statuieren wolln. Und wenn sie ihn nicht gleich kriegen, wird einfach ein anderer verdächtigt. – Bürg, du hast recht. Ich red zuviel. Hätt lieber nichts sagen solln.

BÜRG Freilich hab ich recht gehabt. – Wenn sie mich mal irgendwie fragen sollten – und Methoden haben sie –, ich wüßt nicht, ob ich schweigen könnt. – Gern würd ich's nicht sagen, Holtei. – So, die Platte ist fertig.

HOLTEI Was kriegst du?

BÜRG Fünfzig. Wie immer. – Und verlaß dich drauf, wenn ich was hör...

HOLTEI Du würdest mir was sagen?

BÜRG Ich helf dir gern. Wenn's nur irgendwie geht.

HOLTEI Da, hast fünf Mark.

DAS SECHSTE GESPRÄCH

BÜRG Sie sind nicht von hier, Herr...

REISENDER Ich bin geschäftlich unterwegs.

BÜRG Geschäftlich. Das möcht sein. – Ob geschäftlich oder nicht, ich selber bin nie gern unterwegs. Es ist immer irgendwie unangenehm.

REISENDER Ich bin Handelsreisender.

BÜRG Handelsreisender? – Ich hätt mir's denken können. Wer sollt heutzutage auch unterwegs sein. – Was vertreten Sie denn?

REISENDER In Strümpfen. – Rarer Artikel.

BÜRG Ich kannt einen Handelsreisenden in Strümpfen, aus Chemnitz war er, das war ein lustiger Herr. Ich hab ihn lang nicht mehr gesehn. Mitunter ist man ja ganz froh, wenn man wen nicht sieht, Herr. Aber so ist's: Einen, den man gern säh, den sieht man nicht wieder. – Sie sind doch nicht etwa auch aus der Chemnitzer Gegend? Sie haben auch so die Art...

REISENDER Sie haben recht, Meister. – Aber eins muß ich sagen, die Leute sind bei uns gesprächiger, wenn sie beim Friseur sitzen, als Ihre Kunden. Das könnte mir daheim nicht passieren, daß abends halb sechs drei Leute im Frisiersalon sitzen und keiner sagt auch nur ein Wort.

BÜRG Die sind sonst nicht so. Aber ein fremder Herr, das beeindruckt. – Ich sagt Ihnen schon, er war ein lustiger Herr, Ihr Kollege, wenn ich ihn so nennen soll. Er vertrat auch in

Strümpfen. Das sagt ich wohl auch schon. – Ein Witzbold sondergleichen! – Sie sind ein wenig von der ruhigeren Art. Nicht, daß mir die Ruhigeren nicht gleich lieb wären, verstehen Sie mich recht. Aber Ihr Herr Kollege – vielleicht kennen Sie ihn sogar? Sie müßten ihn eigentlich kennen. Wo Sie in derselben Branche vertreten! – Überlegen Sie mal: So groß wie Sie vielleicht und blond. Einen Schnurrbart, nur über der Oberlippe. Und sein Lachen, Herr, sein Lachen! – Sie erkennen ihn nicht?

REISENDER Ich bin mir nicht sicher, wen Sie meinen könnten. – Die Herren in Ihrem Salon sind so bedrückt. Im Vertrauen, Meister, ich hab gehört, hier im Ort wär ein Lager mit Juden, und da soll einer . . .

BÜRG Also, erzählt wird's auch bei uns, Herr. Aber man dächt, die Geheime Staatspolizei möcht gekommen sein, wenn was wahr wär. Denn die müßt ja kommen, um so einen Fall, den man nicht dulden dürft, aufzuklärn. – Es gibt Leut, Herr, die haben ein Interesse, solche Gerücht aufzubringen. – Um unserer Volksgemeinschaft zu schaden.

REISENDER Ich glaube Ihnen das nicht. Wer sollte daran schon interessiert sein?

BÜRG Das möcht ich selber wissen. Denn das sind die Gefährlichen.

REISENDER Man sollte aber annehmen, daß etwas Wahres dran ist an den Gerüchten. – Vielleicht nur, daß die Juden tatsächlich Hunger leiden.

BÜRG Reden Sie laut, Herr. Ich möcht nicht, daß die Kunden denken, es wär einer im Laden, der etwas vorhätt, was ein zweiter nicht wissen dürft. – Und auf Gerüchte geb ich nichts. Außer, daß sie schädlich sind. – Da kommen Sie ja als Handelsreisender viel rum?

REISENDER Man lernt die nähere und die weitere Umgebung ein wenig kennen. Man bekommt Kontakte mit der Bevölkerung.

BÜRG So, würden Sie die Freundlichkeit haben, in den Spiegel hineinzuschauen. So. Bittschön! – Schade, daß wir schon fertig sind, wo wir gerade miteinander ins Gespräch gekommen sind. – Aber sicher sehn wir uns mal wieder. – Ist's so recht? – Chemnitz liegt doch nicht aus der Welt. – Apropos Chemnitz. Ihr Herr Kollege sang immer so ein herrliches Lied . . . Na, wie ging es nur . . .

REISENDER Eines über den Herrn Reichsfeldmarschall, ein politisches . . .?

BÜRG Nein, nein. Es war viel eher ein – schwei-ni-sches!

Die anderen drei lachen – erlöst – ein wenig

BÜRG Und großzügig war der Herr aus Chemnitz immer, das kann man nicht anders sagen. Ich habe mit vielen Friseuren gesprochen. Ein solches Trinkgeld hat nie einer gegeben. – Und dabei ist man doch zu jedem nett, nicht wahr?! – Oh! Vielen Dank, der Herr!

DAS SIEBTE GESPRÄCH

BÜRG *bäckt auf dem Herd. Es klingelt an der Wohnungstür. Er geht hinaus und öffnet* Werner.

WERNER Onkel Willi, du mußt mir noch schnell die Haare schneiden.

BÜRG Jetzt? 'n Abend erst mal. Was ist denn mit dir?

WERNER Die Gestapo ist da. Sie sind aufgebracht, daß wir noch niemand gekriegt haben. Natürlich ist die SA an allem schuld. Ende vom Lied ist, daß wir untauglich sind, in der Heimat Dienst zu tun. Heut nacht noch geht's ab. Wir sind der Wehrmacht unterstellt worden.

BÜRG Da mußt du nun nicht mehr die Juden überwachen.

WERNER Wenn's nur das wär. *Schnuppert* Wonach riecht das hier so?

BÜRG Ich backe.

WERNER Du bäckst? Was denn?

BÜRG Plinsen. – Hast du Hunger, kannst eine essen.

WERNER Plinsen?

BÜRG Ja. Willst eine?

WERNER Mir ist jeder Hunger vergangen. Komm, Onkel Willi, schnell Haarschneiden. Ich muß sofort wieder weg. Die wolln sich heut abend noch mit mir unterhalten.

BÜRG *macht sich plötzlich wieder am Herd zu schaffen* Es ist schon lang nach Ladenschluß. Weißt du das?

WERNER Ja, aber –

BÜRG Ich bin beschäftigt. Das siehst du doch.

WERNER Wozu ist es denn jetzt so wichtig, daß du bäckst?

BÜRG Ich hab jetzt Feierabend.

WERNER Ist es denn nicht möglich, daß du die Dinger noch eine Viertelstunde warten läßt.

BÜRG Da wird mir der Brei steif werden.

WERNER Ich glaube fast, du willst nicht.

BÜRG *plötzlich* Nach Hause geschickt haben sie euch. – War

von mir die Rede? Daß ich draußen Haarschneiden war?

WERNER Die haben das Buch geprüft, wer raus- und reingegangen ist. Gesagt haben sie nichts. – Das ist sowieso vorbei, daß die einen aus der Stadt zum Haarschneiden reinlassen.

BÜRG Bist du sicher?

WERNER Die werden dir's schon noch rechtzeitig selbst sagen.

BÜRG Schade. Wo ich heut von dir so ein feines Trinkgeld gekriegt hätt.

WERNER Was hättst du?

BÜRG Schon gut. – Geh runter in den Laden, ich wasch mir bloß noch die Hände. Die Plinsen – die pack ich dir ein. *Für sich* Brauch sie ja jetzt nicht mehr...

SPRECHER In der darauffolgenden Nacht ist der Friseur Wilhelm Bürg verhaftet worden. Gestanden hat er sofort. Nach den Motiven seiner Tat befragt, hat er eine Antwort gegeben, die niemand hat begreifen können: Die Plinsen hätten von seinen Kunden bezahlt sein müssen, damit bis zum Jüngsten Gericht schon ein kleiner Teil ihrer Schuld gesühnt wäre.

STEPHAN HERMLIN

SCARDANELLI
[1970]

Personen:

WAIBLINGER
ZIMMER
HÖLDERLIN
BETTINA VON ARNIM
LOUISE NAST
HERZOG VON WÜRTTEMBERG
SCHILLER
GOETHE
HENRY GONTARD
SUZETTE GONTARD
GENERAL JOURDAN
NEUFFER
SINCLAIR
BLANKENSTEIN
KURFÜRST VON WÜRTTEMBERG
LANDGRÄFIN VON HOMBURG
DIE GOCKIN
CARL GOCK
ANDERE STIMMEN

1

Flußrauschen. Entferntes Wagenknarren. Sich nähernde Schritte

STIMME 1 Also dort oben?

Ein Fenster schlägt

WAIBLINGER Eben da.

STIMME 1 Ein hübscher Platz, neben der Weide.

STIMME 2 Doch weicht mir aus treuem Sinn auch da mein Neckar nicht mit seinen lieblichen Wiesen und Uferweiden...

STIMME 1 Der Blick geht auf Pindos und Helikon.

STIMME 2 Das Haus?

WAIBLINGER Gehört dem Tischlermeister Zimmer. Wohlhabender Mann. Übrigens gebildet, liest die zeitgenössischen Philosophen und Dichter.

STIMME 1 Hier also. Und wie lange schon?

WAIBLINGER An die zwanzig Jahre.

STIMME 2 Und so weiter. In diesem Turm neben dem Landeplatz der Stocherkähne, hart unter dem Stift, in dem er mit Hegel und Schelling seine Studien trieb.
Weiß er es?

WAIBLINGER Wer weiß, ob er's weiß.

STIMME 1 Hier also. Und wie geht das zu?

Wagenknarren näher. Ein Hahn kräht

WAIBLINGER Sein Tag ist äußerst einfach. Gerade im Sommer, wo er überhaupt viel unruhiger und gequälter ist, steht er sehr früh auf, wenn er nicht schon nachts durchs Haus hin und her geschlichen ist, vor oder mit der Sonne. Er geht sofort hinaus, um im Zwinger zu spazieren.

STIMME 2 Zwinger: das Gärtchen zwischen Mauer und Haus.

WAIBLINGER Der Spaziergang währt vier oder fünf Stunden. Er wird müde. Gern unterhält er sich damit, daß er sein Schnupftuch nimmt und auf die Zaunpfähle schlägt oder das Gras ausrauft und aus Gras und Blumen Kränze bindet. Was er findet, ein Stück Eisen oder Leder, das steckt er ein und nimmt es mit. Die ganze Zeit spricht er mit sich selbst, fragt sich und antwortet sich, bald mit ja, bald mit nein, häufig mit beidem. Er verneint gerne...

ZIMMER Gestern bin ich mit ihm ausgegangen, er ist, seitdem mein Vater seine Zwetschen heruntergetan hat, nicht mehr aus dem Haus gekommen, damals war er auch mit draußen und lachte recht, wenn man schüttelte und die Zwetschen ihm auf den Kopf fielen. Im Heimgehen begegnete uns Professor Conz und nannte ihn Herr Magister. Drei Tage nachher brach er aus und sagte in der Heftigkeit: Ich bin kein Magister, ich bin fürstlicher Biebledekarius. Jetzt ist er aber wieder ganz ruhig.

WAIBLINGER Vor seinem Zimmer hört man innen reden, man glaubt, er habe Besuch. Der Tischler sagt aber:

ZIMMER Gehen Sie nur hinein. Der redet bloß mit sich selber, Tag und Nacht.

Eine Tür öffnet sich

WAIBLINGER *halblaut berichtend, mit Pausen* Hagere Gestalt. Unaufhörliche Komplimente. Seine Manieren wären eigentlich anmutig, wenn sie nicht so krampfhaft wären. Die Stirn ist hoch, schwer von Gedanken. Der Blick freundlich, aber erloschen. Die zerstörenden Spuren der Krankheit: Da, in den Wangen, an der Nase, über dem Auge. Konvulsionen. *Laut* Herr Bibliothekar...

HÖLDERIN Geruhen Eure Heiligkeit doch, näher zu treten.
Eure Majestät...
Herr Baron...
Hochwürdiger Herr...

WAIBLINGER Herr Bibliothekar Hölderlin...

HÖLDERLIN Ich bin nicht mehr von demselben Namen.

WAIBLINGER Es kommen übrigens viele Leute zu ihm. Schaudernde Neugier. Neugierige Schauder. Lange halten sie es bei ihm nicht aus, er langweilt sie bald. Er empfängt Besucher stets höflich, aber sehr ungern.

STIMME 2 Herr Bibliothekar, ich würde mich glücklich schätzen, wenn Sie mir ein paar Strophen zum Andenken niederschreiben wollten.

HÖLDERLIN Wie Eure Heiligkeit befehlen. Soll ich über Griechenland, Frühling, Zeitgeist?

STIMME 1 *flüsternd* Zeitgeist!

STIMME 2 Zeitgeist, wenn ich bitten darf.

HÖLDERLIN Sofort. *Geräusch des Schreibens, Hölderlin mitskandierend*
Die Menschen finden sich in dieser Welt zum Leben,
Wie Jahre sind, wie Zeiten höher streben,
So wie der Wechsel ist, ist übrig vieles Wahre,
Daß Dauer kommt in die verschiednen Jahre;
Vollkommenheit vereint sich so in diesem Leben,
Daß diesem sich bequemt der Menschen edles Streben.
24. Mai 1748. Mit Untertänigkeit. Scardanelli. *Die Tür schließt sich*

BETTINA Die Gedichte, die mir Sinclair von ihm vorlas, ach, was ist die Sprache für ein heilig Wesen. Er war mit ihr verbündet. Sinclair gab mir den Ödipus, den Hölderlin aus dem Griechischen übersetzt hat, er sagte, man könne ihn so wenig verstehen oder wolle ihn so übel verstehen, daß man die Sprache für Spuren von Verrücktheit erklärt, so wenig verstehen die Deutschen, was ihre Sprache Herrliches hat.

HÖLDERLIN Weh! Weh! Weh! Weh!
Ach! wohin auf Erden?
Io! Dämon! wo reißest du hin?
Gelächter

STIMME 3 *kichernd:* Hölderlin, immer halbverrückt, zackert auch am Pindar.

HÖLDERLIN Io! Nachtwolke mein! Du furchtbare,
Umwogend, unbezähmt, unüberwältigt!
O mir! Wie fährt in mich
Mit diesen Stacheln
Ein Treiben der Übel!
Pfiffe

STIMME 4 Griechisch kann er auch nicht.

HÖLDERLIN Wirf aus dem Lande mich, so schnell du kannst, wo ich mit Menschen ins Gespräch nicht komme.

WAIBLINGER Ich wollte ihm Bücher geben und dachte, den Homer werde er doch lesen. Ich bracht ihm eine Übersetzung, aber er nahm sie nicht an. Er hat Furcht davor, sich zu beunruhigen.

STIMME 2 Was liest er?

WAIBLINGER Klopstock, Gleim, Cronegk.

STIMME 1 Eigenes?

WAIBLINGER Oft laut im Hyperion. Nichts anderes.

STIMME 1 In den Gedichten?

WAIBLINGER Niemals.

HÖLDERLIN So kam ich unter die Deutschen.

WAIBLINGER Gute Nachricht, Herr Bibliothekar: Man hat den Hyperion wieder aufgelegt.

HÖLDERLIN Sie sind sehr gnädig, Herr von Waiblinger.

WAIBLINGER Ich sagte ihm unzählige Male, daß sein Hyperion wieder neu gedruckt worden sei, daß Uhland und Schwab seine Gedichte sammeln. Nie gab er eine andere Antwort.

STIMME 1 Immerhin liest er im Hyperion.

HÖLDERLIN *rezitierend* So kam ich unter die Deutschen. Ich forderte nicht viel und war gefaßt *unterbricht sich* sehen Sie, Majestät, ein Komma... *fährt fort* und war gefaßt, noch weniger zu finden.

STIMME 5 *meckernd* Offenbar ein obskurer Studiosus, dem man wohlmeinend raten muß, das Talent, das der junge Mensch vielleicht besitzt, besser anzuwenden als einen schlechten Roman zu schreiben.

WAIBLINGER Einmal...

Das Fenster schlägt. Jemand beginnt auf einem beschädigten Cembalo die ›Tendres longueurs‹ von Philipp Emanuel Bach und fällt nach einigen Takten in unendliche Wiederholungen des letzten Taktes

WAIBLINGER Einmal hatte ich ihm gesagt, daß auf den Abend Konzert sei. Ich wollte ihm diesen Genuß verschaffen. Aber man konnte es nicht wagen. Vielleicht hätte die Musik zu starken Eindruck auf ihn gemacht. Man mußte auch die Ungezogenheit der Studenten fürchten. Die Musik hat ihn doch nicht ganz verlassen. Er spielt noch richtig Klavier, aber höchst sonderbar.

Cembalo ausblenden

2

STIMME 6 Famulus, die Glocke!

Ein Glöckchen bimmelt

HÖLDERLIN *eilig* Der immerwährende Verdruß, die Einschränkung, die ungesunde Luft, die schlechte Kost. Soll ich einst sagen müssen: Meine Universitätsjahre verbitterten mir das Leben für immer?

Geläut endet

LOUISE NAST Einen herrlichen Traum hatte ich: Du standst oben, wo man ins Kloster geht, wirst es wohl noch wissen, ach vergangne Zeiten, wo ich dich so oft sah, strecktest deine Arme sehnend nach mir aus, Gott im Himmel, welcher Anblick, deine schwarze Kutte, alles wieder wie vorher...

STIMME 6 Herzogliche Durchlaucht...

HERZOG Die Gebrechen des Stifts?

STIMME 6 *schnell* Ekel vor dem soliden Studio, oberflächliche Kenntnisse, Journalengelehrsamkeit, Verachtung der Theologie, *langsamer, hervorhebend* Hang, mit heterodoxen Meinungen zu prahlen, *schnell* Erschlaffung und Trägheit, Hang zu Frivolität und Wohlleben, Geringschätzung der Gesetze, Unbotmäßigkeit, *langsamer, hervorhebend* falscher Freiheitssinn...

HÖLDERLIN Unmöglich ist's mir, mir widersinnige, zwecklose Gesetze aufdrängen zu lassen. Wir müssen dem Vaterland und der Welt ein Beispiel geben, daß wir nicht geschaffen sind, um mit uns nach Willkür spielen zu lassen.

STIMME 7 Unsere jungen Leute sind großenteils von dem Freiheitsschwindel angesteckt.

HÖLDERLIN *halblaut* Der Mißbrauch fürstlicher Gewalt wird schrecklich werden. Bete für die Franzosen, die Verfechter der menschlichen Rechte.

STIMME 6 *eilig flüsternd* Die Stipendiaten Hegel und Hölderlin sollen dabeigewesen sein, als man einen Freiheitsbaum aufstellte, übrigens auch der Stipendiat Schelling.

EINE STIMME *flüsternd* Bruder Neuffer, Bruder Hölderlin, Bruder Schelling...

DREI STIMMEN Bruder Hegel...

DIE STIMME Die Losung heißt:

ALLE VIER *leise* Vernunft, Freiheit und die unsichtbare Kirche.

STIMME 6 Ihre Herzogliche Durchlaucht erfahren, daß die Stimmung im Stift äußerst demokratisch sein soll.

HÖLDERLIN *schnell* Nun wird's bald sich entscheiden zwischen Frankreich und den Österreichern. Wir kriegen schlimme Zeit, wenn die Österreicher gewinnen.

STIMME 6 *beflissen* Wir sind alle gute württembergische Untertanen.

HERZOG Ruhe! Leider gibt es Beweise dafür, daß im Stift die

französische Anarchie und der Königsmord öffentlich verteidigt werden.

STIMME 7 Was einem nicht alles nachgesagt wird. Doch sehe ich die Gefahr, die gute Meinung des Publikums und vielleicht Eurer Herzoglichen Durchlaucht gnädigste Zufriedenheit zu verlieren.

HERZOG Also?

STIMME 6 *herunterrasselnd* Ein Wink von Eurer Herzoglichen Durchlaucht wird mit der ehrfurchtsvollsten Unterwürfigkeit befolgt werden, mit welcher ich bisher alle gnädigsten Befehle und Verordnungen befolgt zu haben mir bewußt bin.

3

STIMME 1 Wie ist das mit Schiller?

WAIBLINGER Erinnern Sie sich noch an Schiller, Herr Bibliothekar?

Schweigen

STIMME 1 Goethe hat er doch auch gekannt.

WAIBLINGER Denken Sie manchmal an Goethe?

HÖLDERLIN Ich kenne ihn nicht.

WAIBLINGER Aber Schiller, Herr Bibliothekar! Sie haben ihm, glaube ich, noch Ihren Sophokles geschickt.

HÖLDERLIN *nach einer Pause, sehr leise* Nein, ihm nicht...

STIMME 1 Interessant.

SCHILLER Ich rechne überhaupt auf Hölderlin, er ist sehr fleißig und an Talent fehlt es ihm nicht, einmal in der literarischen Welt etwas Rechtes zu werden.

HÖLDERLIN *fern*... wie die freundliche Heimat
Winkt es von oben herab, und auf die Gipfel der Alpen
Möcht ich wandern und rufen von da dem eilenden Adler,
Daß er, wie einst in die Arme des Zeus den seligen Knaben,
Aus der Gefangenschaft in des Äthers Halle mich trage.

GOETHE Den beiden mir überschickten Gedichten bin ich nicht ganz ungünstig. Beide Gedichte drücken ein sanftes, in Genügsamkeit sich auflösendes Streben aus.

SCHILLER Es freut mich, daß Sie meinem Freund und Schutzbefohlenen nicht ganz ungünstig sind. Er hat eine heftige Subjektivität. Sein Zustand ist gefährlich, da solchen Naturen so schwer beizukommen ist.

GOETHE Ehe man mehreres von dem Verfasser gesehen hätte, daß man wüßte, ob er noch andere Moyens hat, wüßte ich nicht, was ihm zu raten wäre. In beiden Gedichten sind gute

Ingredienzen zu einem Dichter, die aber allein keinen Dichter machen.

HÖLDERLIN Schiller, Verehrungswürdiger, warum muß ich so arm sein und so viel Interesse haben um den Reichtum eines Geistes? Würdigen Sie mich zuweilen eines aufmerksamen Blicks.

SCHILLER Das Tadelnswürdige an seiner Arbeit ist mir sehr lebhaft aufgefallen, aber ich wußte nicht recht, ob das Gute auch stichhalten würde, das ich darin zu bemerken glaubte. Aufrichtig, es ist nicht das erstemal, daß mich der Verfasser an mich mahnte.

HÖLDERLIN *leise* Don Carlos, für lange Zeit die Zauberwolke, in die gehüllt ich nicht zu früh das Kleinliche und Barbarische der Welt sah ...

GOETHE Ich will Ihnen nur auch gestehen, Schiller, lieber Freund, daß mir etwas von Ihrer Art und Weise aus den Gedichten entgegensprach, aber sie haben weder die Fülle noch die Stärke noch die Tiefe Ihrer Arbeiten.

HÖLDERLIN Herr Hofrat Schiller, ich war immer in Versuchung, Sie zu sehen, und sah Sie immer nur, um zu fühlen, daß ich Ihnen nichts sein konnte. *Pause, heftiger* Daß er das Gedicht an die Natur nicht aufnahm, daran hat er nicht Recht getan. Übrigens ist es ziemlich unbedeutend, ob ein Gedicht mehr oder weniger von uns in Schillers Almanach steht. Wir werden doch, was wir werden sollen. *Pause, leiser* Auf den Oktober werd ich wahrscheinlich eine Hofmeisterstelle beziehen. *Pause* Ich wollte Ihnen einmal wieder in meiner ganzen Bedürftigkeit erscheinen, wollte Sie um Ihre Meinung fragen über manches, was mich jetzt beschäftigt, und wollte ein paar freundliche Worte mir von Ihnen erbeuten, aber ich muß abbrechen. Wollen Sie die Güte haben, mich der Frau Hofrätin zu empfehlen? *Pause* Haben Sie mich aufgegeben? *Pause* Von Ihnen dependier ich unüberwindlich. *Pause* Ich nehme mir die Freiheit, Ihnen den ersten Band meines Hyperion beizulegen. Möchten die Gedichte, die ich beilege, doch einer Stelle in Ihrem Musenalmanach gewürdigt werden können! *Pause* Ich habe im Sinne, die literarischen und poetischen Versuche, die ich unter den Händen habe, nach und nach in einem Journal herauszugeben. Ich bin deswegen so frei, Sie um einige wenige Beiträge zu bitten, wenn Sie es nicht gegen Ihre Würde finden sollten, dies Zeichen Ihrer Gunst und Güte mir öffentlich zu geben.

Pause, heftiger Haben Sie mich aufgegeben?

SCHILLER Gern würde ich Ihr Verlangen wegen der Beiträge erfüllen, wenn ich nicht so arm an Zeit und so eng an mein gegenwärtiges Geschäft gebunden wäre.

HÖLDERLIN Mein Wunsch, einmal in Jena, in Ihrer Nähe zu leben, ist mir beinahe zur Notwendigkeit geworden. Ich habe meist als Erzieher gelebt und habe die Unzufriedenheit anderer oder ihr drückend Mitleiden erfahren. Wenn ich nach Jena ginge und da versuchte, den größeren Teil meiner Zeit zu Vorlesungen zu verwenden ... *Pause* Ich friere und starre in den Winter, der mich umgibt. So eisern mein Himmel ist, so steinern bin ich.

Pause

SCHILLER Ich möchte wissen, ob diese Schmids, diese Richters, diese Hölderlins absolut und unter allen Umständen so subjektivisch, so überspannt, so einseitig geblieben wären, oder ob nur der Mangel einer ästhetischen Nahrung und Einwirkung von außen und die Opposition der empirischen Welt, in der sie leben, gegen ihren idealischen Hang diese unglückliche Wirkung hervorgebracht hat.

GOETHE Gestern ist Hölterlein bei mir in Frankfurt gewesen, er sieht etwas gedrückt und kränklich aus, aber er ist wirklich liebenswürdig. Ich habe ihm besonders geraten, kleine Gedichte zu machen.

Schritte entfernen sich. Pause

STIMME 1 Wachen Sie auf, Herr Magister, und machen Sie kleine Gedichte.

HÖLDERLIN Wer sprach da?

STIMME 1 Das war Goethe.

HÖLDERLIN Ich kenne ihn nicht.

4

STIMME 1 Er hat sich sein Leben nicht einrichten können. Andern ist es gelungen.

STIMME 2 Vielen nicht.

STIMME 2 Nach dem Tübinger Stift ist er Hofmeister.

STIMME 2 Der übliche Notberuf deutscher Dichter und Philosophen.

HÖLDERLIN Man muß eben denken, daß man die Ehre, unter die gebildetere Klasse zu gehören, überall mit etwas Schmerz bezahlen muß.

STIMME 1 Man sollte das nicht dramatisieren. Also zunächst,

auf Schillers Empfehlung, nach Waltershausen zu Herrn und Frau von Kalb. Eine große Reise.

HÖLDERLIN *frisch, lustig* Von Bamberg bis Coburg hatte ich den ganzen Tag über das himmlische Tal, das von der Itze durchflossen wird, vor und hinter mir. *Beziehungsvoll* Im Vorbeigehen! in ganz Franken bemerkt ich zu meinem großen Verdrusse, wie Ihr denken könnt, laute Unzufriedenheit mit der wohltätigen preußischen Regierung. *Er lacht* In Nürnberg haben die Grobschmiede St. Antoine zu deutsch ediert, Obst und Fleisch taxiert, und den Patriziern etwas vom Aufhängen zu verstehen gegeben. *Er lacht* In Coburg haben die Bürger bei einem Brand die Miliz geprügelt und so weiter.

STIMME 1 Verdächtige Töne.

STIMME 2 Der Major von Kalb und seine Frau waren übrigens ausgezeichnete Leute. Daß die Sache nicht gut abging, lag nicht an ihnen, auch nicht an Hölderlin. Charlotte von Kalb ahnte wohl, mit wem sie es zu tun hatte. Sicher hatte sie Stäudlins Musenalmanach durchgesehen.

STIMME 2 Nicht nur geahnt, gewußt. Es gibt Briefe. Die Episode in Waltershausen hat etwas Komisches: der Hofmeister tagsüber mit dem Unterricht, nachts mit der Überwachung seines Zöglings beschäftigt.

STIMME 1 Zunächst ist er zufrieden. Ein schönes Haus, aufgeklärte, höfliche Leute, viel Freiheit, ein reizender Zögling, leider, wie sich später zeigt, mit etwas behaftet, das man damals für ein Laster hielt. Aber später hat er einmal bemerkt, der Hofmeister sei das fünfte Rad am Wagen.

FRAUENSTIMME (CHARLOTTE VON KALB) *nachdenklich* Er ist ein Rad, welches schnell läuft ...

HÖLDERLIN Um deines Reichtums willen mußt du betteln gehen ...

STIMME 2 Immer ließ sich alles zuerst einmal gut an. Auch in Jena, wo er bei Fichte hörte, Schiller freundlich war, wohin selbst aus Weimar ein aufmerksamer Blick drang. Aber es wurde nichts draus.

STIMME 1 Die zweite Hofmeisterstelle in Frankfurt.

STIMME 2 Der Bankier Gontard, noch jung, schielend, einäugig durch einen Unfall, ein Parvenu, der seine Grenzen kennt.

STIMME 8 Die Börsenkurse kenn ich aufs Haar.

STIMME 2 Mehr nicht. Er war auch zuerst nicht eifersüchtig auf den schönen Hauslehrer, den ein paar berühmte Leute kannten und von dem der erste Teil eines Romans erschien.

Nur saß der Hauslehrer jedesmal bei Suzette, wenn der Bankier nach Hause kam. Es soll zu einer häßlichen Szene gekommen sein.

HÖLDERLIN Liebster Neuffer, ich habe meine Lage verändert und habe im Sinn, hier in Homburg zu privatisieren. Ich war durch mancherlei Leiden so zerrissen.

STIMME 1 Und dann hat er wohl gewartet.

STIMME 2 Er hat in Homburg auf Suzette gewartet, das heißt auf ein Zeichen von Zeit zu Zeit, auf die Möglichkeit, eine Zeitschrift zu gründen, auf Schillers Hilfe. In Stuttgart bei Landauer auf Stundengeben und auf Halten von Vorträgen. In der Schweiz, bei einem Gonzenbach, kann er dann wieder Hofmeister sein. Herr von Gonzenbach ist aber ein genauer Beobachter. Mit dem Hofmeister ist nicht alles in Ordnung.

HÖLDERLIN Alles dünkt mir seltene Tage, die Tage der schönen Menschlichkeit, die Tage sicherer, furchtloser Güte ...

STIMME 1 Was meint er?

HÖLDERLIN Ich denke, mit Krieg und Revolution hört auch jener moralische Boreas, der Geist des Neides auf, und eine schönere Geselligkeit als nur die ehernbürgerliche mag reifen!

STIMME 1 Wovon redet er?

STIMME 2 Er hat den Frieden von Lunéville im Auge, von dem er allzuviel erhofft. Aber das dürfte Herrn von Gonzenbach nicht stören. Da ist etwas anderes.

HÖLDERLIN Überhaupt ist's seit ein paar Wochen ein wenig bunt in meinem Kopf.

STIMME 2 Das hat er bemerkt. Und schreibt dem Hofmeister höflich: »Ich bedaure von Herzen, daß uns das Schicksal so bald wieder trennen soll.«

5

STIMME 1 Noch einmal zurück nach Frankfurt. Er ging also weg ...

KINDERSTIMME (HENRY GONTARD) Lieber Hölder! Ich halte es fast nicht aus, daß du fort bist. Ich war heute bei Herrn Hegel, dieser sagte, du hättest es schon lange im Sinn gehabt, als ich wieder zurückging, begegnete mir Herr Hänisch, er fragte die Jette, wo du wärst, die Jette sagte, du wärst fortgegangen, er wollte eben auch zu Herrn Hegel gehen und nach dir fragen, er begleitete mich und fragte, warum du fortgegangen wärst, und sagte, es schmerzte ihn recht sehr. Komm bald wieder bei uns, mein Holder; bei wem sollen wir denn sonst lernen. Hier schicke ich dir noch Tabak, und der Herr Hegel schickt dir hier das sechste Stück von Posselts Annalen.

SUZETTE GONTARD Von dem, der das Herz meines Herzens nicht schonte, muß die kleinste Gefälligkeit mir wie Gift sein. Aus diesem Gefühl lebe ich gern einfacher wie sonst, schränke aus Neigung meine Bedürfnisse ein. *Pause* Willst du es wagen, so komm heute nachmittag ein Viertel nach drei Uhr, gehe unverstohlen der hinteren Tür, welche immer offen ist, herein, laufe leicht und schnell die Treppe hinauf wie sonst, die Tür zu meinem Zimmer wird dir geöffnet sein, die Kinder lernen zu der Zeit im hinteren blauen Zimmer. *Pause* Träumen möchte ich immer, doch Träumen ist Selbstvernichtung! Selbstvernichtung, Feigheit! Mein Herz sehnt sich nach Wirklichkeit. *Pause* Eine Angst ist in mir, daß einmal alle Beziehungen zwischen uns aufhören möchten. Wir müssen jetzt vom Schicksal betteln und durch tausend Umwege einen Faden zu leiten suchen, der uns zusammenführt. Was wird aus uns werden, wenn wir füreinander verschwinden sollten? Das Schrecklichste wäre, wenn es endlich dumpf werden müßte in unserer Brust, unser Leben dahin wäre, und doch trostloses Bewußtsein uns übrig bliebe. *Pause* Ich war einige Male mit den Kindern spazieren, einmal sah ich am Berge in der Beleuchtung der milden Sonne mein liebes Homburg, wie segnete mein Aug diese stille Gegend und das unbekannte Stübchen, wo du wohnest. *Pause* Du kömmst also den ersten Donnerstag im Monat, wenn es schön Wetter ist, gehet es nicht, kömmst du den nächsten und so immer nur an einem Donnerstag, du kannst dann auch morgens von Homburg weggehen, und wenn es in der Stadt zehn Uhr schlägt, erscheinst du an der niedrigen Hecke nahe bei den Pappeln, ich werde dann oben an meinem Fenster mich einfinden, und wir können uns sehen, zum Zeichen halte deinen Stock auf die Schulter, ich werde ein weißes Tuch nehmen. *Pause* Wenn du nur kommst! Wir wollen jetzt zwei Monate warten, im Juli könntest du es wohl wagen, an die Hecke zu kommen. *Pause* Berate dich für die Zukunft mit deinen wahren Freunden. Dich selbst darfst du aufs Spiel nicht setzen, deine edle Natur darf nicht zerbrechen, du bist der Welt auch schuldig zu geben, was dir verklärt in höherer Gestalt erscheint. Wenige sind wie du! Handle nur nie aus dem falschen Begriff du müßtest mir Ehre machen. Deine Liebe ehrt mich genug und wird mir immer genügen, und nach dem, was man Ehre nennt, verlange ich nicht. Dich ehren große Männer.

HÖLDERLIN *schnell* Das Projekt mit dem Journal scheint mir scheitern zu wollen. Schämen sich denn die Menschen meiner so ganz? Die Berühmten ließen mich stehn.

SUZETTE GONTARD Ich finde keinen Ausweg, und ohne dich kann ich nichts ausmachen. Was du gut findest, ist auch mein Wille. Die unsichtbaren Beziehungen dauern doch fort und das Leben ist kurz. Mir wird kalt! Weil es kurz ist, es verscherzen? O sage, wo finden wir uns wieder? *Pause* Ich muß dir gestehen, daß ich es nicht ausführen kann, diesen Winter gar nichts von dir zu wissen, also ist mir eingefallen, daß, wenn du in der Gegend bleibst, du alle zwei Monate den bestimmten Donnerstag Abend neun Uhr mit der allergrößten Vorsicht erscheinen könntest, ich werde dann sehen, daß du noch da und gesund bist. *Pause* Ich glaubte im Blick deine Gestalt in der Allee zu sehen. Warst du es wirklich? Oder nicht? Es traf mich wie ein Blitz, es kam mir vor, als wärst du es wirklich gewesen und irgendeine Angst triebe dich zu mir, du müßtest zu mir, ich ging ans Fenster, und stand mit unverwandtem Blick, es täuschte mich wieder, bald sah ich dein Gesicht durch die Büsche, bald lehntest du dich an einen Baum, ich erkannte das Spiel der Phantasie, es war, als hätte ich dich umarmen wollen, und ein Schatten wärest du geworden. O Gott, erscheine mir nicht wieder so! *Pause* Ich fühlte es lebhaft, daß ohne dich mein Leben hinwelkt und langsam stirbt.

HÖLDERLIN *fern* Daß wir beide mit unsern besten Kräften vielleicht vergehen müssen, weil wir uns fehlen.

SUZETTE GONTARD Die ganze Gegend ist stumm und leer, ohne dich. Und ich bin so voll Angst.

6

STIMME 1 Wie ist das mit dieser sogenannten schwäbischen Revolution?

GENERAL JOURDAN Da antworte ich am besten als der zuständige Mann.

STIMME 1 Die Leute hätten sich in Rastatt versammelt, in der Hoffnung, daß da etwas bei diesem Kongreß für sie abfiele.

HÖLDERLIN Ich habe sehr an Glauben und Mut gewonnen, seit ich von Rastatt zurück bin.

STIMME 1 Dann habe ich hier ein Flugblatt: »Der Zeitgeist gleicht einem Sturm, der alles mit sich fortreißt.« Von Hegel.

GENERAL JOURDAN Wer ist das?

STIMME 1 Ein Hofmeister. Und Philosoph, Bürger General.

GENERAL JOURDAN Na wenn schon. Die Deutschen können meinetwegen philosophieren, Revolutionen, auch ihre Beendigung, sollten sie uns überlassen. Bonaparte steht in Ägypten. Die Verbindungen im Mittelmeer sind unsicher. Meine militärische Lage ist schlecht. Die Armeen der Republik werden jede revolutionäre Regung in Süddeutschland ersticken.

STIMME 1 Und was wird aus den Leuten von Rastatt, aus Baz, Sinclair, Seckendorff?

GENERAL JOURDAN Ich kenne die Herren nicht. Übrigens hat die Geschichte einen schweren Schritt.

7

HÖLDERLIN Ins abhängige Leben muß ich hinein, und Kinder zu erziehen ist jetzt ein besonders glückliches Geschäft, weil es so unschuldig ist. *Pause* Es hat mich bittre Tränen gekostet, da ich mich entschloß, mein Vaterland noch jetzt zu verlassen, denn was habe ich Lieberes auf der Welt? Aber sie können mich nicht brauchen.

8

STIMME 1 Ist das wahr? Können sie ihn wirklich nicht brauchen?

HÖLDERLIN Barbaren von alters her, durch Fleiß und Wissenschaft und selbst durch Religion barbarischer geworden, tief unfähig jedes göttlichen Gefühls... Handwerker siehst du, aber keine Menschen, Denker, aber keine Menschen, Priester, aber keine Menschen, Herrn und Knechte, Jungen und gesetzte Leute, aber keine Menschen.

EINE STIMME Ein Nestbeschmutzer.

WAIBLINGER Bei aller Bereitschaft zu verstehen – damit kann auch ich mich nicht abfinden.

STIMME 2 Ein paar Leute haben ihn aber schon damals verstanden. Die Zensur in Wien hatte übrigens recht, den Verkauf des Buches zu hindern.

HÖLDERLIN Wehe dem Fremdling, der aus Liebe wandert, und zu solchem Volke kömmt, und dreifach wehe dem, der, so wie ich, von großem Schmerz getrieben, ein Bettler meiner Art, zu solchem Volke kömmt.

STIMME 1 Und doch hat er so mutig begonnen.

HÖLDERLIN *fern* Wenn das Reich der Finsternis mit Gewalt einbrechen will, so werfen wir die Feder unter den Tisch und gehen in Gottes Namen dahin, wo die Not am größten ist, und wir am nötigsten sind.

NEUFFER *feurig* Bruder Hölderlin, es gibt noch unentdeckte Gegenden in den Gebieten der Dichtkunst: laß uns auf unversuchten Bahnen sie entdecken. Die Schwinge der Begeisterung trägt früher über Klippen zum Zweck als ängstliche Verlegenheit.

Pause

HÖLDERLIN Liebster Neuffer, wie wir zusammen unsern Weg anfingen, flogen wir oder glaubten doch zu fliegen, und jetzt wäre es beinahe not, daß man Sporen und Peitsche brauchte. Freilich werden wir auch so ziemlich mit Stroh gefüttert.

STIMME 1 Sein Standpunkt war der am weitesten vorgerückte. Aber dort vermochte er nicht zu stehen.

STIMME 2 Vermochten es nicht andere? Hatte man nicht in Weimar und Jena viel gewagt?

STIMME 1 Gewiß. Auch diese Hofräte und Minister standen an der Spitze ihrer Zeit, sie waren allein mit sich, sie haben Ekel und Verzweiflung gekannt, sie berieten mit der Zukunft, sie sahen keinen anderen Weg als den ihren, es graute ihnen vor diesen Naturen, die so empfindlich und unbeugsam waren wie der hier.

HÖLDERLIN Wer vermag sein Herz in einer schönen Grenze zu halten, wenn die Welt auf ihn mit Fäusten einschlägt?

DIE GOCKIN Fritz, Fritz...

HÖLDERLIN Liebste Mutter, Freiheit und Ruhe ist das einzige, was ich suche und brauche.

STIMME 1 Sein Blick war aufs Fernste fixiert. Er ließ sich nicht mit Brocken abspeisen. Er war verloren.

HÖLDERLIN Es ist auch herzzerreißend, wenn man eure Dichter, eure Künstler sieht, und alle, die den Genius noch achten, die das Schöne lieben und es pflegen. Sie leben in der Welt, wie Fremdlinge im eigenen Hause, sie sind so recht, wie der Dulder Ulyss, da er in Bettlergestalt an seiner Türe saß, indes die unverschämten Freier im Saale lärmten und fragten, wer hat uns den Landläufer gebracht?

STIMME 2 Und kein Ort für ihn, keine Stelle nirgendwo, kein Mundvoll Luft zum Atmen?

HÖLDERLIN Liebste Mutter, ich bin unentschlossen, ob ich über kurz oder lang Vikar oder wieder Hofmeister oder Hausinformator werden will. *Pause* Liebste Mutter, hätt ich mich zu nichts gebildet, als mein Brot zu verdienen auf der Kanzel, die ich nicht betreten mag, weil sie zu himmelschreiend entweiht wird... *trotzig* Freilich, wenn ich das Urteil von Männern und Freunden höre über mich und meine Sache, so möcht ich, bei aller Demut, doch auch manchmal fragen, warum ich mich in der bürgerlichen Welt so herumbehelfen muß. *Pause, leise weiterredend* Liebste Mutter, wenn es Ihnen aber möglich wäre, noch mit einigen Karolinen mir auszuhelfen, und mich so vollends sicherzustellen... Haben Sie eben jetzt noch Geduld mit mir...

STIMME 2 Und keine Hoffnung?

STIMME 1 Doch.

HÖLDERLIN Dies ist meine seligste Hoffnung, die mich stark erhält und tätig, unsere Enkel werden besser sein als wir, die Freiheit muß einmal kommen, und die Tugend wird besser gedeihen in der Freiheit heiligem erwärmendem Lichte als unter der eiskalten Zone des Despotismus. Wir leben in einer Zeitperiode, wo alles hinarbeitet auf bessere Tage. Ich möchte ins Allgemeine wirken...

STIMME 2 Und was bleibt noch?

STIMME 1 Gewißheit im Untergang.

HÖLDERLIN Sollte auch mein Inneres nie recht zu einer klaren und ausführlichen Sprache kommen, wie man dann hierin viel vom Glück abhängt, so weiß ich, was ich gewollt habe, – und daß ich mehr gewollt habe, als der Anschein meiner geringen Versuche vermuten läßt. Kann auch hoffen, daß meine Sache auch in einer ungeschickten Ausführung hie und da aus einem ahnenden Gemüte gefaßt und gebilliget werde, daß also in keinem Falle mein Dasein ohne eine Spur auf Erden bleiben wird.

9

STIMME 9 Den Paß! Sie sind der Magister Hölderlin gebürtig von Lauffen von Statur sechs Fuß hoch braunen Haaren hoher Stirn braunen Augbrauen braunen Augen grader Nase rötlichen Wangen mittelmäßigem Mund schmalen Lippen braunem Bart rundem Kinn länglichem Angesicht breiten Schultern ohne Gebrechen stimmt's?

HÖLDERLIN Ja.

STIMME 9 Sie wollen nach...

HÖLDERLIN Bordeaux, eine Hofmeisterstelle beim Hamburgischen Konsul antreten.

STIMME 9 Sie bleiben ein paar Tage hier in Straßburg.

HÖLDERLIN Warum?

STIMME 9 Wollen sehen, ob weiter nichts dahinter steckt. Bei Ihnen haben sich welche mit unserer Krankheit infiziert. Wir sind sie so ziemlich los. Wenn Sie weiterreisen dürfen, jedenfalls nicht über Paris. Die Republik braucht Ruhe.
Clairon in der Ferne

10

HÖLDERLIN Bin indes in Frankreich gewesen und habe die traurige einsame Erde gesehen, die Hirten des südlichen Frankreichs und einzelne Schönheiten, Männer und Frauen, die in der Angst des patriotischen Zweifels und des Hungers erwachsen sind. Das gewaltige Element, das Feuer des Himmels und die Stille der Menschen, ihr Leben in der Natur, und ihre Eingeschränktheit und Zufriedenheit haben mich beständig ergriffen, und wie man Helden nachspricht, kann ich wohl sagen, daß mich Apollo geschlagen. Es war mir nötig, nach manchen Erschütterungen und Rührungen der Seele mich festzusetzen, auf einige Zeit, und ich lebe indessen in meiner Vaterstadt.
Die heimatliche Flur ergreift mich auch um so mächtiger, je mehr ich sie studiere. Das Gewitter, nicht bloß in seiner höchsten Erscheinung, sondern in eben dieser Ansicht, als Macht und als Gestalt, in den übrigen Formen des Himmels, das Licht in seinem Wirken, nationell und als Prinzip und Schicksalsweise bildend, daß uns etwas heilig ist, sein Drang im Kommen und Gehen, das Charakteristische der Wälder und das Zusammentreffen in einer Gegend von verschiedenen Charakteren der Natur, daß alle heiligen Orte der Erde zusammen sind um einen Ort, und das philosophische Licht um mein Fenster ist jetzt meine Freude; daß ich behalten möge, wie ich gekommen bin, bis hierher!
Ich denke, daß wir darum nicht aufkommen, weil wir, seit den Griechen, wieder anfangen, vaterländisch und natürlich, eigentlich originell zu singen.

SINCLAIR Höre! Am zweiundzwanzigsten dieses Monats ist die *zögernd* G. gestorben, an den Röteln, am zehnten Tag ihrer Krankheit
Hölderlin schreit auf
Sie ist sich bis zuletzt gleich geblieben. Ihr Tod war wie ihr Leben. *Pause* Du kennst alle meine Fehler, ich hoffe, keiner

soll mehr eine Mißhelligkeit zwischen uns hervorbringen. Ich lade dich also ein zu mir zu kommen, und bei mir zu bleiben so lange ich hier in Homburg bin.

11

STIMME 1 Wer ist der Regierungsrat von Sinclair?

BLANKENSTEIN *hastig flüsternd* Als Deutscher und Verehrer Eurer Kurfürstlichen Durchlaucht fühle und erachte ich mich verpflichtet, Höchstdenenselben eine sehr wichtige Mitteilung zu machen, die hoffentlich die mörderischen Pläne einiger Schurken zu vereiteln imstande sein wird.
Vor einem Jahr trat ich in des Landgrafen Dienste und mußte fast täglich mit dem Regierungsrat von Sinclair umgehen. Damals schon sprach Sinclair von weitaussehenden Entwürfen, von deutscher Republik und so weiter. Die Mitteilung, daß er in Rastatt einen Plan zur Revolution Schwabens gemacht und an Baz und Hofacker mitgeteilt habe, erregte meine ganze Aufmerksamkeit.

KURFÜRST *brüllend* Was?

BLANKENSTEIN *rasend flüsternd* Da sind Baz, Gros, Weishaar, Seckendorff, Hofacker ... Fahne der Empörung ... Briefe an Landauer in Stuttgart ... Als ich von dem teuflischen Plan, der die höchste Person Eurer Kurfürstlichen Durchlaucht selbst betraf, Spuren bekam, entschloß ich mich ... Apropos, Sinclairs Kamerad Friedrich Hölderlin von Nürtingen ist von der ganzen Sache ebenfalls unterrichtet.

HÖLDERLIN Da Harmodios und Aristogeiton lebten, da war noch Freundschaft in der Welt.

KURFÜRST *brüllend* Verhaften: den Sinclair auf die Solitude!

BETTINA Den jungen Mann, der in Deutschland eine Revolution stiften wollte ...

KURFÜRST Weg mit Baz! Weg mit Seckendorff! Kreuzweis in Ketten!

SINCLAIR Mich, den Regierungsrat von Sinclair, hat der Kurfürst nach vier Monaten entlassen müssen. Die Stände wurden unruhig, die Journale schrieben zu viel. Mittlerweile korrigiert Napoleon die Landkarte. Homburg, erfährt man, fällt an Hessen-Darmstadt. Wie rettet man einen schutzlosen Freund? *Leiser* Seine Irrungen haben den Pöbel gegen ihn aufgebracht, daß bei meiner Abwesenheit die ärgsten Mißhandlungen seiner Person zu befürchten ständen und, da keine solche – äh – Anstalten im hiesigen Lande sind, es die öffentliche Vorsorge erfordert, ihn von hier zu entfernen. Der Notwendigkeit muß ein jedes Gefühl weichen.

STIMME 10 Der Wagen, Herr Magister!

HÖLDERLIN Welcher Wagen?

SINCLAIR Ich werde es mir auch für die Zukunft zur Pflicht machen, für Hölderlin Sorgfalt zu tragen, die Umstände *zögernd* erlauben mir jetzt nicht, mich bestimmt hierüber zu äußern.

STIMME 10 Der Wagen nach Tübingen. Befehl Ihrer Landgräflichen Gnaden. Der Herr Bibliothekar muß in Tübingen Bücher abholen.

HÖLDERLIN Ich will hierbleiben.

STIMME 10 *leise* Nicht gefackelt. Fort mit ihm.

HÖLDERLIN *schreiend* Allabanda, wo bist du? Schufte, Haschierer... *Man schleift ihn weg. Verklingender Lärm. Wagen entfernt sich*

DIE LANDGRÄFIN Der arme Hölderlin wurde heute früh weggebracht, um seinen Verwandten übergeben zu werden. Er versuchte mit allen Kräften, sich aus dem Wagen zu werfen, aber der Mann, der ihn wegführte, stieß ihn zurück. Hölderlin schrie, Haschierer brächten ihn weg und kratzte den Mann mit seinen ungeheuer langen Nägeln, so daß er ganz blutig war.

STIMME 1 Ah, und das ist also das Clinicum, die Authenriethsche Anstalt.

STIMME 11 Das modernste, was wir auf dem Gebiet haben.

STIMME 1 Und wie geht es unserm armen Dichter?

STIMME 11 Es heißt, er sei oft ganz in sich versunken. Mitunter tobt er freilich. Fatal, ein so liebenswürdiges Talent.

STIMME 1 Wird man denn mit ihm fertig?

STIMME 11 Das will ich meinen. Ja, die Wissenschaft... Man legt ihm ein Wams ohne Ärmel an, das man am Rücken verschnürt. So kann er niemand gefährlich werden. Und wenn er schreit, setzt man ihm die sogenannte Authenriethsche Maske auf, da ist er kaum noch zu hören, passen Sie auf...

Fernes Brüllen Hölderlins

STIMME 1 Eine Erfindung unseres Professors?

STIMME 11 Überflüssige Frage. Dennoch bleibt ein Verdacht.

KURFÜRST Da ist doch dieser Narr. Ich brauche Berichte.

STIMME 12 Euer Kurfürstlichen Durchlaucht gnädigsten Befehl zu untertänigster Folge habe ich dies in Erfahrung gebracht: Der Stipendiat Hölderlin...

STIMME 13 Beziehungsweise Hölderle...

STIMME 14 Beziehungsweise Hölderlen...

STIMME 12 Hat in den Klöstern sich immer gut aufgeführt, hat gute Studia excelliert, sonderlich in der griechischen Sprache, ist an verschiedenen Orten Hofmeister gewesen, aber dadurch von seinem Hauptzweck, dem Studio theologico, abgekommen, wie er dann sich mit vieler Anstrengung auf Nebensachen gelegt, zum Beispiel auf die Poesie...

12

STIMME 1 Wie würden Sie seinen Zustand beschreiben?

WAIBLINGER Er ist abwesend. Nicht hier. Er verneint die Welt, die ihn umgibt – freilich nicht die, welche sich um ihn kümmert, und nicht die Natur. Von den Dingen, die ihm am nächsten waren, nimmt er keine Notiz. Er lebt in einer Schwäche, die ihn umpanzert. Furchtbar ist die Unruhe, in der er seine Tage und Nächte zubringt, und deren Ursache keiner kennt. Er liebt Kinder.

13

KINDERSTIMME Mutter, der Herr da hat dich gegrüßt.

FRAUENSTIMME Nicht mich, dich hat er gegrüßt.

HÖLDERLIN Das ist wahr.

KINDERSTIMME Warum tut er das, Mutter?

FRAUENSTIMME Der Herr ist närret. Komm nach Hause, die Hitze steigt.

14

WAIBLINGER Sein kleines Zimmer, an dem er hängt, scheint ihm manchmal noch zu groß zu sein. Als wolle er aus dem Raum, der um ihn ist, zu sich selber flüchten, legt er sich hin. Einmal machte er sich reisefertig: Er wollte plötzlich, so schnell als möglich, nach Frankfurt. Er dachte an nichts anderes. *Lacht unwillkürlich* Da nahm man ihm die Stiefel weg. *Pause. Spricht verlegen weiter* Er legte sich für mehrere Tage ins Bett, aß nichts, sprach zu niemand.

Pause

SUZETTE GONTARD *angestrengt, leise* Wenn aus der Ferne da wir geschieden sind,
Ich dir noch kennbar bin, die Vergangenheit,
O du Teilhaber meiner Leiden...

Pause. Ein Schluchzen

15

Unter dem Dialog eine langsame chromatische Folge

DIE GOCKIN Ich sende dir anbei ein Wämsle und vier Paar Strümpf und ein Paar Handschuh als einen Beweis meiner Liebe und Andenken. Ich bitte dich aber, daß du die wollenen Strümpfe auch trägst. Mit der Versicherung, daß ich unverändert verharre deine getreue Mutter Gockin.

HÖLDERLIN Verehrenswürdige Mutter! Ihr gütiges Gemüt und Ihre so nützlichen Ermahnungen sind niemals ohne Äußerung, die mich erfreuet, wie sie mir nützlich ist. Ich habe die Ehre, mich zu nennen Ihren ergebensten Sohn.

DIE GOCKIN Reisekosten von Homburg nach Tübingen hundertsiebenunddreißig Gulden. Vor ein Überrock und Beinkleider samt Macherlohn einunddreißig Gulden dreißig Kreuzer. Kostgeld im Klinico fünfundsiebzig Gulden.

HÖLDERLIN Wenn Sie mich belehren, wenn Sie zu ordentlicher Aufführung, Tugend und Religion mich ermahnen, so ist die Sanftmut einer so gütigen Mutter mir nützlich, wie ein Buch sein soll. Ich rechne auf Ihre christliche Verzeihung, teuerste Mutter, und auf mein Bestreben, mich immer mehr zu vervollkommnen und zu bessern.

DIE GOCKIN 1808 beliefen sich die sämtlichen Ausgaben vor den lieben Holderle auf zweihundertsechzig Gulden.

HÖLDERLIN Daß ich Sie so wenig unterhalten kann, rühret daher, weil ich mich so viel mit den Gesinnungen beschäftige, die ich Ihnen schuldig bin. Ich habe die Ehre, Sie meiner äußersten Hochachtung zu versichern, und nenne mich Ihren gehorsamen Sohn.

DIE GOCKIN 1809 beliefen sich die Ausgaben bei Zimmer auf zweihundertachtundsechzig Gulden.

HÖLDERLIN Mich auszudrücken, ist mir so wenig gegönnt gewesen im Leben. Ich empfehle mich Ihnen in soferne mit desto getrosterem Gemüte.

DIE GOCKIN 1810 beliefen sich die an Zimmer abgeschickten Ausgaben auf zweihunderteinundsiebzig Gulden.

HÖLDERLIN Daß ich eine Gelegenheit benützen darf, an Sie zu schreiben, ist mir gar nicht unangenehm. Es sind immerhin Empfehlungen meines von Ihnen abhängigen Wesens und Versuche, mein ergebenes Gemüt Ihrer fortdauernden Güte zu äußern, was ich für den Inhalt dieser gewiß nicht ohne Ergebenheit geschriebenen Briefe Ihnen versichern möchte. Nehmen Sie es doch nicht übel, daß ich schon abbreche.

DIE GOCKIN 1811 dem Herrn Zimmer vor den lieben Holderlin geschickt zweihundertsiebenundachtzig Gulden.

HÖLDERLIN Verehrungswürdigste Frau Mutter, ich schreibe Ihnen schon wieder einen Brief. Ich habe Ihnen immer vieles Gute zu wünschen. Ich nehme mir die Freiheit, schon wieder abzubrechen.

DIE GOCKIN 1812 wieder dem Herrn Zimmer zweihundertsechsundsechzig Gulden.

HÖLDERLIN Verzeihen Sie, liebste Mutter, wenn ich mich Ihnen nicht für Sie sollte ganz verständlich machen können. Nehmen Sie sich meiner an. Die Zeit ist buchstabengenau und allbarmherzig.

DIE GOCKIN *decrescendo* 1814 Herrn Zimmer vor den lieben Holderlin bezahlt zweihundertfünfundfünfzig Gulden, 1815 zweihundertsechsundfünfzig Gulden, 1816 dreihundert Gulden, 1817 dreihundertacht Gulden, 1818 ...

Schritte crescendo. Anhaltendes Hin- und Hergehen in einem Zimmer

HÖLDERLIN Wo aber sind die Freunde?

STIMME 2 Tot und verstreut. Neuffer lebt noch, ein grämlicher Geistlicher, hat ihn vergessen. Stäudlin haben sie wegen jakobinischer Gesinnung verjagt, er hat sich im Rhein ertränkt. Sinclair ist jung gestorben. Böhlendorff hat sich umgebracht. Seckendorff ist im Krieg gefallen. Schmid war geisteskrank, ist ins Feld gezogen, es hat ihn nach Ungarn verschlagen. Hegel und Schelling haben seinetwegen noch korrespondiert, aber sie können einander nicht mehr ausstehen. Hegel hat gerade seine Rechtsphilosophie herausgebracht. Der Stiefbruder Carl, ja, der ...

CARL GOCK *schüchtern* Teuerster Bruder, ich halte es für meine brüderliche Pflicht, dir ein Exemplar deiner im Verlage Cotta's kürzlich herausgekommenen vortrefflichen Gedichte zu übersenden.

STIMME 1 Die also Uhland und Schwab gesammelt haben.

WAIBLINGER Ja. Der erste Gedichtband. Der Verfasser ist jetzt sechsundfünfzig Jahre alt, zwanzig Jahre ist es her, seitdem man ihn aus Homburg in die Tübinger Klinik gebracht hat.

STIMME 1 Es scheint ihn gleichgültig zu lassen.

WAIBLINGER Es läßt ihn gleichgültig.

KARL GOCK So sind nun die Früchte deiner trefflichen Dichtung der Welt erhalten und dein Angedenken wird in diesen von jedem tieffühlenden gebildeten Menschen stets verehrt werden.

Schritte stärker

Schon einige Mal habe ich dich, lieber Bruder, bei deinem lieben Hausherrn, Herrn Zimmer, besucht, *zögernd* du wirst dich aber vielleicht dessen nicht mehr genau erinnern.

Schritte, die nach einigen Sekunden anhalten

EINE STIMME Hölderlin!

EINE ZWEITE STIMME Holderle!

KINDERSTIMME Lieber Hölder!

EINE VIERTE STIMME Holderlen!

FRAUENSTIMME Mein Holder...

EINE SECHSTE STIMME Hölterlein!

Pause

HÖLDERLIN Der ist aber ferne; nicht mehr dabei.

STIMME 1 Wer ist da oben?

HÖLDERLIN Scardanelli. Mit Untertänigkeit.

Das Fenster schlägt. Flußrauschen crescendo

HÖLDERLIN Du goldner Paktol.

STIMME 1 Gehen wir. Es wird dunkel.

WAIBLINGER Ich weiß kaum mehr etwas von ihm, seit ich Deutschland verließ.

Schritte auf dem Weg, die sich entfernen

HÖLDERLIN Gerne weich ich...
Ich war die Morgenwolke nur,
Geschäftslos und vergänglich! und es schlief,
Indes ich einsam blühte, noch die Welt.

Flußrauschen. Das Hin und Her der Schritte beginnt wieder

HÖLDERLIN Was wollt ich denn? Was ist mir fehlgeschlagen? Was wird man antworten, wenn du dahin bist und die Leute fragen: Was hat ihm gefehlt?

GÜNTHER RÜCKER

PORTRAIT EINER DICKEN FRAU

[1971]

Personen:

DIE DICKE FRAU
DER MANN DER DICKEN FRAU
ANDRÉ, SOHN DER DICKEN FRAU
DIE TOCHTER DER DICKEN FRAU
DER BILDHAUER
SEINE FRAU
EIN GEMEINDERATSMITGLIED
DER GUSSMEISTER

Musik

GUSSMEISTER Ich könnte nicht sagen, daß ich glücklich bin mit diesem Guß. Wenn es ein Torso wäre, oder ein Akt, oder ein Mann, aber ein Frauenkopf! Die Bronze ist zu rauh.

BILDHAUER Der Guß bleibt, wie er ist.

GUSSMEISTER Dieses Gesicht, und dann noch der rauhe Guß, das ist unerträglich.

BILDHAUER Die zerrissene Fläche, das ist ja das Schöne.

GUSSMEISTER Als ich die Form abnahm, bin ich erschrocken. Wer ist das?

BILDHAUER Der Name der Frau ist im Sockel mit eingegossen.

GUSSMEISTER Ich meine, was ist das für eine Frau. Warum gerade die?

BILDHAUER Du siehst einen Menschen an und merkst, mit dem geht was vor. Mehr wars nicht. Man begegnet einem Menschen.

Musik

DIE DICKE Nein, nein, das Altenteil kann ich Ihnen nicht verkaufen. Ich hab jahrelang warten müssen, erst mußten die alten Bauern sterben, die dort gewohnt haben. Jetzt gehört das alles schon fast meinen Kindern, ich kann nichts mehr tun, als das Haus freihalten, daß sie kommen können, wann sie wollen. Eines Tages werden die Kinder das Haus brauchen.

BILDHAUER Schade. Es wäre das richtige Haus für meine Arbeit. Zwei Räume, ein kleines Atelier. Und in den Ferien käme meine Frau herauf.

DIE DICKE Heute braucht jeder Mensch einmal so ein Haus. Aber ich kanns nicht hergeben. Ich muß das Nötigste bereithalten für die Kinder. So ist das. Lange leben und schnell sterben, daß die Kinder gar nicht merken, die Mutter war

krank. Das ist die Arbeit, die mir noch bleibt. Ja, so ist das.
Musik

ANDRÉ Wir sind acht in der Familie und eine Schwester. Die älteren Brüder arbeiten in andern Gemeinden, sie haben schon Kinder, das Haus gibt Mutter nicht auf.

BILDHAUER Ich habe einen Maurer gefunden, der baut euch den Dachboden aus. Ich zahle viertausendfünfhundert. Bar. Und Ihre Mutter überläßt mir dafür das Altenteil als Atelier. Na?!

ANDRÉ Wenn Mutter jetzt verkauft, sagt die Gemeinde: Was hattest du dich so mit dem Habenwollen?
Wir sind zugezogen. Früher wohnten wir in der Kreisstadt, aber dort hatten sie keine Wohnung für elf Leute. Da wurde das hier frei, und Mutter sagte, wir ziehen hierher. Die Gemeinde hat gedacht, alle elf werden hier arbeiten, aber dann sind die Älteren fort, und Vater wurde vor zehn Jahren schon auf Rente gesetzt. Mutter konnte nicht arbeiten, versorgen Sie mal elf Leute. Unsere Bratpfanne hat einen halben Meter Durchmesser. Jetzt sind hier noch drei, mit mir vier, aber ich bin meist auf Montage. Mutter hatte es nicht leicht.

BILDHAUER Ihre Mutter hat ein ungewöhnliches Gesicht.

ANDRÉ Ja, ja. Als sie mit dem Rudi schwanger ging, nahm sie mal eine Abkürzung übern Acker, da haben sie die Leute hier fast gesteinigt, und ein Besprecher hat das Feld wieder ehrlich gemacht. So haben sich die Leute vor ihr gefürchtet. Aber das war schon vor langer Zeit. Da war ich noch nicht in der Familie. Ich heiße André.

BILDHAUER Ein seltener Name.

ANDRÉ Ja, das ist eine lange Geschichte.

BILDHAUER Fragen Sie Ihre Mutter. Vielleicht verkauft sie doch. Mir liegt viel daran.

ANDRÉ Ich glaube, Mutter tut das nicht.

BILDHAUER Dann versuche ichs noch mal.
Musik

MANN Er war schon wieder da? Was ist das für ein Mensch?

DIE DICKE Ach ja.

MANN Und in bar will er zahlen? Der Dachboden gäbe vier Räume. Wir hätten alles im Haus. Wozu braucht er denn das Altenteil?

DIE DICKE Zum Arbeiten.

MANN Will er denn auch Land?

DIE DICKE Kein Land.

MANN Was ist er denn?

DIE DICKE Wie heißt Steinmetz anders?

MANN Bildhauer.

DIE DICKE Bildhauer.

MANN Bildhauer? Da könnte er uns doch einen schönen Stein machen für den Friedhof, mit einer Kunstfigur. Wir stellen sie solange in den Schuppen. Da möcht ich die Gemeinde sehen, ausgerechnet wir eine Kunstfigur. So was hat es hier noch nicht gegeben. Der Friedhof ist doch richtig langweilig. Die werden gelb vor Neid, wetten?

DIE DICKE Du wirsts ja noch erleben, wenns bei mir soweit ist.

MANN Du sollst das nicht sagen. Sag so was nicht. Darf ich gar nicht dran denken.

DIE DICKE Jetzt paß auf, Richard. Er wollte wirklich eine Figur von mir machen. Einen Kopf. Aus Bronze.

MANN Um Gottes willen. Wie kommt er denn darauf?

DIE DICKE Tja –

MANN Er hat sich doch nicht etwa in dich vernarrt? Warum nicht?
Er hat sich in dich verliebt.
Er lacht immer wieder, als kitzle ihn der Gedanke immer von neuem

DIE DICKE Richard! Ich habe nein gesagt.

MANN Ganz und gar nein?

DIE DICKE Meine Mutter hat die Vorhänge zugezogen, wenn sie Fleisch auf den Tisch stellte, weil sie nicht wußte, ob für uns Fleisch nicht überhaupt Hoffart und Sünde ist. Und ich setz mich hin und lasse einen Kopf von mir machen. Aus Bronze! Paßt das zusammen?

MANN Es sind andere Zeiten.

DIE DICKE Meinst du?
Musik

GEMEINDERATSMITGLIED Viertausendfünfhundert Mark! In der Gemeinde glaubt mirs keiner. Legt denen viertausendfünfhundert bar auf die Hand! Von mir aus soll er das Haus haben, der Genosse Bildhauer, die Gemeinde freut sich immer über Kunst. Aber viertausendfünfhundert! Den Dachboden ausbauen? Kkch! Töchterchen einkleiden mit feinen Sachen für ihren Sport, das machen die mit vier-fünf! Von wegen Dachboden!
Ein Motorrad kaufen die sich, was sag ich Motorrad, einen Motor für ihren alten Pobjeda kaufen die. Freitags Traktor, Samstag Pobjeda. Acht Mann, daß die Federn krachen.

Und für den Jüngsten ein paar Kanarienvögel. Was heißt ein paar, eine Zucht. Das Stück zu hundert Märker. Was sag ich Kanarienvögel! Für ihren zahmen Rehbock einen Drahtzaun oder 'ne Zicke. Was sage ich Zicke, die kaufen ein Pferd. Ein kleinsfeins Pferdchen, wetten? Ein Pferdchen wär mein Paradies. Und dieser ahnungslose Großstadtknabe legt denen vier-fünf bar auf die Hand! Ich schrei Scheiße!

Im Ausblenden

Viertausendfünfhundert bar! In der Gemeinde glaubts mir keiner. Vier-fünf in bar!

Musik

TOCHTER Mutter sagt, Sie wollen viertausendfünfhundert geben.

BILDHAUER Ist ihr das zu wenig?

ANDRÉ Mutter weiß noch nicht.

TOCHTER Geben Sie fünf-fünf, und wir überreden Mutter.

ANDRÉ Wert ist es das Geld, das wissen Sie selber. Und wir könnten ein paar Sachen anschaffen, die wir schon lange brauchen.

BILDHAUER Bißchen was für den Sport?

TOCHTER Wieso Sport? Den Austauschmotor für unsern alten Pobjeda abzahlen.

BILDHAUER Ihr fahrt ein Auto?

ANDRÉ Mutter braucht eins. Von Zeit zu Zeit muß sie zu den andern Jungs fahren. Sonst ist es nicht auszuhalten mit ihr. Wenn sie anfängt, die Namen zu verwechseln, sagt Vater: Los, Mutter über Land. Ernst arbeitet den Freitag raus und fährt Mutter von Donnerstag bis Montag zu einem von unsern Brüdern. Dann ist Mutter wieder ruhig.

BILDHAUER Und was kauft ihr sonst noch? Kanarienvögel?

TOCHTER Da haben wir schon genug von, aber vielleicht eine Siamkatze für Martin. Ohne Tiere ist er unglücklich. Und gewöhnliche Katzen hat er schon genug.

BILDHAUER Wie viele denn?

ANDRÉ Sieben.

TOCHTER Er hat was für Tiere mitbekommen.

ANDRÉ Als er noch nicht zählen konnte, schlief er nicht ein, wenn eine einzige Katze fehlte. Er wußte auch welche, wenn mal eine auf die Freite ging. Sie schliefen alle bei ihm.

TOCHTER Er hat uns auch den Rehbock gesund gepflegt. Da war er kaum acht.

BILDHAUER Wie seid ihr denn zu dem Rehbock gekommen?

TOCHTER Jochen hat ihn beim Mähen angefahren, noch als Kitz.

BILDHAUER Ist so ein Drahtzaun für den Bock nicht sehr teuer?

TOCHTER Drahtzaun? Der Bock kommt immer allein zurück, Rehe darf man nicht einsperren. Aber ein Pferd könnte sich Rainer kaufen.

BILDHAUER Nur eins?

ANDRÉ Sie sind nie geritten, wie?

BILDHAUER Nein, nie.

ANDRÉ Machen wirs doch so: Sie kaufen sich ein Pferd, und Rainer pflegts für Sie. Pferde sind so billig, Rainer hat ein kleines in Aussicht, von einem Panjepferdchen, aber lieb und paßt zu uns.

TOCHTER Und das Altenteil ist fünf-fünf wert.

ANDRÉ Vor zwei Jahren haben wir das Dach gedeckt. Und fließend Wasser.

TOCHTER Und neue Öfen. Solche Kacheln gibts ja gar nicht mehr.

ANDRÉ Und wir reden Mutter zu.

Im Ausblenden

TOCHTER Und im Pobjeda fahren Sie mal mit zu den andern Jungs.

ANDRÉ Mutter wird sich freuen. Und wir auch.

Musik

Im Hintergrund Musik

BILDHAUER Hallo, hörst du mich?

FRAU *über Telefon* Ja. Habe ich recht verstanden, du hast fünf-fünf gegeben?

BILDHAUER Wann kommst du endlich, das Schuljahr ist um?

FRAU Was ist das für Musik?

BILDHAUER Ich telefoniere im Gasthof.

FRAU Hol mich Anfang nächster Woche ab.

BILDHAUER Ich kann jetzt nicht hier weg. Ich habe das Atelier fertig. Ich habe Gips gekauft.

FRAU Du arbeitest?

BILDHAUER Ich portraitiere die Frau.

FRAU Welche Frau?

BILDHAUER Die Dicke.

FRAU Ich denke, du rennst nach Maurern herum.

BILDHAUER Ein ungeheuerliches Gesicht. Du erschrickst, wenn du sie das erstemal siehst. Dann sieht man allmählich, es ist fast schön. Ich habe so ein Gesicht noch nie gesehen in meinem Leben.

FRAU Ich hör nicht, die Musik ist so laut!

BILDHAUER Das Atelier hab ich schon geweißt.

Musik

DIE DICKE Wenn es gestattet ist.

BILDHAUER Bitte, treten Sie ein.

DIE DICKE Schön ausgeweißt. Das ist also ein Atelier.

BILDHAUER Der Maurer wird mit dem Dachboden schon nächsten Monat anfangen bei Ihnen, höre ich?

DIE DICKE Und das Podest hier?

BILDHAUER Darauf stelle ich den Sessel für Sie. Der Sessel muß drehbar sein. Man muß ein Gesicht von allen Seiten sehen können.

DIE DICKE Da wäre noch eine Bedingung. Wenn alles fertig ist, kommt mein Mann ansehen. Und wenn er nein sagt, ist nein.

BILDHAUER Gut. Wollen wir?

DIE DICKE Gut. Ich verstehs immer noch nicht.

BILDHAUER Was?

DIE DICKE Warum ich? Warum nicht meine Tochter? Die ist wie gemacht fürs Ansehen. Jeder, der meinen Kopf sieht, muß an die achtundneunzig Kilo denken, die drunter sind. Sie sagten, in Bronze?

BILDHAUER Ja. Bronze.

DIE DICKE Und das hier?

BILDHAUER Gips. Andere nehmen Ton. Ich arbeite besser mit Gips. Erst Gips, dann Bronze.

DIE DICKE Ist das eigentlich teuer?

BILDHAUER Ach...

DIE DICKE Na schön. Ich setz mich also.

Musik

DIE DICKE Ist eine Frage gestattet?

BILDHAUER Bitte, bitte!

DIE DICKE Sind Sie eigentlich ein guter Bildhauer?

BILDHAUER Ich gebe mir Mühe.

DIE DICKE Nein, nein, das müssen Sie wissen.

BILDHAUER Ich hoffe.

DIE DICKE Was sagen denn die Leute?

BILDHAUER Die einen so, die andern so.

DIE DICKE Wenns so ist, warum machen Sie dann nicht, was den Leuten gefällt. Was Lustiges. Warum immer so ernst? Alle Denkmäler sind fürs Ernste. Kriegerdenkmäler, Witwendenkmäler... Warum macht keiner Denkmäler, an denen man Spaß hat?

BILDHAUER Was wäre denn, was Spaß macht?

DIE DICKE Essen macht Spaß, zum Beispiel. Wenn einer ißt. Ein Mann, der ißt. Da sieht jeder mit Spaß hin.

BILDHAUER Was soll er denn essen?

DIE DICKE Muß man das sehen?

BILDHAUER Ja, das muß man sehen.

DIE DICKE Vielleicht Fleisch. Eine Hammelkeule. Und einen Krug Bier.

BILDHAUER Warum Fleisch?

DIE DICKE Ich weiß nicht. Was soll er sonst essen? Essen heißt Fleisch essen. Es wäre ja schön, wenn der Mensch einmal ohne Fleisch leben könnte. Haben Sie schon einmal gesehen, wie ein Stier getötet wird? Ein gesunder Stier? Oder ein Schaf? Mein Bruder war Fleischer.

BILDHAUER Vielleicht schneidet sich der Mann eine Scheibe Brot ab?

DIE DICKE Eine Scheibe Brot, ja, das wäre gut. Das ginge. Störe ich Sie mit meinen Reden?

BILDHAUER Nein, nein, ich höre zu, auch wenn ich hier zu tun habe!

DIE DICKE Essen ist nämlich etwas ganz Wichtiges. Jede Erinnerung riecht, und jeder Geruch erinnert mich. Sauerbraten ist Sonntag in einem weißen Kleid, und uns gings noch gut. Mittags läuten die Glocken, dann hat Vater zum Essen gerufen. Das heißt, er hat gepfiffen, lang, kurz. Über uns spielte jemand Klavier. Die Wohnung roch nach Sauerbraten. Das war in unserer guten Zeit. Mein Vater aß die Pfefferkörner. Soßen mit Pfefferkörnern sind immer Sonntag. Onkel Johann ist wegen Pfeffer ertrunken. Mit einem Segler aus Indien. Manchmal koche ich mir Hirse, nur um mich an meinen Großvater zu erinnern. Wenn ich die heiße Butter auf der Hirse rieche, höre ich seine Stimme. Glauben Sie, ich kann einen halbvollen Teller wegkippen? Kann ich nicht. Als ich zur Welt kam, ging der erste Weltkrieg zu Ende. Nichts als Hunger. Und dann noch drei Jahre Hunger. Und ganz aus war der Hunger erst, als ich zur Schule kam. Dann gings fünf Jahre gut, und dann der schwarze Freitag, und dann fünf Jahre, bis der Vater wieder Geld brachte, und da fing schon das Rationieren für den zweiten Weltkrieg an. Da war ich zweiundzwanzig. Und als es mit dem Essen wieder anfing, hatte ich das sechste Kind. Ich habe die Kinder nie geschlagen, aber für Brot im Müll habe ich sie verdroschen. Am liebsten esse ich allein. Als noch alle neune hier wohnten, war das kaum möglich, aber jetzt richte ich es mir manchmal ein. Ich koche mir was, und dann erinnere ich mich vor mich hin.

Musik

ANDRÉ Sie sind seine Frau, nicht?

FRAU Ja, ich bin seine Frau.

ANDRÉ Ich habe Sie gestern ankommen sehen. Ich möchte Sie etwas fragen.

FRAU Bitte.

ANDRÉ Halten Sie das für richtig?

FRAU Daß er ein Portrait Ihrer Mutter macht?

ANDRÉ Ja.

FRAU Ja, ich halte das für sehr richtig. Sie nicht?

ANDRÉ Wir wissen nicht so recht. Wenn es dann irgendwo steht, und jeder sieht es an, solange es ihm paßt, sie ist doch unsere Mutter. Man wird über ihr Gesicht reden. In der Zeitung stehen Sachen, die Mutter vielleicht weh tun. Wenn es nicht gut wird, beachtet es niemand, und es steht im Winkel. Vielleicht wird es auch gut, aber es steht trotzdem im Winkel. Weil es nicht schön genug ist.

FRAU Was ist denn Schönheit, junger Mann?

ANDRÉ Sind Sie Lehrerin?

FRAU Wieso?

ANDRÉ Wie Sie fragen. Und was ist Schönheit?

FRAU Ich würde sagen: Jugend, Gesundheit, gelungenes Maß. Aber der Mensch gibt seine Jugend und allmählich auch seine Gesundheit, und je schwerer er arbeitet und je mehr Last ihn drückt, desto mehr beugt ihn die Arbeit und zeichnet ihn. Und es gibt Gesichter, in die zeichnet sich das alles besonders ein. Und wenn man so ein Gesicht findet, hält man es fest, auf dem Papier oder in Bronze, denn der Mensch will sehen, wie das ist mit der Jugend und dem Vergehen der Jugend und mit dem Alter; das Gesicht zeigt, wie es dazu kam. So sieht er Ihre Mutter.

ANDRÉ Wenn das so ist, wäre mir lieber, es wäre eine kleine Figur. Aber Mutter und Vater. Wie sie nebeneinander auf der Bank sitzen. Weil Vater zu Mutter gehört, ohne sie wäre er kaputtgegangen. Er war nämlich im Krieg verwundet und bekam Anfälle, er war verschüttet, und kein Doktor konnte ihn heilen, nur Mutter konnte ihn beruhigen. Und dann bekam sie immer ein Kind. Darum sind wir so viele. Sie wollte nur zwei. Vater und Mutter gehören zusammen.

Musik

MANN Was suchst du in der Kommode.

DIE DICKE Das Jugendfoto.
MANN Mitten in der Nacht?
DIE DICKE Er brauchts.
MANN Wozu?
DIE DICKE Er will wissen, wie ich jung aussah.
MANN Was sieht er da schon.
DIE DICKE Er brauchts eben. O Gott, sieh dir das an! So was Beschränktes! Treudeutsche Frauenschaftsfrisur und der deutsche Mädelblick. Wie zur ewigen Strafe fotografiert.
MANN Das ist jetzt vierunddreißig Jahre her.
DIE DICKE Zweiunddreißig Jahre.
MANN Du solltest dich wieder mal fotografieren lassen.
DIE DICKE Wollen wir uns zusammen fotografieren lassen?
MANN Wozu?
DIE DICKE Für später, zum Ansehen. Oder für die Kinder, wenn sie sich im Jahre zweitausend ihre Eltern ansehen wollen.
MANN 2000, 2000. Das Wunderjahr. 2000 ist ein Jahr wie jedes andere. Kein Mensch sieht sich da Fotografien an. Warum auch? Weil zufällig 2000 Jahre vorher dieser Jesus geboren wurde? Zufall. Es gibt Kapazitäten, die sagen: alles Erfindung.
DIE DICKE Ans Kreuz geschlagen jedenfalls haben sie ihn. So was erfindet man nicht.
MANN Alles Reklame. Man weiß doch, was mit Reklame alles gemacht wird. Spartakus zum Beispiel hat wirklich gelebt. Das ist bewiesen. Dem fehlten die Reklamechefs. 2000 Jahre hat von dem kein Mensch gesprochen. Und er hat dasselbe gewollt wie dein Jesus.
DIE DICKE Wer zum Schwert greift, wird durchs Schwert umkommen.
MANN Sagt dein Jesus.
DIE DICKE Was mich stutzig macht, ist, daß so was einer vor 2000 Jahren sagt. Obs inzwischen immer gestimmt hat, weiß ich nicht. Aber heute stimmt es.
MANN Willst du ihm die Fotografie geben?
DIE DICKE Borgen.
MANN Du hast keine andere. Wenn er sie verliert, weißt du nicht mehr, wie du damals ausgesehen hast.
DIE DICKE Kein Schaden.
MANN Der Mensch muß ein Bild von sich haben.
DIE DICKE Jetzt wird eins in Bronze gemacht. Das bleibt für 2000 Jahre und länger.

MANN Und wenn es dir nicht ähnlich wird? Und das Foto ist weg? Dann bist du so für alle Zeiten, wie der dich macht. Nichts mehr davor. Und die Kinder könnten nicht sagen, das war unsre Mutter, als sie jung war. Wenn ich dann tot bin, gibt es von dir als junge Frau keine einzige Erinnerung mehr.

DIE DICKE Wenn nur du eine Erinnerung hast von mir.

MANN Ist das genug?

DIE DICKE Wenns eine gute ist, ja. Ists eine gute?

MANN Das brauche ich dir doch nicht zu sagen.

DIE DICKE Sags doch.

MANN Was wäre ich denn ohne dich.

Musik

DIE DICKE In unserem Dorf lebte eine alte Frau, die kam für Geld vorlesen. Sie war fast neunzig. Mit dreißig hatte sie eine unglückliche Liebe gehabt. Es hieß, auch der Mann ist später nie mehr glücklich geworden, aber das hat man nur gehört. Für die Frau war mit der Liebe das Leben zu Ende. Sie hat sich nur noch erinnert, und die Zeit, die danach kam, gab es für sie nicht mehr. Damals hatte man drei Groschen für ein Stück Butter bezahlt. Danach rechnete sie. Wenn sie einkaufen ging, zahlte sie in den Preisen ihrer glücklichen Zeit. Am Wochenende lief die Tochter und zahlte, was zum wirklichen Preis fehlte. Fürs Vorlesen verlangte sie zehn Pfennige, und ihrer Tochter zahlten wir neunzig nach. Wir saßen in einer großen Stube und machten das und jenes und auch gar nichts und hörten zu. Dort war ich noch richtig zu Hause. Mein Bruder lebte auch noch. Er war erst zehn, er saß auf einem niedrigen Hocker und wenn er einschlief, lehnte er sich an meine Knie. Sie las immer aus der Bibel. Die Psalmen kannte sie auswendig, aber uns gefielen mehr die Geschichten. Darüber konnte man viel nachdenken, und viele Geschichten waren wie aus unserm Dorf. Zum Beispiel die von Jakob, wie er bei seinem Onkel sieben Jahre als Schafhirte dienen muß, um sich die junge Rahel zu verdienen, und dann bescheißt ihn der Onkel und schiebt ihm in der Hochzeitsnacht die ältere Tochter statt der Rahel ins Bett, aber der Jakob liebt Rahel so sehr, daß er noch einmal sieben Jahre um sie dient. Und dann bescheißt Rahel ihren Vater und schiebt sich den goldenen Hausgötzen unter den Kamelsattel, und der Alte sucht und sucht, und sie sitzt auf dem Hausgott. Der Jakob hatte sieben Söhne. Mit der Rahel hatte er den Joseph, das ist der, der nach Ägypten ging, und den

Benjamin, und mit der Lea den Juda, und Juda hatte drei Söhne, aber zwei starben, und der dritte war noch zu jung für Thamar, das war die Frau des ersten, denn damals heirateten doch die Brüder immer die Frauen, wenn ein Bruder starb. Und Juda sagte zu Thamar: Warte auf Sela und lebe solange als Witwe. Und er hoffte, sie vergißt. Aber sie vergaß nicht, weil sie eine Frau war, die wartete. Eines Tages, als Sela schon mannbar war, und Juda hatte Thamar nicht mit ihm verheiratet, hieß es: Juda zieht ins Gebirge zur Schafschur. Da verkleidete sie sich als Hure und setzte sich vors Tor. Als Juda sie sah, sagte er: Laß mich doch zu dir kommen. Sie sagte: Was willst du mir geben? Juda sagte: Ich will dir einen Ziegenbock senden von der Herde. Sie sagte: So gib mir ein Pfand, daß du mirs sendest. Deinen Ring, deine Schnur und deinen Stab. Nach drei Monaten hörte Juda: Deine Schwiegertochter ist schwanger. Juda sagte: Sie hat gesündigt, bringt sie hervor, daß sie verbrannt werde. Ja, so war das früher. Sie kam und sagte: »Von dem Manne bin ich schwanger, des der Ring, die Schnur und der Stab ist.« Juda erkannte das Seine und sprach: »Sie ist gerechter als ich, denn ich habe sie nicht gegeben meinem Sohn.« Früher habe ich das nicht verstanden, aber dann im Krieg, viele Söhne waren gefallen und wenige Männer zu Hause, da hatten es die Frauen mit ihren Neffen, und Schwiegertöchter ließen sich mit ihrem Schwiegervater ein. So sicher, wie wir immer glaubten, ist das nicht beim Menschen.

Musik

FRAU Ich, als ich jung war, noch im Krieg, also als ich noch sehr jung war, hörte ich fast nur Operetten. So schlimm alles auch war mit dem Krieg, nach einer Operette war die Welt wieder eine Zeit in Ordnung, ich sah das Land des Lächelns, die Reise ins Glück, Paganini, Maske in Blau, Friederike, Zarewitsch. Ich kannte ganze Akte auswendig. Nach dem Krieg erfuhr man, daß der Mann, der für Lehár die Texte geschrieben hatte und die Geschichten erfunden, nach Auschwitz gebracht worden war. Er wartete immer, daß der Meister ihn herausholen wird. Seine Texte wurden ja gesungen, seine Operetten gespielt. Der Meister vergißt mich nicht, hat er immer gesagt. Und wenn neue Transporte ankamen, spielte die Lagerkapelle Lehár-Melodien. Lirilirilari, das ganze Geld ist tschari. Für die Stimmung, bis zur Gaskammer. Zwei Jahre zuvor saß er noch im Frack in der Loge. Und war ganz sicher. Als er ins Gas mußte, spielte man ein Lied von ihm.

Ich kann eine Lehár-Melodie nicht mehr trennen von dem Mann, der auf Lehár in Auschwitz wartete.

BILDHAUER Ich lag einmal im Krieg nachts wach und konnte nicht schlafen. Die Sterne ganz klar, der Mond nackt, und die Stadt still und wie aus Zinn und Silber gebaut. Wir warteten auf den Fliegerangriff. Aber es geschah nichts. Da kam mir der Gedanke, wenn jetzt die Welt kalt wird, und immer nur Mond, und auf der Straße kein Mensch jemals wieder, nur ich. Warum sollte im Krieg so etwas Furchtbares nicht geschehen können? So hatte ich mich noch nie in meinem Leben gefürchtet. Da pfiff jemand eine Melodie, und wie im Märchen war der böse Zauber gebrochen. Viel später, als schon lange Frieden war, saß ich in Mozarts Figaro. Da hörte ich die Melodie wieder. Sie wird diese weiße Nacht für mich bleiben.

FRAU Alle Melodien, an die wir uns erinnern, erinnern an Krieg. Woran, glaubst du, werden sich unsere Kinder erinnern?

BIDLHAUER Ich wünsche, nur an Gutes.

FRAU Glaubst du nicht, daß ein Stich durchs Herz gehen muß, damit eine Erinnerung zustandekommt?

BILDHAUER Vielleicht.

Musik

DIE DICKE Sie sind so schweigsam. Ich habe Sie verstimmt mit meinen Bibelgeschichten. Mein Mann sagte, bist du verrückt, einem gebildeten Menschen so einen Unsinn zu erzählen!

BILDHAUER Es ist doch kein Unsinn.

DIE DICKE Es geht mir nämlich nicht ums Jenseitige. Es heißt ja heute immer, denk an die Zukunft. Wer tut das nicht? Aber ich muß auch über das Leben nachdenken, das ich früher gelebt habe. Bisher kam ich nicht dazu, jetzt beschäftigt man sich mit diesen Sachen. Was man erlebt hat, was man nicht gewußt hat, woran man geglaubt hat, was man gehört hat. Heilige Mutter Gottes voll der Gnade, das hat sich so gebetet. Jetzt denke ich an die Maria, weil ich inzwischen weiß, was es heißt, Kinder zu haben. Die hatte ja auch drei, und der eine ist so ein berühmter Mann geworden. Und was macht er? Irgendwo sagt man ihm: Deine Mutter und deine Brüder sind draußen. Und er sagt: Wer sind meine Brüder, ihr seid meine Brüder! Und weiß Gott, wie weit seine Mutter gelaufen ist, nur um ihn zu sehen. Und da sagt er so etwas. Und die Jünger und Brüder seiner Gemeinde sagen: Was für ein großer Mann! Aber am Ölberg, das ist nämlich die andere

Seite, am Ölberg, wo er seine Jünger bittet, wacht mit mir, weil er Angst hat, er weiß doch, sie sind schon hinter ihm her, und er sagt: wacht mit mir, es ist meine letzte Nacht, dann holen sie mich, und er betet und schwitzt Blut, so eine Angst hat er, was machen da seine Brüder, seine lieben Jünger? Sie schlafen ein. Nicht eine Nacht haben sie gewacht mit ihm. Geschlafen haben sie, und er hat Blut geschwitzt. Wer sind meine Brüder? Ja, das sagt sich so leicht. Und unterm Kreuz, wer stand denn unterm Kreuz, als es ans Sterben ging? Die Mutter, die er seit zehn Jahren nicht mehr sehen wollte. Er war ja immer unterwegs. Wer sind meine Brüder? Wer ist meine Mutter? Jetzt hat ers gewußt. Seine Mutter steht unterm Kreuz und daneben eine Hure, die ihn geliebt hat. Und hat nie mit ihm geschlafen. Vielleicht hat sies doch einmal, aber ich glaube nicht. Der hat gar nicht gewollt. Wenn Männer längere Zeit nicht mit Frauen zusammen sind, dann wollen sie auch gar nicht mehr. Ich kannte einen, den haben sie eingesperrt, als er Ende zwanzig war, und als er 45 rauskam, war er vierzig. Das sind die Jahre, wo sich beim Mann erst zeigt, ob er ein wirklicher Mann wird. Ihm gings im Vergleich zu uns sehr gut. Er hatte alles, zwei Anzüge, genug zu essen, Wohnung. Nur eine Frau hatte er nicht. Weil es gar keinen Zweck gehabt hätte. Darüber redet heute keiner, und damals redete man auch nicht darüber, als ob man sich dafür schämem müßte, als ob das keine Bedeutung hätte, als ob man ohne das glücklich sein könnte, als obs gar nicht zum Leben gehört. Und es gibt doch Zeiten, da ist das Leben nichts als das. Es gibt Jahre, von denen ist in der Erinnerung nichts übriggeblieben als das. Und eines Tages kam er. Wegen meines Bruders. Auch eine bittere Sache. Aber lassen wir das. Ich hab ihm gekocht, und man hat miteinander gesprochen, und wie das so ist, mein Mann war noch ein paar Jahre weg nach dem Krieg, und ich war jung, nicht mehr sehr, aber noch jung genug, und er hat mir erzählt, jeden Tag und jeden Abend, und wenn er mal nicht kam zum Erzählen, war ich unruhig, jetzt wollte ich alles wissen, was ich die Jahre nicht gewußt hatte, und manchmal kamen wir auch auf Frauen zu sprechen. Da hörten dann die Gespräche auf, und einmal sagte ich es ihm auf den Kopf zu, was mit ihm los war. Es war schon drei Jahre nach dem Krieg, und es war noch immer nichts mit Frauen bei ihm. Und wie wir so stumm nebeneinander sitzen, kommt mich der ganze Jammer an, und ich fange an zu heulen. Ganz langsam kommts mir über die Seele. Ich hatte ein ärmelloses Kleid an, und er lehnt sich an meinen Arm, und da spüre ich, wie es heiß wird, und dann spüre ich, er weint, und die Tränen rollen mir den Arm hinunter. Da denke ich: Was hat er alles erlebt und durchgemacht und überstanden. Was hat er sehen müssen und hat nie geweint. Und jetzt weint so ein Mann. Ich hab meinen Arm um ihn gelegt und kuschle ihn an mich, wie man so Kinder an sich kuschelt und sage immer: Mein Armer, mein Lieber, und laß ihn heulen, und dann streichle ich ihn, und wir heulen beide, einer mit dem andern. Und was glauben Sie? Aber so ist das. Es war was zu in ihm, und das mußte aufbrechen. Vielleicht mußte im Körper die Wärme wiederkommen, oder eine Erinnerung an etwas. Wie hatte der sich gequält, und dann war es so einfach. Jetzt denken Sie: Warum erzählt sie mir das? Ich weiß es auch nicht. Man muß allmählich mit allem fertig werden. Sie dürfen nichts Falsches von mir denken. Mein Mann weiß davon. Er sagte: Es ist gut, und wir haben nie mehr davon gesprochen.

BILDHAUER Und was war mit Ihrem Bruder?

DIE DICKE Kummer, viel Kummer. Und ohne Sinn.

Musik

FRAU Worüber denkst du nach?

BILDHAUER Immer über dasselbe.

FRAU Als sie gestern ging, hatte sie rote Augen. Irre ich mich?

BILDHAUER Nein, du irrst dich nicht.

FRAU Hat sie geweint?

BILDHAUER Sie hat mir die Geschichte ihres Bruders erzählt.

FRAU Ist er gefallen?

BILDHAUER Nein.

FRAU Ist es der Bruder, der sich die biblischen Geschichten mit angehört hat?

BILDHAUER Ja.

FRAU Der Fleischer.

BILDHAUER Ja, der Fleischer. Was siehst du mich so an?

FRAU Darf ich die Geschichte nicht wissen?

BILDHAUER Ich überlege, wie ich sie erzählen soll. Es ist eine Geschichte ohne Anfang und eigentlich auch ohne Schluß. Etwas entsetzlich Sinnloses.

Im August des Jahres 1936 verabschiedet sich ein Fleischergeselle in Pommern von seinen Eltern und Geschwistern, um mit dem Fahrrad, auf das er lange gespart hat, zu den Olympischen Spielen nach Berlin zu fahren, wo er auch nach zwei Tagen ankommt. Hier wird er von einer begüterten

Dame angesprochen, die sich ihn während der Festwochen in ihrem Bootshaus und nachher zu ihrem Vergnügen in einem möblierten Zimmer hält. Er schreibt nach Hause, er habe einen guten Meister gefunden und verdiene gut, was zu beweisen er einen Fünfzigmarkschein beilegt. Als die Beziehung abkühlt und er Vergnügungen auf eigene Faust sucht, gerät er in eine undurchdringliche Geschichte. Jungs und Männer heißt es, und wird für zwei Jahre in eine Jugendhaftanstalt eingewiesen, wo ihm, nachdem er den größten Teil der Haft abgesessen hatte, ein Mithäftling den Vorschlag macht, zu fliehen. Dreimal lehnt der Fleischergeselle ab. Eines warmen Abends aber glaubt er, die Haft nicht mehr aushalten zu können, und sie steigen über die Mauer, wobei sie von einem Wärter gestellt werden. Der andere zieht zum Erstaunen und Entsetzen des Jungen einen Revolver und erschießt den Wärter. Das Urteil, acht Jahre Zuchthaus für den Fleischergesellen, fiel nicht höher aus, weil er wegen guter Führung vorzeitig hätte entlassen werden sollen. Im Sommer des Jahres 1944 kommandierte man ihn im Zuchthaus Halle, weil jede Arbeitskraft gebraucht wurde, einem Schlachthofkommando zu. Es gelingt ihm, an die Frau in Berlin zu schreiben, und er bekommt zu seinem großen Erstaunen auch Antwort. Die beiden vereinbaren, sich auf dem Bahnhof in Halle zu treffen, von wo ihn die Frau nach Berlin bringen und bei sich verstecken will, damit er das Kriegsende auch sicher überlebt. Er verschafft sich Zivilkleidung und ist zur angesetzten Stunde auf dem Bahnhof. Er sucht die Frau vier Stunden lang, aber sie ist nicht da. Als es Abend wird, überfällt ihn eine Angst, er glaubt, daß man ihn bereits beobachtet, und meldet sich bei der Feldgendarmerie. Er erhält dreißig Tage Dunkelarrest. Als er aus der Dunkelzelle geholt wird, bricht er zusammen und sitzt noch drei Tage stumm an eine Wand gelehnt, den Blick zur Sonne gerichtet. Am Abend des dritten Tages erzählt er einem Mitgefangenen, wer seine Eltern und Geschwister sind, wie er Fleischer wurde und auf das Rad sparte, mit dem er nach Berlin fuhr, um die Olympischen Spiele zu sehen. Und noch vor dem Einschließen ist er gestorben. Er war vierundzwanzig Jahre alt.

Der Mithäftling besuchte nach dem Krieg die Frau in Berlin und fragte, warum sie nicht gekommen sei. Sie sagte, daß sie an jenem Tag auf dem Bahnhof in Halle war und viele Stunden auf den Fleischergesellen gewartet hatte. Sie hatten sich nicht mehr erkannt. So sehr hatte die Zeit sie verändert. *Musik*

DIE DICKE Gestern sagte mein Mann, wann kann man denn was sehen.

BILDHAUER Wird er ungeduldig?

DIE DICKE Ihm ist es nicht geheuer, daß man plötzlich zweimal auf der Welt ist. Mir gings nicht anders. Ich habe gedacht: Weiß Gott, was wird, wenn man so was mit seinem Gesicht machen läßt.

BILDHAUER Lächeln Sie.

DIE DICKE Bitte?

BILDHAUER Lächeln Sie. Ich muß die Falten an den Augen sehen.

DIE DICKE Hören Sie mir eigentlich zu?

BILDHAUER Doch, lächeln Sie!

DIE DICKE Gut, ich lächle! Haben Sie die Falten gesehen?

BILDHAUER Ja. *Nach einer Pause* Kam der Mann eigentlich noch einmal zu Ihnen?

DIE DICKE Welcher Mann?

BILDHAUER Der.

DIE DICKE Ach der! Ja. Drei Jahre danach. Er brachte einen Jungen mit. Neun Jahre alt. Aus einer Anstalt. Er hatte eine Anstalt übernommen, in der Kinder ohne Eltern aufwuchsen. Der Junge hatte schwarze Augen und schwarzes Haar, sein Vater war ein Kriegsgefangener aus dem französischen Süden. Seine Mutter soll aus Thüringen gewesen sein. Es war eine Liebe! Die Nachbarn haben sie angezeigt, und im letzten Sommer des Krieges stand sie am Pranger. Das gab es. Nackt, ein Schild vorm Bauch. Niemand durfte ihr helfen. Nur das Kind überlebte die Geburt. Der Mann ging nach Frankreich zurück, von seinem Kind wußte er ja nichts. Der Junge hatte eine olivene Haut. Wissen Sie, was das in einem Waisenhaus bedeutet? Auch nach dem Kriege noch? So schnell nimmt die Vernunft nicht ihren Lauf. Immer dachte er an den Vater. Als er sieben Jahre alt war, macht er sich davon. An der Grenze die Polizei: Wohin denn? Nach Frankreich. Was denn dort? Meinen Vater suchen. Hopphopp zurück ins Waisenhaus! Und zwei Jahre später wieder. Das Waisenhaus schickt eine Erzieherin. Sie holt ihn ab, geht mit ihm zum Bahnhof, wird unterwegs durstig und geht in ein Wirtshaus, und die Leute fragen, was ist denn das für einer. Und sie erzählt den Leuten, was das für einer ist. Sie hats nicht böse gemeint. Aber der Junge leidet für seinen Vater und leidet für seine Mutter und schämt sich für sich selbst. Dir will ich weh tun, du hast mir auch weh getan, und nimmt einen Stein, als sie durch den Wald gehen, und wirft ihn ihr an den Kopf, sie fällt, steht nicht wieder auf, tot. Neue Anstalt, der Direktor sieht den Jungen und seine Geschichte und denkt: Der geht zugrunde unter den anderen, und nimmt ihn zu sich, und als ich den Jungen sah, sagte ich, der braucht Geschwister und eine Mutter, laß mir den Jungen. Mir war, als könnte ich meinem Bruder etwas Gutes tun. Was hätte aus ihm werden können, wenn er heute jung wäre! So habe ich noch ein Kind von dem Mann bekommen. Es heißt Andreas. Aber wir nennen ihn André.

Musik

TOCHTER André, wie lange hält Bronze?

ANDRÉ Lange.

TOCHTER Tausend Jahre?

ANDRÉ Länger. Zehntausend oder zwanzigtausend oder noch länger.

TOCHTER Ich habe ein Buch gelesen, das spielt in dreitausend Jahren. Da ist Mamas Kopf noch immer so, wie er ihn jetzt macht?

ANDRÉ Sicher.

TOCHTER Die Erde kann dreißig Milliarden Menschen ernähren. Mehr nicht.

ANDRÉ Ganz schön, wie?

TOCHTER Und wenn dreißig Milliarden Menschen dreitausend Jahre ununterbrochen arbeiten, kannst du dir vorstellen, wie die Erde da aussieht?

ANDRÉ Nicht so richtig.

TOCHTER Ich auch nicht. Aber eins steht fest: Dann gibt es schon zweitausend Jahre keine Kohle mehr, kein Öl, kein Erz, also auch keine Bronze. Wie machen die dann Bronzeplastiken?

ANDRÉ Vielleicht heben sie sich ein bißchen auf, oder sie haben schon künstliche Bronze erfunden oder etwas ganz anderes.

TOCHTER Woraus baun die dann die Häuser?

ANDRÉ Wer sagt dir, daß die dann überhaupt noch Häuser bauen?

TOCHTER Irgendwo müssen sie doch wohnen. Und wenn sie dann irgendwas aufstellen, glaubst du, einer stellt sich Mamas Kopf ins Zimmer?

ANDRÉ Vielleicht nicht ins Zimmer, aber in den Garten oder in einen Wintergarten. So was ist doch dann sehr kostbar.

TOCHTER Und du meinst, sie unterhalten sich dann über Mamas Kopf?

ANDRÉ Sicher.

TOCHTER Wie sprechen die denn dann? Ich meine, sprechen sie noch so wie wir, oder gibts dann schon eine einzige Sprache? Muß doch mal sein, nicht?

ANDRÉ Sicher.

TOCHTER Was, glaubst du, werden sie über Mutter sagen?

ANDRÉ Sie werden gar nicht über Mutter sprechen, sondern ob es eine gute Plastik ist oder eine schlechte.

TOCHTER Glaubst du, der Bildhauer weiß das auch?

ANDRÉ Sicher.

TOCHTER Ob er Angst hat?

ANDRÉ Wovor?

TOCHTER Wenn dreitausend Jahre lang alle seine Kollegen und alle, die seine Arbeit sehen, über ihn sprechen und keine Rücksicht auf ihn nehmen müssen, was die so alles sagen werden.

ANDRÉ Sicher hat er Angst.

TOCHTER Daß ers dann trotzdem tut!

ANDRÉ Wahrscheinlich denkt er nicht an die Angst, die er hat.

TOCHTER Ach, André, da haben wir uns auf etwas eingelassen!

Musik

GEMEINDERAT Na, ists gekommen, wie ich dir sagte? Hat die Familie ihr Auto, das Pferd, zwei Würfe Siamkatzen? Und den Ausbau verschoben?

BILDHAUER Ja. Ich habe den Jüngsten zur Schwemme reiten sehen. Am Abend. Wie eine Plastik aus dem frühen Hellas.

GEMEINDERAT Ich weiß nicht, wie Plastiken aus dem frühen Hellas aussehen. Ich würde sie mir gerne ansehen, aber unter einer Bedingung: Wenn ich mir was ansehe, muß es mir gefallen.

BILDHAUER Sie wird dir gefallen.

GEMEINDERAT Der Kopf der Dicken? Keiner im Gemeinderat versteht das. Du hast doch einen Namen. Ich geh mit meinen Leuten in eine Ausstellung, wenn man nach Berlin kommt, muß man immer in irgendeine Ausstellung, und was sehen wir? Das Gesicht von der Dicken. Was sollen die Leute über unsre Gemeinde denken! Mensch, wir haben im Bezirk einen Futtermeister mit Nationalpreis und im Kreis acht Diplomgeflügelzüchterinnen, zweiundzwanzig Jahre alt!

BILDHAUER Du möchtest, daß ich zeige: Wir haben den Menschen befreit.

GEMEINDERAT Richtig.

BILDHAUER Das möchte ich auch. Die Befreiung ist aber nicht nur für die Jungen und Starken und Angenehmen gemacht. Ich möchte den Preis zeigen, der bezahlt wurde, die Mühen, die Schwerfälliggewordenen, die Verkrümmten. Sie waren es doch nicht immer.

GEMEINDERAT Und wozu willst du das?

BILDHAUER Manchmal kommt es mir vor, wir schämen uns ihrer, wir möchten sie verstecken.

GEMEINDERAT Wer sagt so was? Keiner hat so was je gesagt. Aber Gott verdimmich, ich möchte was Angenehmes sehen, nicht der ihr Gesicht!

BILDHAUER Dann übersieh meine Plastik. Ich verstehe das. Aber ich muß sie zu Ende bringen. Versteh du das bitte.

GEMEINDERAT Ich wollte ja nur, daß du nicht etwas arbeitest, was niemandem nutzt, und das Wichtige übersiehst. So meine ich das.

BILDHAUER Ich versteh dich. Ich versteh dich sehr gut. Aber was ist das Wichtige? Und wo zeigt es sich!

Jeder Mensch in meinem Land ist mir nahe, und ich bin an seiner Seite. Meine Wißbegier über sein Leben ist nicht zu sättigen. Alle Unternehmungen seines Lebens und alle seine Versuche, auch die nicht gelungenen, fördern die Wahrheit unseres Lebens zutage, die darzustellen mein Auftrag und meine einzige Fähigkeit ist. Alle anderen Fähigkeiten, wenn ich sie besaß, sind entwickelt worden für diese und ordnen sich ihr unter und arbeiten ihr zu. Ich lasse Trennendes zwischen meinem Leben und dem der anderen nicht zu. Je älter ich werde, je näher ich den Leuten bin, desto schwerer fällt mir, was mir einst so glänzend gelang, der Spott. Harte Worte gegen andere kann ich nicht finden ohne Fragen an mich selbst. Ich teile mein Leben mit ihnen. Was sollte mir da verborgen geblieben sein. In dem Haus, in dem ich wohnte, war der Sohn eines Richters mein Nachbar, der über ein Urteil, gegen sein Gewissen gesprochen, niemals hinwegkam. Und ein Offizier, dem am Tag des Putsches ein Arzt nicht geholfen hatte, weil er annahm, es würde neue Herren geben, und er ist daran fast verblutet. Mein Nachbar war ein Stadtplaner, dessen Herz viele Jahre überanstrengt wurde durch den Lärm der Straße, in der er wohnte, und der aus der Stadt, die er gebaut hat, nicht auf eine grüne Insel flüchten wollte. Und eine Frau war meine Nachbarin, die für einen Lohn, den zu nennen sie sich schämte, kranke Kinder pflegte und trotz des Lohns aus Liebe die Arbeit nicht aufgab. Ein Liebespaar, das nicht aus dem Zimmer ging, weil ihnen ihre Liebe für alles andere keine Zeit ließ. Eine Frau, die nachts allein und ohne Hoffnung lag und morgens zur Arbeit stürzte, wie die Seele aus der Finsternis ins Helle. Und mein Haus war ein Haus in einer Straße mit sechzig Häusern, in einer Stadt mit zweihundert solcher Straßen, in einem Land mit hunderten solcher Städte. Keiner dieser Menschen hat für die Kunst, die ich betreibe, einen höheren Wert oder einen geringeren als ein anderer. In jedem ist ein Teil der Wahrheit meines Landes, und gefragt werden dürfte in den Künsten nur nach dieser. Und die Unruhe meines Lebens ist, daß, was ich versuche, zu klein und nicht wahr genug sein könnte.

Musik

BILDHAUER Bitte. Treten Sie ein. Ich freue mich.

DIE DICKE Ich habe meinen Mann mitgebracht.

BILDHAUER Guten Tag. Sie hätten schon früher kommen sollen.

MANN Guten Tag.

Es folgt eine zeremonielle Begrüßung

BILDHAUER Meine Frau.

MANN Guten Tag.

FRAU Guten Tag.

DIE DICKE Guten Tag.

BILDHAUER Guten Tag.

DIE DICKE Es war ja so abgemacht.

BILDHAUER Ja, ich erinnere mich. Es freut mich. Trinken wir einen zur Begrüßung.

MANN Eh ich mich schlagen lasse.

BILDHAUER Also, Prost!

Alle prosten sich zu

DIE DICKE Tja. Nu sind Sie schon acht Wochen hier.

MANN Die Zeit vergeht.

DIE DICKE Wollen wir?

BILDHAUER Bitte.

Schritte, Tür auf, ein anderer Raum

Ich lasse Sie am besten allein.

MANN Das ist doch nicht nötig.

BILDHAUER Es ist besser. Lassen Sie sich Zeit. Und seien Sie streng, wenns nicht gefällt.

MANN Wenns erlaubt ist.

Tür zu

Ist es das?

DIE DICKE Ja.

MANN Aus Gips? Ich dachte, aus Bronze.

DIE DICKE Gib mir die Tasche!

MANN Hier.

DIE DICKE Den Spiegel.

MANN Hier. *Lacht* Spieglein, Spieglein an der Wand!

DIE DICKE Hör mal!

MANN Ja.

DIE DICKE Jetzt frag ich dich was.

MANN Ja.

DIE DICKE Und du sagst mir die Wahrheit.

MANN Gut.

DIE DICKE Seh ich so aus wie das?

MANN Also...

DIE DICKE Seh ich so aus?

MANN Also...

DIE DICKE Du hast gesagt, du sagst mir die Wahrheit. Also: Seh ich so aus?

MANN Ja.

DIE DICKE Und du hast mich wirklich einmal geliebt?

MANN Immer.

DIE DICKE Steck den Spiegel ein.

MANN Ja.

DIE DICKE Richard!

MANN Ja?

DIE DICKE Ich auch, Richard, du weißt schon, ich auch.

Musik

GUSSMEISTER Ich könnte nicht sagen, daß ich glücklich bin. Wenn es ein Torso wäre, oder ein Akt, oder ein Mann, aber ein Frauenkopf! Die Bronze ist zu rauh.

BILDHAUER Laß den Guß, wie er ist.

GUSSMEISTER Der Sand war zu feucht. Alles ist zu grob. Als ichs aus der Form nahm, bin ich erschrocken.

BILDHAUER Wovor erschrocken?

GUSSMEISTER. Das ist vielleicht nicht das richtige Wort. Das Gesicht beunruhigt irgendwie.

BILDHAUER Dann ist doch eine ganze Menge erreicht, findest du nicht?

GUSSMEISTER Wenn du meinst. Leicht wirst dus nicht haben mit diesem Kopf.

BILDHAUER Das wollte ich auch nicht, das wollte ich nie, mein Lieber.

GUSSMEISTER Und warum gerade die?

BILDHAUER Ich weiß nicht. Du begegnest einem Menschen. Ja, man begegnet einem Menschen, das ist es wohl.

Musik

GÜNTER KUNERT

EHRENHÄNDEL

[1972]

Personen:

SPRECHER MÜLLNER
HEINE 1 BERGEN
HEINE 2 NOTAR
STEEGE MATHILDE
TRAXEL MIGNET
BORNSTEDT

Anmerkung: Bei HEINE 1 und HEINE 2 handelt es sich nicht um zwei verschiedene Stimmen, sondern um eine, die eine akustische Teilung erfährt.

Eine Spieluhr klimpert die Marseillaise

1

SPRECHER Vorrede zu dem Buch »*Französische Zustände*« von Heinrich Heine: Diejenigen, welche lesen können, werden in diesem Buche von selbst merken, daß die größten Gebrechen desselben nicht meiner Schuld beigemessen werden dürfen, und diejenigen, welche nicht lesen können, werden gar nichts merken. Mit diesen einfachen Vernunftschlüssen kann ich diese Blätter bevorworten. Wenn wir es dahin bringen, daß die große Menge die Gegenwart versteht, so lassen die Völker sich nicht mehr von den Lohnschreibern der Aristokratie zu Haß und Krieg verhetzen, das große Völkerbündnis, die heilige Allianz der Nationen kommt zustande, wir brauchen aus wechselseitigem Mißtrauen keine stehenden Heere von vielen hunderttausend Mördern mehr zu füttern, wir benutzen zum Pflug ihre Schwerter und Rosse, und wir erlangen Frieden und Wohlstand und Freiheit. Dieser Wirksamkeit bleibt mein Leben gewidmet; es ist mein Amt. Der Haß meiner Feinde darf als Bürgschaft gelten, daß ich dieses Amt bisher recht treu und ehrlich verwaltet. Ich werde mich jenes Hasses immer würdig zeigen.

2

HEINE 2 Herrn Julius Campe, Hamburg. Paris, den 12 Mai. Liebster Campe, wie ich erfahre, hat die Polizei Sie wegen meiner Vorrede zu den »*Französischen Zuständen*« bereits dreimal verhört: die Herrn Gendarmen zeigen ein erstaunliches Interesse an Literatur, und so finden Sie als Verleger selbst in solchen Kreisen neue Leser, und das alles verdanken Sie mir! Ich habe den Verdacht, die Höhe meiner Auflagen resultiert daher, daß die Gedankenwächter in sechsunddreißig deutschen Staaten meine Werke verschlingen: mögen ihnen dieselben sauer aufstoßen. Selbst bis hierher nach Paris reisen meine amtlichen Leser, um mich an Ort und Stelle zu studieren. Während England Kattun und Frankreich Kognak produziert, beschäftigt man sich in den deutschen Staaten mit der Herstellung von Spitzeln: kein sehr einträgliches Geschäft. In der Lesehalle, wo ich jeden Morgen die deutschen Gazetten studiere, um mich an den neuesten Verleumdungen meiner Person statt an einem zweiten Frühstück zu delektieren, nehmen in meiner Nähe gewisse Herren Platz, die, während sie keinen Blick von Ihrem Endesunterzeichneten lassen, so tun, als läsen sie: eine Vortäuschung, denn die totale Unkenntnis des Alphabets steht diesen Leuten dort eingebrannt, wo andere ein Gesicht zu tragen pflegen: es sind halt verkleidete Rindviecher von den Weiden der norddeutschen Tiefebene, und oft bin ich versucht, ihnen eine Handvoll Heu hinzustrecken, um zu sehen, ob sie's fressen. Freilich sind sie nicht die einzigen Plagegeister: jeder Deutsche, der nach Paris reist, will Heine sehen, und ich komme mir vor wie ein Museumsstück, mit dem Unterschied, daß die Museen am Abend schließen und die Exponate bis zum nächsten Morgen ihre Ruhe haben, wohingegen ich auch am Abend besichtigt werden darf. Manchen gelingt es, sich irgendwo ein Empfehlungsschreiben zu erschleichen, das mir präsentiert wird; oft handelt es sich um Flüchtlinge, Emigranten oder solche, die sich dafür ausgeben. Einen dieser spaßhaften Fälle, fast in der Art einer Moliereschen Komödie, will ich Ihnen en passant schildern. Die Affäre begab sich in meiner Wohnung in der Cité Bergère, ich hatte gerade weiblichen Besuch, Mademoiselle Augustine, eine flüchtige Bekanntschaft aus dem Palais Royal, wo ich meist solche und ähnliche Bekanntschaften mache: ich bin verdammt, nur das Niedrigste zu lieben. Jedenfalls öffnete ich auf ein Klopfen hin nichtsahnend die Tür.

STEEGE Guten Tag – Herr Heinrich Heine? Meine Name ist Steege, Ludwig, ich bin gerade in Paris eingetroffen und habe die Ehre, Ihnen dieses Schreiben eines gemeinsamen Bekannten aushändigen zu dürfen.

HEINE 2 Und ehe ich es mich versah, hatte er mit einer frappierenden, doch späterhin ganz logisch erscheinenden Mischung aus Servilität und Frechheit mir den Brief in die Hand gedrückt, sich katzbuckelnd um mich herumgewunden, war bereits im Flur und auf dem Weg zum kleinen Salon, auf dem ich ihm folgte, als sei ich der Eindringling und er der rechtmäßige Wohnungsinhaber. Ich kam gerade noch zurecht, zu sehen, wie er Augustine mit einer degoutanten Vertraulichkeit begrüßte; ich wollte sie verabschieden, doch schien sie es auf einmal nicht mehr eilig zu haben.

Sprechen im Hintergrund; Augustine macht sich nur durch Kichern, Seufzen, Ausrufe bemerkbar; sie begleitet den Dialog der beiden Männer vokal.

STEEGE *zu Augustine* Es ist mir eine große Ehre, in Ihnen eine Heinesche Muse begrüßen zu dürfen. »Du bist wie eine Blume, so zart und schön und rein.« Mein Name ist Steege, Ludwig. Louis – compris?!

HEINE 1 Der Absender dieses Schreibens, der Sie empfiehlt, Herr – Herr Steege, ist mir gänzlich unbekannt, leider! Wolltest du nicht gehen, Augustine?

STEEGE Aber lassen Sie das entzückende Fräulein nur da, Sie betrüben sie ja...

HEINE 1 Geben Sie mir bitte keine Ratschläge für mein Verhalten. Das versuchen ganz andere Instanzen. Hier ist der Brief zurück, bestellen Sie dem Absender, er habe sich in der Adresse geirrt, er sei mir nicht mal im Traum begegnet! Ich schließe ohnehin keine Traumbekanntschaften. Ich bin Realist. Und du, Augustine, verdreh nicht die Augen wie ein weidendes Kalb, das aus Versehen eine Rose verspeist hat!

STEEGE Mein Herr! Die Behandlung, die sie der Dame angedeihen lassen, ist empörend!

HEINE 1 Monsieur! Sie sehen mich erheitert. Nur jemand aus der Lüneburger Heide oder aus Krähwinkel kann diese Dame für eine Dame halten, entweder weil er in seinem Leben noch keine Dame oder noch keine Hure gesehen hat.

STEEGE Dieses Wort, dieses letzte Wort, dieses unaussprechliche, das keinem aufrechten deutschen Manne über die Zunge will, das nehmen Sie sofort zurück, Herr Heine!

HEINE 2 Er gebärdete sich, als werde er von einem plötzlichen Anfall teutomanischer Ritterlichkeit geschüttelt, eine Infektionskrankheit aus dem Hause Schlegel & Tieck, verschlimmert durch die frühere Rezeption romantischer Gedichte, die zu schreiben mich Jehova oder ein anderer mir geneigter Verwandter – viele sind es ohnehin nicht – behütet hat.

STEEGE Ich dulde es nicht, daß Sie das Fräulein, die Dame, beleidigen!

HEINE 1 Es ist nicht ehrenrührig, einen Bäckermeister einen Bäckermeister zu heißen! Etwas anderes wäre es, wollte ich mit diesem Sie als deutschen Mann verstopfenden Wort meine in der Heimat gebliebenen Berufskollegen benennen: Ich würde damit die Bezeichnung eines alten und tüchtigen Gewerbes herabwürdigen, indem ich's auf jene Figuren anwendete, die sich zwar an die Tyrannen verkauften, jedoch ohne irgendwem damit ein Vergnügen zu bereiten, wozu jene *Dame* hier immerhin in jeder Lage in der Lage ist!

STEEGE Nehmen Sie das zurück, nehmen Sie es sofort zurück! Sonst vergesse ich mich!

HEINE 1 Letzteres wäre das Beste, was Sie tun könnten; ich schließe mich dem nach Ihrem Weggang sofort an!

STEEGE Herr Heine!

HEINE 2 Herr Steege, Ludwig, die vaterlands-obligate Witzlosigkeit in persona, ballte die Fäuste und beschwor mangels besserer Einfälle die alttestamentarische Herkunft meiner Ahnen, nannte mich einen unpatriotischen Itzig und getauften Kleiderhändler, ich gab zurück, mit solchen Lumpen wie er einer sei, hätte ich nichts verdienen können, ein freundliches Wort gab das andere, die Invektiven flogen wie Dreck durch die Luft, bis ich es leid war und diesem komischen Besucher die Tür wies, in der sicheren Gewißheit, das Entree für einen Logenplatz in der Comédie Française für heute gespart zu haben. Bedauerlich, daß mein Talent für die heitere Bühne nicht konditioniert ist: was könnte ich Geld scheffeln, schriebe ich solche Possen wie diese. Daher ermahne ich Sie, edler Campe, der letzten Honorarüberweisung intensiver zu gedenken. Ich bin pleite, wie üblich. Leben Sie wohl, und hole Sie der Teufel. Ihr Heine.

3

HEINE 2 Herrn Maximilian Heine, kaiserlich-russischer Arzt, Sankt Petersburg. Paris, den 14. Mai.
Liebster Bruder, um Deine Anfrage zu beantworten; die Lähmung meiner linken Hand macht »Fortschritte«, wodurch ich selber freilich nicht fortschrittlicher werde; es ist

ein Prozeß in der falschen Richtung, was er mit anderen politischen Entwicklungen gemein hat. Auch meine Sehkraft läßt immer mehr nach, und manchmal bin ich mir nicht sicher, ob ich das bedauern soll, weil, was man zu sehen kriegt, meist sowieso nichts taugt, wie etwa die Bundestagsbeschlüsse, denen zufolge die Dichter des Jungen Deutschland wie Mörder und Räuber geächtet werden, wobei der Räuberhauptmann kein anderer als Dein lieber Bruder ist! Ich bin der Karl Moor der Neuzeit. Weiß Gott, ich bin froh, hier in Paris zu sitzen statt in einem deutschen Gefängnis, womit man daheim das Schreiben und Dichten zu kurieren gedenkt, auch wenn ich oft durch irgendwelchen Unfug aus der Arbeit gerissen werde. Zum Beispiel vor zwei Tagen, eine Nebensächlichkeit, aber damit Du siehst, was mich behindert, erscheint bei mir ein bleicher langer Mensch, die Lippen eingezogen, als geize er mit jedem Wort, belästigt mich mit Empfehlungsschreiben von unbekannter Hand, bricht einen Streit vom Zaun, denk Dir, eines Frauenzimmers wegen! Cherchez la femme! Er geriet ungeheuer in Rage, wir sagten uns Höflichkeiten, die einen Berliner Droschkenkutscher erschüttert hätten.

STEEGE Knoblauchesser! Schacherjude! Mädchenschänder! Kleiderhändler, getaufter!

HEINE 1 Mit solchen Lumpen wie Sie würde ich mich schämen zu schachern! Seien Sie froh, daß Christus Ihr Christentum nicht sieht, er würde Ihnen sein Kreuz gehörig um die Ohren schlagen!

STEEGE Hier, meine Karte! Für diesen gräßlichen Schimpf, welcher mir in diesem Hause angetan ward, fordere ich Genugtuung!

HEINE 1 Sie wollen mich doch nicht etwa fordern? Wegen einer Grisette? Soll denn ganz Paris über uns lachen?!

STEEGE Weichen Sie nicht aus! Ich verlange Satisfaktion für die Kränkung meiner Ehre!

HEINE 1 Ich fürchte, unsere Ehrbegriffe decken sich nicht; meine Ehre ist etwas unpersönlicher Natur, muß ich gestehen: kein Privatbesitz.

STEEGE Was – Sie haben gar keine persönliche Ehre?

HEINE 2 Ich versuchte ihm zu erklären, die meine sei nur insofern meine, als sie allen gehöre, mit denen ich eines Sinnes wäre, doch er repetierte wie ein Vaucansonscher Automat, immer das eine: Duell – Duell – Duell!

STEEGE Sie sind gar kein Deutscher mehr, Sie sind ein Lakai

von Louis-Philippe geworden. Sonst wüßten Sie, was Deutschland heute not tut. Verabschiede mich, habe die Ehre!

HEINE 2 Da war es schon wieder, dieses häufig beschworene aber unsichtbare Wesen, das in Herrn Steege (Ludwig) zu hausen schien wie die Made im Käse. Wie oft bin ich beleidigt worden, gekränkt, erniedrigt von anthropomorphen Kassenschränken wie unserem Onkel Salomon, aber wirklich getroffen und verwundet bin ich worden, wurde meine Mission in Zweifel gezogen.

Stimme Steege im Hintergrund Mein Fräulein, empfehle mich, leben Sie wohl. Adieu, au revoir ...

HEINE 1 Meine Ehre ist nicht geringer, nicht weniger verletzlich als die eines anderen, nur ist sie nicht ein reizempfindliches Ekzem, eine moralische Hämorrhoide, entstanden beim Herumhocken in den Kneipen der deutschen Burschenschaften. Meine Ehre eignet allen, die, sobald sie den Plural der Bescheidenheit gebrauchen, nicht bloß ihre Person meinen, sondern die Schar Gleichdenkender: unsere Ehre ist identisch mit unserer Gesinnung, Herr Steege, und es deucht mich, daß letztere Ihnen zu meinem aufrichtigen Bedauern fehlt!

STEEGE Erwarten Sie in Kürze meine Sekundanten! Da ich der Beleidigte bin, habe ich die Waffen zu wählen! Adieu, Monsieur Heine!

HEINE 2 Du siehst, lieber Bruder, daß mein Leben in Paris recht bewegt ist, die teure Heimat schickt mir immer genug Narren, damit ich nicht an Langeweile sterbe. Sei umarmt von Deinem Harry.

4

SPRECHER Aus der Vorrede zu den Französischen Zuständen. Ich werde nicht mehr in die Heimat zurückkehren, solange noch ein einziger jener edlen Flüchtlinge, die vor allzugroßer Begeisterung keiner Vernunft Gehör geben konnten, in der Fremde, im Elend weilen muß. Nie ist ein Volk von seinen Machthabern grausamer verhöhnt worden. Eine Handvoll Junker, die nichts gelernt haben als ein bißchen Roßtäuscherei, womit man höchstens nur Bauern auf Jahrmärkten übertölpeln kann: diese wähnen damit ein ganzes Volk betören zu können, und zwar ein Volk, welches das Pulver erfunden hat und die Buchdruckerei und die *Kritik der reinen*

Vernunft. Diese unverdiente Beleidigung, daß ihr uns für noch dümmer gehalten, als ihr selber seid, und euch einbildet, uns täuschen zu können, das ist die schlimmere Beleidigung, die ihr uns zufügt in Gegenwart der umstehenden Völker, die noch mit Erstaunen warten, was wir tun werden. Es handelt sich jetzt nicht mehr, sagen sie, um die Freiheit, sondern um die Ehre.

5

HEINE 2 An Moses Moser, Paris, den 20. Mai. Lieber Moser, wird Dich der Brief, den Du heute von mir empfängst, erfreuen, obgleich die Veranlassung nichts weniger als erfreulich? Du kannst mir durch ein Darlehen von vierhundert Talern in der schmerzlichsten Passionszeit meines Lebens einen wichtigen Dienst leisten. Meine Geschäfte stehen in diesem Augenblick so schlecht, daß nur ein Tor oder ein Freund mir jetzt Geld leihen würde. Mit meinem Oheim, dem Millionär, habe ich mich unlängst aufs bitterste überworfen; meine französischen Freunde haben mich durch ihren liebenswürdigen Leichtsinn in großen Geldschaden gebracht; in Deutschland darf ich nichts drucken lassen als zahme Gedichte und unschuldige Märchen, doch habe ich ganz andre Dinge im Pult liegen; zusätzlich gehen Dinge um mich vor, die sich wie hinter einem Schleier begeben, bedrohlich, doch nicht zu fassen. Ich mache mir deswegen schwere Sorgen. Heute mittag holte mich unser guter Traxel zum Dinieren ab, bedrückt und stumm, und als wir bei der Bouillabaisse saßen – Du weißt, was mir gutes Essen bedeutet –, hub er an, mir den Grund seiner Bedrückung darzulegen, indem er mich frug, ob ich bereits von der Genter Affäre wüßte, er hätte sie brühwarm erfahren.

HEINE 1 Genter Affäre? Ist der berühmte Altar von Grünewald gestohlen worden?

TRAXEL Nun, in Gent haben drei belgische Offiziere einen Publizisten wegen seiner Äußerungen über König Leopold zum Duell gefordert – das meinte ich.

HEINE 1 Darum habe ich Monarchen am meisten beneidet, daß sie einem schier unerschöpflichen Reservoir für jeden Unfug Schwachköpfe genug entnehmen können.

TRAXEL Es handelt sich auch gar nicht darum, sondern...

HEINE 1 Sondern?

TRAXEL Essen wir erst die Suppe, bevor wir uns den Appetit mit der Geschichte verderben.

HEINE 1 Nein, mein Lieber, einmal angefangen, muß man zu Stuhle kommen. Also, was gibt's?

TRAXEL Ich habe eine Warnung erhalten. Vor einem Komplott preußischer Offiziere.

HEINE 1 Staatsstreich in Preußen? Undenkbar. Die Armee haut nicht nur andere in Stücke, sie läßt sich selber in Stücke hauen, vorausgesetzt, man verabreicht ihr einen großen Schluck aus der Pulle mit dem hochprozentigen Patriotismus! Prost, mein Lieber!

TRAXEL Es handelt sich darum, daß diese Offiziere nach der Lektüre Ihrer berühmt-berüchtigten Vorrede zu den *Französischen Zuständen* geschworen haben sollen, deren berühmt-berüchtigten Autor in Ehrenhändel zu verwickeln, um ihn auf diese Weise unauffällig aus der Welt zu schaffen. Ich empfehle daher für die nächste Zeit größte Vorsicht! Ihre Leichtfertigkeit, mein lieber Heine, sich Duellen zu stellen, ist ausreichend bekannt. Erst neulich das mit dem Franzosen – Wahnwitz!

HEINE 1 Das wissen Sie?

TRAXEL Heine, Heine, daß Sie sich duellieren aus Deutschtümelei, wer hätte das vermutet. Bloß weil ein petit Bourgeois sagt: Nos Allemands! Sie, der Kosmopolit: Sie, der Europäer; Sie, der Weltbürger!

HEINE 1 Ebendarum. Das alles kann ich doch nur sein, weil ich so sehr Deutscher bin. Aus dieser Haut, guter Traxel, kommt man nicht mal durch Beschneidung heraus. Mein Verhalten war lächerlich, ich weiß, aber ich weiß auch, daß Deutschland alles Pathologisch-Aggressive, seine Einbildungen und Wahnvorstellungen erst verliert, wenn es wie alle andern Nationen ist, weder besser noch schlechter. Insofern habe ich mich diesem Blödsinn unterzogen, keiner nationalen Suprematie, sondern der Gleichberechtigung zuliebe, auch meiner eigenen hierzulande.

TRAXEL Trotzdem: für die nächste Zukunft sollten Sie auf solche gefährlichen Kindereien verzichten. Weichen Sie Provokationen aus. Was haben Sie denn, Ihre Suppe wird ja kalt, oder schmeckt sie Ihnen nicht?

HEINE 1 Doch, doch – ausgezeichnet.

TRAXEL Allzugroße Sorgen brauchen Sie sich natürlich nicht zu machen, Sie sind ja jetzt gewarnt, und außerdem, ich sagte es schon: ein Gerücht! Sie sind eben eine europäische Berühmtheit, und der Klatsch braucht große Tiere zu seiner Nahrung, damit er sich am Leben erhält. Probieren Sie den Beaujolais, Heine, gerade der richtige Jahrgang!

HEINE 2 Indem wir tranken, erschien mir der Besuch des Herrn Steege in ganz anderer Beleuchtung. Das Empfehlungsschreiben? Vermutlich gefälscht. Seine ekelhafte Vertraulichkeit mit Augustine? Vielleicht hatte er sie schon vorher mit einigen Louisdor präpariert . . . Und wie er ohne Umweg und Zögern den Streit anfing, der stracks auf die Duellforderung hinauslief – das alles kam mir plötzlich ganz eindeutig vor. Es war eine Falle gewesen, und ich bereits mit einem Fuß darin. Soll ich mich von preußischen Offizieren für einige Seiten Prosa, obschon wirkungsvoll geschriebener, füsilieren lassen? Soll ich einmal mehr den Helden spielen, die Rolle, die mir bisher immer glücklich geendet, diesmal aber mit absoluter Todesgewißheit verbunden wäre? Prekäre Lage, angepaßt meiner prekären Gesamtsituation, derzufolge ich mich frage, ob es nicht das beste und einfachste sei, im Duell zu fallen. Das wäre für meine Miseren die perfekte Lösung, aus welcher eine wunderschöne Heine-Legende sich ranken könnte wie ein Busch blutroter Rosen: Goethes Werther, eine sowieso anämische Gestalt, verblaßte neben mir zum Junker Bleichenwang. Weißt Du mir zum Darlehen noch einen Rat, gib ihn mir ungesäumt. Nur schnell. Dein Heinrich Heine.

6

BORNSTEDT Geheimbericht an Seine Exzellenz, Fürst Metternich in Wien. Paris, den 27. Mai. Euer Exzellenz, gestern traf ich erneut den pp. Heine in der Lesehalle, wo er, dicklich, ungepflegt gekleidet, den linken Arm reglos an der Seite herabhängend, mich erst nach einer Weile erkannte und begrüßte:

HEINE 1 Ah, Bornstedt, wie geht's, was gibt's Neues in den Gazetten?

BORNSTEDT Dabei gab er sich affektiert, Franzosenäfferei, voll grenzenloser Eitelkeit, indem er laut genug sprach, damit die Anwesenden ja erführen, wer er sei; ich entgegnete ihm, ich hätte soeben in der *Revue des Deux Mondes* gelesen, daß er eine deutsche Revolution prophezeie. Er grinste in seiner zynisch-frechen Weise und erwiderte:

HEINE 1 Das ist das einzige, was ein monarchisch gesinnter

Mensch wie ich erhoffen kann! Ich wette, bei der revolutionären Canaille in Paris hat mein Aufsatz wie eine Bombe eingeschlagen!

BORNSTEDT Dabei schüttelte er sich vor Lachen, und ich strengte mich an, mit einzustimmen, um mir sein Vertrauen zu bewahren. Heine ist nicht nur ein gänzlich ehrloser Geselle, er ist ein ebenso großer Heuchler, ohne Würde und Glauben, feig und lügnerisch und mir gegenüber völlig ahnungslos, trotz seines von ihm selber gepriesenen Instinkts für Menschen. Ich meinte zu ihm: Mein lieber Heine, mit solchen Artikeln werden Sie kaum erreichen, daß je das Verbot Ihrer Schriften in Deutschland aufgehoben wird! Er wurde ernst und erklärte mit dem Brustton echtester Überzeugung:

HEINE 1 Wissen Sie eigentlich, Bornstedt, wie sehr Metternich mich im Grunde schätzt? Ich habe exakte Nachricht, daß er meine Bücher liest und hoch bewertet. Ich erwäge, mich brieflich an Seine Exzellenz zu wenden und wegen der Verbote bei ihm zu intervenieren! Ich bin sicher, er ist meinen Argumenten zugänglich!

BORNSTEDT Ich gab mir große Mühe, ernst zu bleiben, da ich ja die Ansicht Eurer Exzellenz genau kenne, die absolut treffend ist, indem sie Heine für den wahren Rädelsführer und Kopf des *Jungen Deutschland* hält, vor dem man sich am meisten zu hüten hat. Übrigens hat das Verbot von Heines Werken in Paris einen üblen Eindruck gemacht, und gibt ihm eine Wichtigkeit, die zu vermeiden gewesen wäre. Anstatt den Schriftsteller zur Mäßigung zu stimmen, reizt so etwas vielmehr auf und wird ihn immer in die Partei der Revolutionäre oder wenigstens der Opposition treiben. Ich verlangte höflich von ihm zu wissen, was es mit den Gerüchten über ein bevorstehendes Duell seinerseits auf sich habe, doch kaum hatte ich darauf angespielt, verlor er jede Umgänglichkeit und Courtoisie, deren er sonst Meister ist.

HEINE 1 Was wissen Sie denn davon? Klatsch! Degoutanter Klatsch! Meine Feinde streuen wieder mal neue Erfindungen über mich aus!

BORNSTEDT Dabei machte er jedoch nicht den Eindruck, als sei ihm dieses Gerücht gleichgültig. Er wurde unruhig, fast besorgt, und schaute um sich, als suche er jemanden oder als wolle er sich nur einen schnellen Abgang verschaffen, weil das Gesprächsthema ihn enerviere. Ich stieß sogleich nach: In den Salons wird verbreitet, verehrter Maestro, Sie scharten in Paris alle Freunde um sich, wegen einer gefährlichen Infamie...? Und er, als hätte ich ihn mit einer Stopfnadel gestochen, fuhr mich wütend an:

HEINE 1 Herr von Bornstedt! Ich hielt Sie immer für einen Kavalier, für einen Mann mit Geschmack und Takt! Und nun greifen Sie solche Ungeheuerlichkeiten auf! Nun gut – verbreiten Sie es ruhig weiter, bitte, bitte, ich ermächtige Sie sogar ausdrücklich, überall auszuplaudern, Heine sammle seine Truppen gegen einen Angriff aus dem Hinterhalt! Wer's glauben will, der glaubt's!

BORNSTEDT Er berührte flüchtig die Krempe seines Hutes, einen Gruß andeutend, und ehe ich ihn fragen konnte, ob er das tatsächlich ernst gemeint, war er schon verschwunden. Irgend etwas Wahres jedenfalls muß an diesem Gerücht über Heines bevorstehendes Duell sein, sonst hätte er nicht derart heftig reagiert. Auch sein Ausbruch und der ihm dabei entschlüpfende Hinweis auf einen Angriff aus dem Hinterhalt verleihen der Sache mehr Gewicht, als ich erst angenommen. Ich werde Eurer Exzellenz sofort aufs neue Bericht geben, sobald sich etwas mit dem pp. Heine ereignen sollte. Bis dahin bitte ich untertänigst, die nächste Zahlung früher als gewöhnlich à conto Banque Municipale überweisen zu wollen an Eurer Exzellenz ergebensten Diener Adelbert von Bornstedt.

7

SPRECHER Aus der Vorrede: Es ist wahr, noch vor kurzem haben viele Freunde des Vaterlandes die Vergrößerung Preußens gewünscht und in seinen Königen die Oberherren eines vereinigten Deutschland zu sehen gehofft, und man hat die Vaterlandsliebe zu ködern gewußt, und es gab einen preußischen Liberalismus, und die Freunde der Freiheit blickten schon vertrauensvoll nach den Linden von Berlin. Was mich betrifft, ich habe mich nie zu solchem Vertrauen verstehen wollen. Ich betrachte vielmehr mit Besorgnis diesen preußischen Adler, und während andere rühmten, wie kühn er in die Sonne schaue, war ich desto aufmerksamer auf seine Krallen. Ich traute nicht diesem Preußen, diesem langen frömmelnden Gamaschenhelden mit dem weiten Magen und dem großen Maule und mit dem Korporalstock, den er erst in Weihwasser taucht, ehe er damit zuschlägt. Mir mißfiel dieses philosophisch-christliche Soldatentum, dieses Gemengsel von Weißbier, Lüge und Sand. Widerwärtig, tief widerwärtig war mir dieses Preußen, dieses steife, heuchlerische, scheinheilige Preußen, dieser Tartüffe unter den Staaten.

8

HEINE 2 Herrn Ludwig Steege, Hotel zu den drei Lilien. Paris, den 22. Mai. Sehr geehrter Herr Steege, gestern suchten zwei Herren mich auf, welche sich als Ihre Sekundanten bezeichneten, und um zu verhindern, daß Sie falsche Informationen über dieses Gespräch und dessen Ausgang erhalten, teile ich es Ihnen wahrheitsgetreu mit. Jener Herr, der sich als Alfred Müllner vorstellte...

MÜLLNER Müllner, Alfred, und mein Begleiter hier ist Herr von Bergen!

HEINE 2 ...ging ohne Umschweife auf die Sache los.

MÜLLNER Herr Steege hat uns gebeten, bei Ihrer beider Ehrenhandel seine Interessen wahrzunehmen, und wir kamen der Bitte gerne nach, da wir Herrn Steeges Haltung vollauf und ganzinhaltlich billigen.

HEINE 1 Verzeihen Sie, wenn ich Sie unterbreche, meine Herren: Sie sind auf der Durchreise in Paris?

BERGEN Das spielt doch wohl keine Rolle!

MÜLLNER Ja, auf der Durchreise, so könnte man sagen.

HEINE 1 Von Preußen nach Preußen?

BERGEN Wir sind nicht zwecks Konversation über geographische Aspekte unseres örtlichen Aufenthaltes bei Ihnen, Herr Heine! Zur Sache: unser Mandant als der Beleidigte hat die Waffe gewählt, Pistole, und wir schlagen eine Distanz von fünfzehn Schritten vor, Kugelwechsel bis zum Ausscheiden eines der Kontrahenten. Datum: nächsten Sonntag fünf Uhr früh. Ort: Bois de Boulogne, hinter den alten Platanen – Sie kennen ja den Platz von Ihrer letzten Affäre!

HEINE 1 Sie scheinen über meine »Affären« gut unterrichtet zu sein?!

MÜLLNER Benennen Sie uns Ihre Sekundanten, damit die Angelegenheit so schnell wie möglich, nun, sagen wir mal: aus der Welt geschafft ist!

HEINE 1 Meine Herren, ich fürchte, Sie lassen sich da auf etwas ein, was Ihrem Ruf äußerst abträglich sein dürfte. Ich wäre jederzeit zu einem Duell bereit, handelte es sich tatsächlich um eine anders nicht gutzumachende Injurie.

BERGEN Wir kommen Ihnen insoweit entgegen, daß wir als

aufsichtsführenden Arzt Doktor Koreff vorschlagen, Ihren Hausarzt.

HEINE 1 Woher kennen Sie denn Doktor Koreff? Ihre Kenntnisse meines Privatlebens sind ganz außerordentlich. Zu außerordentlich für meinen Geschmack. Ihnen ist ja dann auch bekannt, was für ein mäßiger Schütze ich bin, meine früheren Duelle wurden mit dem Säbel geführt, ich erhielt einst einen Stich in die Nieren, was Sie ebenfalls wissen werden.

BERGEN Benennen Sie endlich Ihre Sekundanten, damit wir uns mit den Herren in Verbindung setzen können.

HEINE 2 Daraufhin äußerte ich die Vermutung, daß Sie, sehr geehrter Herr Steege, in Ihrer berechtigten Erregung den leidigen Vorgang unwillentlich dargestellt haben könnten, wie er sich im Grunde gar nicht begeben hat. Ohne Ihnen erneut nahetreten zu wollen, entschloß ich mich, den beiden Herren, von denen ich anzunehmen geneigt bin, daß sie aus einer von mir hochgeschätzten Musenstadt stammen, da es mir vorkam, als meine einer der Herren halblaut zum anderen: In Berlin bereinigen wir dergleichen schneller ..., diesen beiden also schilderte ich den peinlichen Vorfall mit der Grisette Augustine, und wie Sie mir das Empfehlungsschreiben übergaben, wobei Sie sagten: Mein Name ist Steege, ich bin gerade in Paris eingetroffen und habe die große Ehre, Ihnen das Schreiben eines gemeinsamen Freundes auszuhändigen ... Ich nahm das Schreiben, indessen Sie höflich die bei mir weilende Dame begrüßten mit den Worten: Es ist mir ein Vergnügen, in Ihnen, mein Fräulein, eine Muse des großen Dichters Heine begrüßen zu dürfen. Darauf ich:

HEINE 1 Wolltest du nicht gehen, Augustine?!

HEINE 2 Aber Sie: Lassen Sie doch das entzückende Fräulein hier verweilen, Meister, Sie würden mich betrüben, entzögen Sie mir diesen reizenden Anblick. Damit, ich gestehe es ein, hatten Sie meine Eifersucht wachgerüttelt: Sie, ein deutscher Jüngling, wie er im Buche steht, ich, ein älterer, kränklicher Mann, der sich nicht zurückhalten konnte, seine Empfindlichkeit zu verlautbaren:

HEINE 1 Ich verzichte auf Ihre Ratschläge, da haben Sie das Schreiben retour, den Absender kenne ich nicht, Augustine, verdreh nicht die Augen, als habest du nie einen jungen eleganten Herrn erblickt!

HEINE 2 Darauf Sie: Wie kann der Schöpfer des Werkes »Du bist wie eine Blume so zart und schön und rein ...« mit grober

Hand solch einer Blume Leid zufügen? Damit hatten Sie mich beschämt, und aus dieser Beschämung, welche ich nicht eingestehen mochte, resultierte mein ferneres Benehmen, und ich sprach:

HEINE 1 Sie haben wohl noch keine Hure gesehen?

HEINE 2 Und Sie entgegneten: Nicht zu diesem Zwecke eilte ich nach Paris, sondern um den Dichter der Dichter zu sehen, der durch seine Lieder und Romanzen unser Herz mit einem neuen Frauenbild erfüllt und ein neues weibliches Ideal in uns gesenkt hat. Diese Formulierung, welche glänzender mir niemals eingefallen, vertiefte meinen unberechtigten Unmut, und ich rief:

HEINE 1 Nehmen Sie das sofort zurück! Nehmen Sie das zurück, sonst geschieht ein Unglück!

HEINE 2 Und Sie mit verständlichem Zorn: Wollen Sie mir drohen? Wollen Sie mich, der Ihnen in edelster Absicht genaht, zum Duelle fordern? Wollen sie an mir exemplifizieren, was Ihnen Ihre Feinde nachsagen, Herr Heine? Und entbehrt auch dieses blühende Geschöpf hier der bürgerlichen Tugenden, der jungfräulichen Reinheit, so haben sie persönlich doch nichts zur Wiederherstellung getan, und als Gegenstand eines Zweikampfes wäre sie endgültig und ihrer letzten Ehre verlustig! Sie wandten sich zur Tür, und über die Schulter riefen Sie mit schneidender Schärfe: Sie gehören zu jenen Lumpen, Heine, denen die Herkunft vom Lumpenhändler immer noch anhaftet!
Soweit die Schilderung des Vorfalles, bester Herr Steege, wie er sich in Wirklichkeit zugetragen und wie ich ihn den beiden Herren dargestellt habe.

HEINE 1 Und nun sagen Sie mir bitte, meine Herren, wo der Anlaß für ein Duell läge und wer der Beleidigte ist?! Ihr Mandant hat sich einwandfrei verhalten, möglicherweise einige grobe Worte gebraucht, aber in facto mir eine Lektion in kavaliersgemäßem Komment erteilt! Ich wüßte nicht, wieso er seinen Triumph über Heine zunichte machen sollte, indem er meine eingestandene moralische Niederlage durch eine völlig grundlose Duellforderung selber erneut in Frage stellen, ja aufheben würde?

HEINE 2 Insoweit, sehr geehrter Herr Steege, meine Mitteilung gegenüber Ihren Sekundanten, die Sie, wenn Sie es recht überlegen, nicht nur voreilig, sondern sogar irrtümlich zu mir geschickt haben. Mit den besten Grüßen, Ihr Heinrich Heine.

9

SPRECHER Aus der Vorrede: Ihr braucht euch nicht zu fürchten. Ihr habt Gold und Flinten, und was feil ist, könnt ihr kaufen, und was sterblich ist, könnt ihr töten. Dann habt ihr auch eiserne Töpfe, worin ihr diejenigen einsperren könnt, die auch etwas zu raten aufgeben, wovon ihr nichts wissen wollt, und ihr könnt sie versiegeln und ins Meer der Vergessenheit versenken – alles wie König Salomo. Gleich diesem versteht ihr auch die Sprache der Vögel. Ihr wißt alles, was im Lande gezwitschert und gepfiffen wird, und mißfällt euch der Gesang eines Vogels, so habt ihr eine große Schere, womit ihr ihm den Schnabel zurechtschneidet.

10

HEINE 2 An Heinrich Laube, Paris, den 25. Mai. Bester Laube, Sie sollen ein wichtiges Vorkommnis meines heutigen Tages vernehmen, weil es auch Sie betrifft und weil vielleicht schon bald der Fall eintreten mag, daß ich, obschon nicht materiell, Ihrer bedarf. Ohne Umschweife gesprochen: Ich habe heute meinen Letzten Willen kundgetan. Soeben ist der Notar gegangen. Aus bekanntem Geldmangel nahm ich den billigsten, ein Faktotum erster Klasse, von dem ich fürchte, daß ich sein Begriffsvermögen überstrapaziert habe. Nicht zuletzt deshalb, bester Laube, schreibe ich Ihnen, aus Sicherheitsgründen, damit Sie durch meine Hand erfahren, was mein Mund vor wenigen Minuten in das wachsbleiche Ohr des Herrn Notarius geblasen, und wovon ich nicht sicher bin, ob es das zu diesem Ohr gehörige Gehirn vollständig erreicht hat.

NOTAR Also, Monsieur Heine, Sie hinterlassen alle beweglichen und unbeweglichen Gegenstände Ihrer Frau Natalie.

HEINE 1 Mathilde!

NOTAR Sagte ich's doch; sowie die Rechtstitel auf Ihre Werke. Um welche Werke handelt es sich? Das muß nämlich spezifiziert werden, um möglichen späteren Streitfällen vorzubeugen. Sägewerk? Oder?

HEINE 1 Monsieur – ich bin Dichter, Schriftsteller, mein Name ist Heinrich Heine!

NOTAR Ja, ich habe den Namen schon gehört – Heine? Heine? Sie sind Schweizer, nicht wahr?

HEINE 1 Nein, ich bin Deutscher, aus Düsseldorf gebürtig.

NOTAR Oh, ich liebe die Berge.

HEINE 1 Ich bitte doch um etwas mehr Aufmerksamkeit! Also,

notieren Sie: Heinrich Laube, mein Freund in Deutschland, sei eingesetzt als Herausgeber meines Gesamtwerkes. Er möge dafür sorgen, daß ich unverstümmelt auf die Nachwelt komme. Ich würde mich im Grabe herumdrehen ...

NOTAR Verzeihen Sie, aber das ist wissenschaftlich unhaltbar, da dreht sich keiner mehr!

HEINE 1 ... herumdrehen!, erschiene ich meinen lieben Deutschen als sanfter Heinrich, als eine Art Beruhigungstee, gebraut aus den getrockneten Blättern der Blauen Blume. Ich will, daß der Skandal mit mir mit meinem Tode nicht endet. Meine Landsleute sollen an mir zu würgen haben, daß ihnen noch nach hundert Jahren die Galle hochsteigt.

NOTAR Wie ich das alles ins Juristische übersetzen soll, ist mir völlig unklar!

HEINE 1 Ich bitte um Namen und Adresse Ihres schärfsten Konkurrenten! Der wird sich freuen, erfährt er, Sie hätten auf Heines Testament verzichtet!

NOTAR Schreibe ja schon, schreibe ja alles! Aber eines sage ich Ihnen: Mit Sägewerken wäre es einfacher gewesen!

HEINE 1 Herrn Gutzkow und den andern Dichtern des Jungen Deutschland hinterlasse ich etwas, was ihnen völlig unbekannt ist, obwohl sie tun, als besäßen sie davon die Menge: Talent nämlich. Den deutschen Emigranten in Paris vermache ich mit den besten Wünschen zwei linke Schuhe, da sie sich auch so zueinander verhalten.

NOTAR Mein Gott – und ich soll das eines Tages eröffnen. Was sich diese Schweizer alles ausdenken! Ich hoffe, Sie werden uralt, Herr Heine.

HEINE 1 In meiner Heimat, wo man Zitate liebt, weil sie die Mühe des eigenen Denkens ersetzen, deklamiert man über die Ungewißheit des persönlichen Schlußpunktes: Gestern noch auf stolzen Rossen/heute durch die Brust geschossen/ morgen schon ins kühle Grab! Zwar nicht von mir, doch immerhin auch ganz einprägsam. Und Sie ahnen nicht, lieber Herr, wie nahe daran ich bin, diesem Vers wortwörtliche Realität zu verleihen. Bis auf das Roß freilich, auf dem ich nur metaphorisch gesessen. Aber auch von solchem Roß kann man stürzen und sich das Genick brechen. Meines heißt »Stolz«!

NOTAR Sie sind ein philosophischer Kopf, Monsieur. Kann ich die Aufzeichnung schließen?

HEINE 1 Gleich. Zum Schluß will ich mein Vaterland bedenken. Es ist dies ein Land, durch das man nicht nur um den

Schlaf gebracht wird, sondern auch ums Leben: weil es durch seine Innigkeit und Gesittung, durch seinen Fleiß und seine Gläubigkeit den Anschein erweckt, es sei eine Aufgabe, die zu lösen man imstande wäre. Man brauche nur, um es insgesamt zu vermenschlichen, seine guten Eigenschaften zu multiplizieren und seine schlechten zu subtrahieren, und dies könne leicht geschehen, indem man es in Büchern und Gazetten vorexerziere! Aber nur ein Narr glaubt so was!

HEINE 2 Bei diesem letzten Satz schaute mich der Herr Notarius an, lieber Laube, als sei ich wirklich einer und gerade aus der Irrenanstalt Charenton entsprungen. Unsere deutsche Misere wird wohl normalen Leuten ewig ein Buch mit sieben Siegeln bleiben. Wie auch immer: Sie wissen jetzt Bescheid, falls mir was zustößt, und worum ich Sie in den vielleicht letzten Tagen meines Lebens bitte. Bewahren Sie dieses Schreiben gut, es ist dazu gedacht, jeden Zweifel an Ihrer Legitimität als mein geistiger Testamentsvollstrecker zu widerlegen. Ihr aufrichtiger Heinrich Heine.

11

SPRECHER Aus der Vorrede: Nur vor einem möchte ich warnen, nämlich vor dem Moniteur von 1793. Das ist ein Höllenzwang, den ihr nicht an die Kette legen könnt, und es sind Beschwörungsworte darin, die viel mächtiger sind als Gold und Flinten, Worte, womit man die Toten aus den Gräbern ruft und die Lebenden in den Tod schickt, Worte, womit man Zwerge zu Riesen macht und die Riesen zerschmettert, Worte, die eure ganze Macht zerschneiden wie das Fallbeil einen Königshals. Ich will euch die Wahrheit gestehen. Es gibt Leute, die Mut genug besitzen, jene Worte auszusprechen, und die sich nicht gefürchtet hätten vor den grauenhaftesten Geistererscheinungen. Verlaßt euch aber nicht auf Ohnmacht und Furcht von unserer Seite. Der verhüllte Mann der Zeit, der ebenso kühnen Herzens wie kundiger Zunge ist und der das große Beschwörungswort weiß und es auch auszusprechen vermag, er steht vielleicht schon in eurer Nähe.

12

HEINE 2 An Julius Campe, Hamburg. Boulogne-sur-Mer, den 30. Mai. Bester Campe, meine Abreise aus Paris nach Boulogne, wo ich mich zur Zeit befinde, erwies sich als notwendig, um in Ruhe das Ihnen avisierte Werk vollenden zu können, ein neuerlich großartiges Buch, an dem Sie wie stets mehr verdienen werden als ich. In diesem Zusammenhang erinnere ich an die fällige Geldüberweisung. Nur schnell, bester Campe, das Leben ist teuer, und ein toter Autor nutzt Ihnen nichts mehr. Hier, angesichts des geliebten Meeres, heitert sich mein Gemüt auf; welche wundervolle Stille der Natur!

MATHILDE Henri, es ist nicht zum Aushalten, ich kann dich einfach nicht verstehen, du könntest eigentlich ein wenig Rücksicht auf mich nehmen...

HEINE 2 Bedeutende Projekte reifen hier in der Abgeschiedenheit; ich plane als Gegenstück zu meinem Gedicht von der Nordsee eines über den Atlantik...

MATHILDE Du willst mich durch Langeweile töten, Henri, ich verzweifle in dem Nest hier, soll ich mich in die Wogen stürzen, und wir kennen hier niemanden, was für eine elende Einsamkeit, nicht zum Aushalten, ich ertrage das nicht, Henri!

HEINE 2 Ich habe meiner Concierge in Paris zehn Franken extra in die gierigen Krallen gedrückt, damit sie keinem, auch nicht dem besten Freund, meinen Aufenthaltsort und meine hiesige Wohnadresse verrät. Das Alleinsein mit meiner Arbeit, mit meiner fröhlichen Mathilde ist ein so seltenes Glück, das ich tief genieße.

MATHILDE Laß uns wenigstens Karten spielen, Henri, leg doch die Feder weg, willst du den geschlagenen Tag über am Tisch hocken und nichts anderes tun, was soll's denn nur, komm, wir machen einen Spaziergang, eventuell finden wir ein Café chantant, wo es lustig zugeht...

HEINE 2 Diese göttliche Stille! Das Meer, kaum bewegt, verströmt eine Ruhe, die meinen geplagten Nerven guttut. Umfinge mich doch ständig diese Ruhe, was würde ich noch alles schaffen können!

MATHILDE Henri, du hast mich in diese Wüstenei geführt, jetzt kümmere dich auch um mich!

HEINE 2 Eines jedenfalls verlange ich von Ihnen; daß Sie dieses neue Buch nicht der preußischen Zensur vorlegen! Ich verbiete es Ihnen, Campe! Ich weigere mich, diesem Akt der Entwürdigung zuzustimmen. Ich werde meine Ehre nicht um Buchhonorare verkaufen, so bitter nötig ich dieselben habe, und ich werde auch nicht den geringsten Makel meinem schönen, reinen Namen anheften, ich werde mich nicht der preußischen Zensur unterwerfen. Ich habe getan, was ein Mann tun durfte, wenn er ein reines Gewissen hat; mehr darf ich nicht tun. Wie sollte ich sonst fürderhin schreiben können? Dafür habe ich nicht meine Heimat verlassen, um im Exil literarischen Selbstmord zu begehen.

MATHILDE Wir haben heute noch gar keinen Ringkampf veranstaltet. Chéri, besiege mich, oder ich besiege dich, wir wollen gleich anfangen...

HEINE 2 Gäbe ich nur um ein weniges nach, ich wäre verloren. Mit einer kleinen Konzession fängt es an, hier ein Wort weglassen, da eine Formulierung abschwächen, und das Folgende bestünde darin, auf bestimmte Themen ganz zu verzichten, und damit auf Grundsätze, auf Prinzipien, auf das Wesen der Kunst überhaupt, das kein prinzipienloses Gespenst ist: am Ende hat man sich selber die Schlinge so eng gezogen, sich in einem Kreis gefangen, wo man Blumen und Bienen bedichtet zur vollen Befriedigung des Zensors und zum schmerzlichen Entsetzen der Leser, die aufgeklärt, aufgerufen, wachgerüttelt, erschüttert und bestärkt werden sollen, das Himmelreich hier und heute zu fordern, nicht eingelullt und vertröstet auf den Sankt Nimmerleinstag!

Klopfen

MATHILDE Henri, man klopft, es scheint, wir bekommen Besuch!

HEINE 2 Soeben kündigt sich jemand an der Tür an, ich muß abbrechen, bester Campe, vergessen Sie nicht die Geldanweisung!

Es klopft erneut und stark

HEINE 1 Herein, immer herein!

STEEGE Guten Tag, da bin ich, Steege, Ludwig, um ein Wörtchen mit Ihnen zu sprechen, Herr Heine! Aber unter vier Augen!

13

Klopfen an eine Tür

STEEGE Mein Name ist Steege, Ludwig, Herr Mignet, ich komme soeben von Ihrem Freund Heinrich Heine, der sich am Meer erholt. Er gab mir dieses Schreiben für Sie: An Monsieur Francois-August-Marie Mignet.

MIGNET Nehmen Sie bitte Platz, ich bin sogleich zurück. *Eine Tür wird geschlossen; Mignet liest für sich:* Teurer Freund, heute wende ich mich mit einer wenig gewöhnlichen Bitte an

Sie, der jedoch eine andere vorausgeht: nämlich die um Nachsicht. Da ich mich zur Zeit in Boulogne aufhalte, bin ich außerstande, Ihnen persönlich die erwähnte Bitte zu erläutern, deren äußerste Wichtigkeit für mich ich nachdrücklich betone. Die Macht der Dinge zwang mir den politischen Kampf auf, und die Macht kleinlicher Intrige veranlaßt mich, will ich den Kampf weiterführen, zur Kapitulation in andern Bereichen!

HEINE 2 Entziehen Sie mir weder Ihre Sympathie noch Ihr Vertrauen, da ich beides nötiger denn je brauche. Handeln Sie, ohne zu fragen, nehmen Sie den Überbringer dieses Schreibens auf und führen Sie ihn in die höhere Gesellschaft von Paris ein, damit er dort sein Glück mache. Herr Ludwig Steege, denn um ihn handelt es sich, ist einer jener wackeren deutschen Männer, von denen wir künftig noch viel zu erwarten haben. Seine Tüchtigkeit ist eminent, sein Instinkt hervorragend, seine Talente, wenn auch nicht einmalig, so doch in einem Maße entwickelt, wie ich es nie für möglich gehalten.

MIGNET *lesend* Ich hoffe, Sie verstehen mich. Unter durchschnittlichem Habitus verbirgt sich ein außergewöhnlicher Geist, von welchem mir eine gehörige Probe geliefert wurde. In alter Freundschaft, Ihr Heine.

14

SPRECHER Aus der Vorrede: Graut euch nicht manchmal, wenn euch die servilen Gestalten mit fast ironischer Demut umwedeln und euch plötzlich in den Sinn kommt: das ist vielleicht eine List; dieser Elende, der sich so blödsinnig absolutistisch, so viehisch gehorsam gebärdet, der ist vielleicht ein geheimer Brutus? Habt ihr nicht nachts zuweilen Träume, die euch vor den kleinsten, windigsten Würmern warnen, die ihr des Tages zufällig kriechen gesehen?
Ängstigt euch nicht! Ich scherze nur, ihr seid ganz sicher. Seid außer Sorge in betreff der kleinen Narren, die euch zuweilen mit bedenklichen Späßen umgaukeln. Der große Narr schützt euch vor den kleinen. Der große Narr ist ein sehr großer Narr, riesengroß, und er nennt sich deutsches Volk. An seiner Kappe hängen, statt der Schellen, lauter zentnerschwere Kirchenglocken, und in der Hand trägt er eine ungeheure Pritsche von Eisen. Kommt ein guter Freund zu ihm, der teilnehmend über seine Schmerzen mit ihm reden

will oder gar ihm ein Hausmittelchen dagegen anrät, dann wird er rein wütend und schlägt nach ihm mit der eisernen Pritsche. Er ist überhaupt wütend gegen jeden, der es gut mit ihm meint. Er ist der schlimmste Feind seiner Freunde und der beste Freund seiner Feinde.

15

HEINE 2 An Maximilian Heine, kaiserlich-russischer Arzt, Sankt Petersburg. Paris, den 3. Juni.
Geliebter Bruder, mein ohnehin mäßiger Gesundheitszustand hat nach meiner Rückkehr in die Cité Bergère eine fragwürdige Bereicherung erfahren: seit zwei Tagen bin ich Eigentümer einer solchen Gelbsucht, daß ich ohne aufzufallen durch Peking marschieren könnte. Zwar fand ich in den medizinischen Nachschlagewerken, welche ich mit größerem Eifer konsultiere als die wirklichen Ärzte, nichts über die Reziprozität von Gemüt und Galle, bin aber von deren unlöslichem Zusammenhang fest überzeugt. Meine Hepatitis ist das direkte Ergebnis einer Begegnung, von der ich außer zu Dir zu niemandem reden kann. Stell Dir vor, es erscheint bei mir in Boulogne jener Kerl, von dem ich Dir bereits geschrieben, der sich unbedingt mit mir duellieren wollte, und verlangt mich unter vier Augen zu sprechen.
Kaum ist Mathilde hinaus, fragt er höhnisch, warum ich vor ihm aus Paris geflohen sei?!

STEEGE Oder wollen Sie das leugnen, bester Herr?

HEINE 1 Sie befinden sich in einem Irrtum, mein Herr! Die Notwendigkeit, in kürzester Frist ein neues Buch fertigzustellen, wozu mir in Paris die Ungestörtheit fehlte, zwang mich, mich hierher zurückzuziehen. Falls Sie Ihre Duellforderung erneuern wollen...

STEEGE Sie haben einen bübischen Trick angewendet, Herr Heine, mittels dessen Sie sich meiner Forderung entziehen wollen! Sie verbreiteten das Gerücht, preußische Offiziere planten, Sie in einem Ehrenhandel zu töten! Doch dieser Kniff wird Ihnen nichts nutzen!

HEINE 1 Ist es denn ein Gerücht? Aus meinem Hirn jedenfalls stammt es nicht! Ihre beiden Sekundanten, werter Herr Steege, wie auch Sie selber entsprechen durchaus in Herkommen und Auftreten diesem »Gerücht«! Ich habe glaubhaften Grund zu der Annahme, daß es sich um pure Tatsache handelt. Meine Vorrede zu den *Französischen Zuständen* hat alle Reaktionäre Preußens aufgescheucht. Es herrscht jetzt eine Pogromstimmung wie 1819, als der Student Sand den schlechtesten Dramatiker der Welt, Herrn Kotzebue, ermordete, weil in den Burschenschaften der nationale Virus sein frisch-fröhlich-fromm-und-freies Leben führte und der unselige Sand sich daran infiziert hatte. Die Deutschen suchen die Schuld an ihrer selbstverschuldeten Misere seit eh und je mit Eifer bei andern. Mal ist es der Papst, mal Napoleon, mal Heinrich Heine!

STEEGE Danke für den aufklärenden Vortrag, es geht jedoch nicht um die Verifizierung eines Gerüchtes. Es geht um ganz was anderes. Mademoiselle Augustine kann bezeugen, wie Sie mich beleidigten, und meine beiden Sekundanten beschwören, daß es Ihnen an Mut gebricht, die Konsequenzen aus dem eigenen Verhalten zu ziehen. Ich stehe bereits mit dem *Hamburgischen Unparteiischen Korrespondenten* in Verbindung und werde in dieser Zeitung aufdecken, was es mit der Kühnheit des Barden der Revolution auf sich hat! Jede Gazette in Deutschland druckt mir das mit Kußhand nach!

HEINE 1 Sie haben Begabung fürs Theater! Das haben Sie prächtig inszeniert, nicht wahr, so ist es doch?!

STEEGE Ich bin Mediziner, Herr Heine, angehender, oder besser noch: ein von der forensischen Heilkunde enttäuschter Adept.

HEINE 1 Und es erscheint mir jetzt durchaus denkbar, daß Sie selber und Ihre Helfershelfer das Gerücht über die Offiziere in die Welt gesetzt haben, um mir Furcht einzujagen, um auf mich einen Druck auszuüben – aber wozu?

STEEGE Heine, Heine! Ich fürchte, Sie haben Ihr Ansehen in Deutschland zerstört! Ihre Leser, sobald fernerhin Ihr Name fällt, werden auf Ihre Bücher verzichten, weil ihnen die Kluft zwischen dem idealen Heine und dem realen Heine zu groß geworden ist! Ihre Glaubwürdigkeit, Ihr Ruf als Mahner der Nation, als Verkünder eines neuen, höheren Ethos, ist passé! Man wird bei jeder Zeile von Ihnen sagen: auf Papier ist es leicht, heroisch zu sein, aber Papier ist geduldig...

HEINE 1 Das ist doch nicht auf Ihrem provinziellen Mist gewachsen, Steege, das hat doch jemand für Sie ausgedacht! Soweit denken doch meine Preußen nicht!

HEINE 2 Und im Augenblick des Aussprechens wurde mir bewußt – eine solche Intrige konnte nur einem einfallen: Metternich! Seinem Konzept zufolge würde er mich auf jeden Fall los. Er arrangierte dieses sogenannte Duell, durch welches ich, akzeptierte ich es, mit dem Tode abginge oder im Falle der Weigerung als ehrloser Feigling in der Versenkung verschwände. Letzteres wäre ihm womöglich angenehmer, weil es gleichzeitig die Entschärfung meines Werkes, die Unwirksammachung meinem Werke implizierte, hingegen bei einem Duelltod eine Legende meinen Büchern zu weiter Verbreitung verhülfe, es freilich auch endgültig abschlösse. Und der Gipfelpunkt Metternichscher Hinterhältigkeit bestand noch darin, daß er meine physische oder moralische Liquidation seinen preußischen Alliierten in die Kommißstiebel schob und selber außerhalb jeder Verdächte blieb! Welch ein Fortschritt gegenüber früheren Epochen, wo man dem unliebsamen Skribenten den Schierlingsbecher ins Haus schickte oder den Strick, damit er wisse, er habe sich selber zu entleiben.

STEEGE Mein lieber Heine, Sie sind zu lange aus der Heimat fort! Der grobe deutsche Michel hat seine Plumpheit in manchem verloren. Bedenken Sie das, falls Sie je wieder etwas über Deutschland schreiben. Im übrigen bin ich nicht hier, um meine Forderung zu wiederholen. Im Gegenteil, ich bin sogar bereit, auf unser Duell zu verzichten.

HEINE 2 Er starrte mich erwartungsvoll an. Ich schwieg, da ich keinen Schimmer hatte, worauf er hinauswollte. Ich bildete mir ein, ich hätte noch nie so eindeutig und so nahe am Rande des Unterganges gestanden, in den ich nicht nur meine bisherigen Schöpfungen mit hineinrisse, sondern mit diesen auch die größeren und allgemeineren Bestrebungen, die meinen Arbeiten zugrunde liegen, und für welche eben diese meine Arbeiten auch wiederum die Grundlage bilden. Der berlinische Korporal, der hamburgische Geldsack, der rheinische Pfaffe, sie würden jubeln, da sich bestätigte, was sie immer schon von Heine gewußt zu haben meinen; ich hörte schon ihr wölfisches Triumphgeheul, spürte sie schon über mich herfallen, und es ward mir recht elend zumute, lieber Bruder. Steege, Ludwig, der mich so stumm sah, erklärte sich endlich:

STEEGE Ich bedürfte einer Empfehlung von Ihnen an eine wirklich wesentliche Persönlichkeit der Pariser Gesellschaft, in welcher ich beschlossen habe, mein Glück zu machen! Ich gedenke in Paris zu bleiben und ein reicher Mann zu werden: Sie müssen mir die Tür zur Hautevolee aufstoßen, Heine! Das wäre mein Wunsch! Sollten Sie diese kleine Bitte erfüllen, will ich von Herzen gern unseren geringfügigen Streit vergessen; auch für eine mäßige Summe wäre ich dankbar, ich hatte hohe Ausgaben, das Engagement von drei Komparsen für eine kleine Komödie, welche vor dem berühmtesten Dichter der Gegenwart aufzuführen ich die Ehre hatte ...

HEINE 2 Schon wieder das ominöse Wort: ein Begriff, von dem keiner einen rechten Begriff hat. Ein leeres Gefäß, in das jede Epoche eine andere Suppe eingießt, die die folgende auszulöffeln hat. Es ist etwas ewig Unvergleichbares. Die Ehre einer Jungfrau ist eine andere als die eines Soldaten: ihm wird sie, ist er gefallen, zuerkannt – ihr in der gleichen Lage nicht! Dazu gibt es noch jede Ehre in doppelter Ausführung: eine kleinere und eine größere, und das Herzzerreißende besteht darin, man kann nicht beide zugleich besitzen; die größere zu behalten, muß man häufig die kleinere aufgeben; sich zwischen beiden zu entscheiden bedeutet die Entscheidung zwischen zwei ganz verschiedenen Existenzen, und auch wer sich dessen nicht bewußt ist, wählt trotzdem. Auch ich habe es getan. Und ich weiß, wie die Nachwelt meine Wahl beurteilen wird.
Es grüßt und umarmt Dich Dein Bruder Heinrich.

16

SPRECHER Wir brauchen aus wechselseitigem Mißtrauen keine stehenden Heere von vielen hunderttausend Mördern mehr zu füttern, wir erlangen Frieden und Wohlstand und Freiheit. Dieser Wirksamkeit bleibt mein Leben gewidmet; es ist mein Amt. Der Haß meiner Feinde darf als Bürgschaft gelten, daß ich dieses Amt bisher recht treu und ehrlich verwaltet. Ich werde mich jenes Hasses immer würdig zeigen.

WOLFGANG KOHLHAASE

DIE GRÜNSTEIN-VARIANTE

Eine Geschichte in Erinnerung
an Geschichten, die Ludwig Turek erzählt hat
[1976]

Personen:

LODEK	WÄRTER
STUDENT	GRIECHE
GRÜNSTEIN	DIREKTOR

1

Wohnraum

LODEK Schach ist ein schönes Spiel, was?

STUDENT Finde ich auch, Herr Lodek.

LODEK Das konnten sich nur welche ausknobeln wie die Araber oder die Inder. Ich meine, die so viel Zeit hatten.

STUDENT Kann schon sein, Herr Lodek.

LODEK Und läßt sich auch nicht verbessern. Haben schon viele versucht. Alles Quatsch.

STUDENT Glaube ich auch, Herr Lodek.

LODEK Dann nehmen Sie mal ruhig die weißen Figuren.

STUDENT Gut, Herr Lodek.

LODEK Hat mir imponiert, wie Sie gegen Garstecki gespielt haben.

STUDENT War vielleicht Glück, Herr Lodek.

LODEK Nicht gegen Garstecki. Da hilft kein Glück. Ich hab Sie in der Kneipe früher nie bemerkt.

STUDENT Ich bin erst hergezogen.

LODEK Und was machen Sie tagsüber?

STUDENT Ich hab gerade angefangen zu studieren, Mathematik.

LODEK Kann sein, da liegt Ihnen Schach. Obgleich, Garstecki zum Beispiel ist Kellner. Aber als Schachspieler ein ganz schlauer Hund. Es gehört eben immer auch eine Portion Intuition dazu. Zum Beispiel, als ich mal gegen Aljochin gespielt habe, war der völlig blau.

STUDENT Gegen wen?

LODEK Aljochin.

STUDENT Der Weltmeister?

LODEK Derselbe. Manche sagen auch Aljechin. Heißt aber richtig Aljochin.

STUDENT Und gegen den haben Sie gespielt?

LODEK Warum denn nicht?

STUDENT Und wo haben Sie gegen den gespielt?

LODEK In Nizza.

STUDENT In Nizza?

LODEK Da war ich in meiner Eigenschaft als Seemann.

STUDENT Und da haben Sie gegen Aljechin gespielt?

LODEK Aljochin. Der hat natürlich gegen dreißig Mann gespielt, simultan. Und ich war der achtundzwanzigste, als Gast. Ich erwähne es nur, weil der Aljochin so blau war, daß ihn zwei Mann den Tisch entlang führen mußten. Und er hat trotzdem, rein intuitiv, den Schachklub Nizza in die Pfanne gehauen.

STUDENT Finde ich enorm, Herr Lodek. Ich meine, daß Sie dabei waren.

LODEK Ich hab ja nicht immer aus dem Küchenfenster auf den Hof geguckt.

STUDENT Wirklich enorm.

LODEK Und ein ähnlicher Kopf war möglicherweise dieser Grünstein aus Polen. Obgleich der theoretisch völlig unbeschlagen war.

STUDENT Das kann man aber nicht sagen.

LODEK Das einzige, was er konnte, war die Spanische Eröffnung. Und die habe ich ihm erklärt.

STUDENT Moment mal. Grünfeld, der war doch schon dreiundzwanzig deutscher Meister. Außerdem wohnte er in Prag. Und immerhin hat er eine Verteidigung erfunden, Grünfeld-Indisch.

LODEK Habe ich Grünfeld gesagt?

STUDENT Sie haben gesagt ein ähnlicher Kopf wie Aljechin.

LODEK Aljochin. Und ich meine natürlich Grünstein. Nicht Grünfeld, sondern Grünstein. Und der war nie deutscher Meister, der konnte nicht mal Schach spielen, jedenfalls nicht bis dahin. Das ist ja das Ding. Grünstein ... Und der wohnte nicht in Prag, sondern saß im Sommer neununddreißig in Paris im Knast und hat Tag und Nacht Ochsen geschlachtet ...

2

Gefängniszelle. Ein Klopfen wird hörbar, an Wänden oder Heizungsrohren. Es wird mehrmals verwendet, real, aber auch musikalisch oder akustisch stilisiert, wie hier am Anfang, ein Geräusch in der Erinnerung. Dann Stille und die Stimme Grünsteins, monoton, wie im Selbstgespräch.

GRÜNSTEIN Ich begrüße Sie, Herr Schoichet. So früh am Tag, ich grüße Sie mit Respekt. Nun blicken Sie auf das gute, stattliche Tier. Was für ein schönes Gewicht. Ein Glanz auf dem Fell, und das Auge so dunkel und sanft.

LODEK Morgen, Kamerad.

GRÜNSTEIN Ich hab ihm schon gebunden die Füß. Wenn Sie gesprochen haben das Gebet und geprüft das Schoichetmesser lang und scharf, das Chalew, wer ich ihn legen.

LODEK Was ist los, Kumpel?

GRÜNSTEIN Ich bitt Sie nun, schneiden Sie mit geübter frommer Hand. Machen Sie den Schnitt nach dem Gesetz, Herr Schoichet, und das Blut springt hellrot aus der Kreatur, und in ihrem Auge ist ein Staunen und kein Leiden.

WÄRTER *vom Flur her* Allez, debout! (Aufstehen!)

LODEK Komm hoch, Grieche, ein neuer Tag.

GRÜNSTEIN Was lebt, will nicht lassen die Welt. Nicht der Mensch und kein Ochse. Es pumpt mächtig sein Herz. Aber das Blut springt fort, und er wird müde und immer mehr müde, und leise geht die Seele davon.

LODEK Was hat er denn, Grieche?

GRIECHE Er schlachtet.

GRÜNSTEIN Lunge, Leber, Herz und Milz, nun prüfen Sie, Herr Schoichet, mit kundiger Hand. Sind Löcher, wo sie nicht dürfen? Ist treve womöglich der Ochse? Dürfen die frommen Leut nicht essen sein Fleisch? Ich sag es nur so, Herr Schoichet, er hat mich gekostet achthundert auf dem Markt.

Die Zellentür wird geöffnet

WÄRTER Sortez la tinette! (Kübel raus!)

LODEK Wer ist dran mit dem Kübel?

GRIECHE Grünstein ist dran.

GRÜNSTEIN Sie lächeln, Herr Schoichet, ich sehe, Sie lächeln. Dein Ochse, mein lieber Kazew Grünstein, ist koscher.

LODEK Laß mal den Ochsen und bring den Kübel raus.

GRÜNSTEIN Gedankt sei Gott. Sehen Sie, Herr, ich weiß, daß ich dran bin mit dem Kübel. Gelobt sei Gott, denn es ist Fleisch da für den Schabbes. Ich geh schon mit dem Kübel.

Schritte entfernen sich

GRIECHE Er setzt aus die Sonnabend und die Sonntag. Sonst er schlachtet, seit ich hier hinzugefügt bin, jeden Tag.

LODEK Die scheinen zu zweit zu schlachten.

GRIECHE Ganz durchgedreht. Püree im Kopf. Von Polen kommt.

LODEK Es kann auch Heimweh sein. Heinweh kann einer haben nach 'ner Arbeit wie nach 'ner Gegend. Wo bist du denn her?

GRIECHE Ich stamme von Insel Korfu, welche besucht ist von deutscher Kaiser Wilhelm der Zweite den elfte April 1905.

LODEK Der war auch überall, was?

GRIECHE Besucht griechische König Georg.

LODEK Ich bin auch mal an Korfu vorbeigefahren. Und zwar so, daß Korfu backbord lag. Hast du unten so gut Deutsch gelernt, Grieche?

GRIECHE Ich lerne reichlich Deutsch aus Büchern. Ich beginne mit Kochbuch. Alsdann füge ich hinzu die Geschichte von Preußen.

LODEK Erstaunliche Mischung.

GRIECHE Gebratener Biberschwanz. Gedämpftes Hammelfleisch mit Rotwein. Großer Mehlkloß für den gewöhnlichen Tisch. Desgleichen auf Obst gekocht. Bismarck. Moltke. Friedrich der Dritte, genannt der Sommerkaiser. Ich spreche richtig?

LODEK Jedes Wort.

GRIECHE Wir Deutschen fürchten Gott, sonst nichts auf der Welt. Ist richtig?

LODEK Als wenn du bei uns zur Schule gegangen wärst, Grieche.

Der Kübel klappert, die Tür wird geschlossen

GRÜNSTEIN Es war heut ein Mann da in einer weißen Bekleidung, der hat geworfen in jeden Kübel einen Blick, bevor man ihn ausgießt. Ich frag ihn, was er da prüft, da sagt er mir merde. Ich will nicht hoffen, es ist eine Epidemie.

LODEK Merde ist Scheiße.

GRÜNSTEIN Wissen Sie das genau?

LODEK Auf französisch ausgedrückt.

GRÜNSTEIN An einem Ort, wo der Eiffelturm sich erhebt, möcht man sich eigentlich vorstellen eine Wasserspülung im Gefängnis.

LODEK Und vom Frühstück war noch nichts zu sehen?

GRÜNSTEIN Nichts war zu sehen von irgendwas.

GRIECHE Frühstück ist, wenn die Sonnenschein rührt an die Kübel.

GRÜNSTEIN Ein Gläschen, Herr Schoichet. Und nehmen Sie noch ein Gläschen. So einen Ochsen hat man nicht jeden

Tag. Was für ein Jammer, wenn er nicht wär koscher, und sein Fleisch wär für die Christen, die den Preis drücken, weil sie wissen, daß ich in der Klemme bin mit einem nicht koscheren Ochsen. Sie werden sich vielleicht gewundert haben, daß ich so lang nicht da war, ich war aufgehalten in der Fremde. Ach, ich könnt Ihnen Sachen erzählen. Glauben Sie mir, man sollt heutzutage nicht rechnen mit einem Glück über Nacht...

3

Klopfen, jetzt real

LODEK Die klopfen und klopfen.

GRIECHE Die Tag und die Nacht klopfen.

LODEK Die Frage ist, nach welchem System? Es ist schwer rauszukriegen, weil sie französisch klopfen.

GRÜNSTEIN Verstehen tut man nichts, aber gestört ist das ganze Gefängnis.

LODEK So merkst du, daß du nicht allein bist, Grünstein.

GRÜNSTEIN Mit seiner Sünde vor Gott ist jeder allein.

Die Zellentür wird geöffnet

WÄRTER Les écuelles! (Die Schüsseln raus!)

LODEK Ich habe eine Frage, gardien. Une question, Monsieur... Kommt hier heute mal ein Chef vorbei?

WÄRTER Moi, mon affaire c'est la soupe. (Ich bin für die Suppe zuständig.)

LODEK Den Sonntag habe ich mir gefallen lassen. Aber jetzt will ich wieder raus hier.

WÄRTER Donne ton écuelle! (Gib deine Schüssel!)

LODEK Ich bin Kapitän. Ich verweise auf das internationale Seerecht. Ich weise darauf hin, daß im Hafen von Fréjus ein Schiff ohne seinen Kapitän liegt, solange ich hier drin bin. Das kann zu Verwicklungen führen, die euch teuer zu stehen kommen.

WÄRTER Je ne comprends pas. (Ich verstehe nicht.)

Die Zellentür wird geschlossen. Lodek schlägt gegen die Tür

LODEK Mach auf, du Affe. Ich will den Direktor sprechen. Ich fordere meine Freilassung. Ich will meine Papiere wiederhaben. Ich verlange, daß hier ein Anwalt erscheint. Ihr habt kein Recht, mich einzusperren, ihr Affenärsche. Verflucht, mir fehlt nur das richtige Französisch...

GRÜNSTEIN Ihre Suppe wird kalt, Herr. Und Sie werden Ihre Lage nicht verbessern, wenn Sie schreien.

LODEK Ich schreie nicht, ich sage meine Meinung.

GRÜNSTEIN Man wird sich nicht interessieren für Ihre Meinung. Denken Sie, ich hab nicht verlangt nach der Direktion? Die zweite Woche habe ich einen Brief gerichtet an den Herrn Gefängnisdirektor, auf der Hälfte von einem Blatt Papier, was der verrückte griechische Herr hier freundlicherweise in seinem Besitz hat. Na und?

GRIECHE Wer ist verrückt in diese Zimmer, wer?

LODEK Ist die Suppe immer so beschissen?

GRIECHE Eine schlechte Suppe, weil eine schlechte Rezept.

GRÜNSTEIN Gar kein Rezept. Es wechselt nur die Farbe und die Temperatur.

LODEK Aber anständiges Brot. Das Brot ist in Paris gut.

GRIECHE Ich verstehe von Suppe. Man nehme eine Fasan, zwei Rebhuhn, eine Schnepfe, eine Hase. Alles gekocht, setze hinzu Butter und Weißwein ... Oder Orangenschaumsuppe. Original von Griechenland. Ist angerichtet von Orangen, Korinthen, Eier, Sahne und eine kleine Portion Kognak.

LODEK Wart doch mal mit dem Orangenschaum, bis wir mit der Brühe hier fertig sind. Und dann fressen wir erst mal den Ochsen, den Grünstein umgebracht hat. Und morgen schlachtet er vielleicht ein Schwein.

GRÜNSTEIN Warum sind Sie beleidigend? Ein Kazew wird nicht schlachten Schwein in sein Leben nicht.

LODEK Ich meine ja auch kein Schwein. Ich meine einen Hammel. Zur Abwechslung, meine ich ... Ich wollte deinem Gott nicht irgendwie zu nahetreten, Grünstein.

GRIECHE Ich bevorzuge eine andere Sorge. Wie lebt der deutsche Kaiser in Holland?

LODEK Wer?

GRIECHE Der deutsche Kaiser in Holland. Wie lebt?

LODEK An den Mann denke ich eigentlich selten.

GRIECHE Der Kaiser ist gesund und hat Appetit?

LODEK Ob der Appetit hat?

GRIECHE Wohnt wieder in eine Schloß?

LODEK Hör mal, Grieche, der Kaiser ist weg vom Balkon. Der sägt jetzt Holz in seiner Freizeit, habe ich mal gelesen. Das hätte er vielleicht überhaupt machen sollen.

GRIECHE Was sagt der Kaiser?

LODEK Nicht sagt. Sägt. Mit der Säge.

GRIECHE Der Kaiser sägt? Und die kaiserliche Personal?

LODEK Irgendeiner wird schon mit anfassen.

GRIECHE Ich wundere.

GRÜNSTEIN Ein Monarchist, wie Sie bemerken. Mit einer sadistischen Beziehung zu Delikatessen.

LODEK Ich würde sagen, ein Koch.

GRÜNSTEIN Muß er deswegen quälen die Mitgefangenen mit seine Suppen?

GRIECHE Ich bin ein Koch. Eine Koch von eine Monarch.

LODEK Ist gut, Grieche. Sonst bin ich Admiral Nelson.

GRÜNSTEIN Sie müssen ihm nicht reinreden. Der Mensch hat sein Schicksal, und er kreuzt die Wege von anderen Menschen.

4

Klopfen. Dann Stille. Aus der Stille die monotone Stimme Grünsteins

GRÜNSTEIN Seien Sie gegrüßt, Herr Schoichet. Ein schöner Morgen. Ich wart schon, daß Sie kommen mit dem geweihten Messer. Sehen Sie sich an den mit Korn gemästeten Ochsen. Ich hab ihm gebunden die Füß. Ich leg ihn nun, daß Sie ihn schneiden können mit dem Chalew. Schneiden Sie und prüfen Sie. Und lassen Sie mich hoffen...

LODEK Sag mal, Grünstein, wohnst du schon immer in Polen? Oder bist du aus Deutschland abgehauen? Hitler ade, scheiden tut weh?

GRÜNSTEIN Ich bin hergereist aus Galizien mit einer ordentlichen Fahrkarte und wegen einem Geschäft. Ich hab nichts zu schaffen mit dem Herrn Hitler.

LODEK Und warum sitzt du hier drin, Grünstein?

GRÜNSTEIN Man sagt mir keinen Grund.

LODEK Dann kann es lange dauern. Weil sie den Grund erst suchen müssen. Oder hat dich der Zoll erwischt?

GRÜNSTEIN Sie irren sich, Herr. Ich muß mich nur prüfen vor Gott.

LODEK Sag mal, Grünstein, spielst du Schach?

GRÜNSTEIN Nein.

LODEK Schade. Wär nicht so langweilig. Hast du es noch nie versucht?

GRÜNSTEIN Ich habe es nicht gespielt, nie in meinem Leben.

LODEK Mensch, draußen ist Sommer und uns lassen sie hier schmoren. Du könntest es lernen.

GRÜNSTEIN Was?

LODEK Schach, ich bringe es dir bei. Schach ist ein ernstes Spiel.

GRÜNSTEIN Sehen Sie, Herr Lodek, ich bin schon in einer ernsten Lage ohne Schach.

LODEK Es macht natürlich auch Spaß.

GRÜNSTEIN Bin ich dazu im Gefängnis? Daß die Leute sagen werden, einen Spaß hat er gehabt, der Grünstein, im Gefängnis? Und womit wollen Sie überhaupt spielen? *Klopfen*

5

GRIECHE So machen Nudeln in Deutschland?

LODEK Keine Nudeln.

GRÜNSTEIN Es wäre vielleicht besser, Sie nehmen Ihr Brot zum Essen, Herr Lodek.

GRIECHE Sieht aus wie Nudeln.

LODEK Das sind Schachfiguren. Und zwar Bauern. Davon braucht man sechzehn Stück. Schach, Grieche, das Spiel der Könige. Aber jeder kann es lernen.

GRIECHE Ich lerne deutsche Sprache und deutsche Kochbuch und griechische Kochbuch. Alles im Kopf. Das ist reichlich.

LODEK So, das ist ein Pferd.

GRIECHE Eine Pferd?

LODEK Da kommen natürlich noch Ohren ran.

GRÜNSTEIN Sie arbeiten schön mit Ihre Hände.

LODEK Ich habe Schach von meinem Vater gelernt. Allerdings hat er mir immer, wenn er verloren hat, ein paar hinter die Ohren gehauen. Gegen den eigenen Vater, sagte er, gewinnt man nicht. Er war Zigarrenmacher.

GRÜNSTEIN Habe ich aber richtig verstanden, daß Sie ein Kapitän sind, Herr Lodek?

LODEK Das bin ich.

GRÜNSTEIN Auf einem Schiff?

LOEDK Wo sonst?

GRÜNSTEIN Auf einem Schiff auf dem Meer?

LODEK Im Augenblick auf dem Mittelmeer. Du darfst dir natürlich nicht einen Dampfer wie die »Queen Mary« vorstellen.

GRÜNSTEIN Wir denken manchmal an das Meer in unserem Städtchen. Wie blau es ist. Und dahinter liegen glückliche Länder, mit einem sanften Wind möchte man hinreisen. Aber wenn der Sturm heult, sitzen wir unterm Dach und denken an die armen Menschen auf dem Wasser und wollen lieber nirgendwohin.

GRIECHE Kann die Schiff reisen bis Griechenland?

LODEK Kein Problem.

GRIECHE Bis Korfu?

LODEK Wenn du hinwillst? Oder rund um Korsika. Sardinien, Malta, Algier und zurück. Kannst du alles haben.

GRÜNSTEIN Und wieviel Matrosen dienen auf Ihrem Schiff, Herr Lodek?

LODEK Ein Bootsmann mit Namen Charly. Ein Amerikaner übrigens.

GRÜNSTEIN Und wieviel Matrosen?

LODEK Matrosen brauchen wir nicht weiter.

GRÜNSTEIN Schade.

LODEK Was ist schade?

GRÜNSTEIN Ich habe gedacht, ich werd es erzählen für die Frau und die Kinder und die Nachbarn, wie ich mit einem Kapitän bekannt geworden bin. Da ist es schade, daß es so klein ist, Ihr Schiff.

LODEK Ein Schiff ist ein Schiff, Grünstein.

GRÜNSTEIN Die Leut bei uns sind arm, aber sie haben einen scharfen Verstand. Ein Schiff für zwei Personen werden sie nicht gelten lassen.

LODEK Ein schnellgehendes Schiff. Als Ketsch getakelt. Ich habe Kojen für acht Personen.

GRÜNSTEIN Ich mach Ihnen keinen Vorwurf, Herr. Wozu sollte man Grünstein zusammensperren mit einem großen Kapitän. Ausgerechnet Grünstein.

LODEK So. Das ist ein Turm. Er steht in der Ecke neben dem Pferd.

GRÜNSTEIN Ich versteh nichts davon.

LODEK Davor stehen die Bauern. Und du könntest dahinter sitzen wie ein Feldherr, wenn du Schach spielst.

GRÜNSTEIN Ich bin die achte Woche hier.

LODEK Na eben.

GRÜNSTEIN Ich muß denken an die Juden, die kein Fleisch haben, Herr. Seit der Woche vor Pessach, seit ich abgereist bin. Und wie sie klagend die Arme heben und schließlich nach Perlitschew schicken, zur Konkurrenz, zum Kazew Ringelmann. Wenn ich die Augen zumach, sehe ich einen Ochsen. Er geht nur weg, bis ich ihn schlachte... Am schönsten haben Sie das Pferd gemacht, Herr Lodek. Aber nehmen Sie Ihr Brot zum Essen.

GRIECHE Vielleicht ich werde erlernen diese Spiel.

Klopfen

6

LODEK Verflucht, hier sind Mäuse.

GRÜNSTEIN Natürlich sind Mäuse.

LODEK Die haben über Nacht die Figuren gefressen.

GRÜNSTEIN Ich hab Ihnen abgeraten, Lebensmittel zu lagern in Form von Schach.

LODEK Man könnte sie fangen. Und zwar mit Hilfe einer Streichholzschachtel.

GRÜNSTEIN Haben Sie die Schachtel?

LODEK Eben nicht.

GRÜNSTEIN Und wie wollen Sie fangen eine Maus in einer Streichholzschachtel?

LODEK Nicht in der Schachtel. Mit Hilfe der Schachtel. Außerdem müßte ich einen Faden haben.

GRIECHE Ich kann geben die Schachtel. Aber ohne die Holz.

LODEK Die Schachtel reicht, Grieche. Die wird hochkant unter den Waschschüsselrand gestellt. Statt des Fadens geht auch ein Schnürsenkel. Und ein bißchen hartes Brot. Man muß es nämlich hören, wenn sie fressen. So ein leises Knabbern. Da nehmen wir den Bauern, der noch übrig ist. Komm, Junge, unter die Schüssel. Räche deine Brüder.

GRÜNSTEIN Herr, vor uns waren Mäuse, und nach uns werden sein Mäuse.

LODEK Du siehst es historisch, Grünstein.

GRÜNSTEIN Und wozu soll ich Frankreich, das sich so schäbig benimmt, ausrotten helfen die Mäuse?

LODEK Die können ja hier auch überall rein. Guck dir doch diese uralten Dielen an. Ich bin sicher, wenn du da in den Ritzen polkst, findest du noch was von dem Tabak, den die Aristokraten geraucht haben, ehe sie los mußten zur Guillotine...

GRÜNSTEIN Wissen Sie das genau?

LODEK Was?

GRÜNSTEIN Daß man hier hat gehalten die Aristokraten?

LODEK Alt genug ist die Bude.

GRÜNSTEIN Hat man nicht auch geköpft den König?

LODEK Hat man.

GRÜNSTEIN Und die Königin, eine schöne Frau?

LODEK Ja, die auch.

GRÜNSTEIN Ich sage Ihnen, es ist ein unsicheres Land. Sehen Sie, ich komm an in Paris, ich besuch nur die Toilette auf dem Bahnhof. Ein Polizist nimmt sich den Ausweis, ein Dieb nimmt sich den Koffer, dann nimmt man mir die Freiheit, und was kann ich tun? Nichts kann man tun, wenn Gott nicht hilft.

Klopfen. Dann Stille

7

GRIECHE Sind Sie nicht im Schlaf?

LODEK Still!

GRIECHE Warten auf die Maus?

LODEK Mal ruhig, Grieche.

GRIECHE Wenn die Maus nicht kommt, kann ich richten eine Frage? Wie redet man mit der deutsche Kaiser in eine Brief?

LODEK Kannst du den Kaiser nicht wenigstens nachts ruhen lassen?

GRIECHE Muß schreiben: Sehr geehrte Kaiser? Oder muß schreiben: Majestät? Oder muß schreiben: Sehr geehrte Imperator?

LODEK Tut mir leid, wir schreiben uns nicht. Er mir nicht, und ich ihm nicht.

Stille

GRIECHE Kann ich sagen eine Sache?

LODEK Mensch, sei doch mal still.

GRIECHE Die Wahrheit über eine kleine griechische Knabe.

LODEK Hat das nicht Zeit bis morgen?

GRIECHE Ich will nicht sagen an diese polnische Mann.

LODEK Es kommt doch keine Maus, wenn du dauernd redest.

GRIECHE Wenn nicht kommt, kann nicht fressen.

LODEK Also was soll Grünstein nicht wissen?

GRIECHE Es fängt an mit der Kaiser.

LODEK Lieber Gott.

GRIECHE Es ist die elfte April in 1905. Der Kaiser Wilhelm setzt die Fuß auf Korfu. Es haben aufgestellt die Kinder, es haben gelernt auf deutsch: Hoch lebe der deutsche Kaiser. Auch eine Knabe ruft: Hoch lebe der deutsche Kaiser...

Klappern der Schüssel

LODEK Schwupp, das war die erste. Obwohl du redest. Da siehst du, wie frech die sind. Oder wie hungrig. Ich hab noch den »Sportkurier« in der Tasche. Moment. Die Zeitung unter die Schüssel, siehst du, und ab in den Kübel.

Klappern des Kübeldeckels

GRIECHE Sie haben die Maus?

LODEK Ja.

GRIECHE Der Kaiser reitet sehr schön mit die Adjutant und Ordonnanz, auf einem weißen Pferd reitet, mit einem Helm von Gold reitet, die Auge blitzt blau. Neben die Pferd es laufen die Kinder, laufen, so lange sie können. Zuletzt läuft eine Knabe immer noch. Die Pferde halten, der Kaiser steigt ab. Der Kaiser geht an eine Baum, bedeckt von viele Adjutant. An die Baum der Kaiser macht. Die Knabe wundert, weil eine Kaiser macht. Aber er macht.

LODEK Du meinst, der Kaiser pinkelt.

GRIECHE So sagt man?

LODEK So versteht es jeder.

GRIECHE Die Knabe wundert. Wie der Kaiser gemacht hat, knöpft zu die lange weiße Mantel. Die Knabe ruft mit all seine Deutsch: Hoch lebe der deutsche Kaiser. Der Kaiser sieht den Knabe. Er hebt die Hand und sagt, und alle hören, wie er sagt: »Du schöne Knabe sollst mir, wenn du aufgewachsen bist, in meinem Schloß in Berlin die Speisen deiner Heimat auftragen.« So sagte der Kaiser.

LODEK Donnerwetter.

GRIECHE Alle hören.

LODEK Auf deutsch oder auf griechisch?

GRIECHE Sagt deutsch. Die Knabe versteht nicht. Aber die Gouverneur von Korfu versteht und sagt griechisch. So wissen alle.

LODEK Sag mal, Grieche, der Knabe bist doch nicht etwa du?

GRIECHE Ich bin.

LODEK Du bist der, der den Kaiser pinkeln gesehen hat?

GRIECHE Ich bin.

LODEK Junge, Junge, du bist ja ein richtiges Glückskind.

GRIECHE Es war eine Glück und eine Unglück. Ich war in die Schloß in Berlin. Durch die große Tor. Auf die große Hof. Auf die große Treppe. Aber es war nicht da der Kaiser.

LODEK Mal langsam. Wo warst du?

GRIECHE In die kaiserliche Schloß. Eine Woche jeden Tag.

LODEK Und man hat dich nicht reingelassen?

GRIECHE Ich bin eingelassen. Aber es war nicht da der Kaiser.

LODEK Und wo war er?

GRIECHE Es war angerichtet die Revolution.

LODEK Das ist eine Entschuldigung.

GRIECHE Und alle Jahre war große Freude. Die Vater, die Mutter, die Brüder, die Schwester, alle freuen, weil die Knabe wird sein eine berühmte Mann. Er wird nicht brauchen die kleine Stück Land mit Olivenbäume. Er wird nicht heiraten die arme Mädchen von gegenüber. Die Mädchen weint, aber die Knabe lernt die Sprache und die Rezepte. Die Vater läßt bauen eine Koffer von Nußbaumholz, und die Leute staunen und reden. Die Koffer, die da steht.

LODEK Das ist der von damals?

GRIECHE Dieselbe Koffer. Nur ist gespickt jetzt mit die Sterne.

LODEK Die Blechscheiben, meinst du?

GRIECHE Ist gemacht von Büchsen von Olivenöl. Sieben Sterne. So sieht schon aus die alte Koffer ... Die Krieg dauert lange. An eine Tag nach die Krieg die Knabe fährt ab und kann nicht finden der Kaiser. Fragt überall und findet nicht. Es ist die kalte Winter. Eine Weile bleibt und hungert und friert. Endlich kommt zurück in Korfu, mit keine Geld, mit keine Schuhe, nur mit die leere Koffer von Nußbaumholz. Die Olivenbäume haben geerbt die Bruder. Eine andere Mann hat genommen die Mädchen. Es lachen jetzt die Leute ...

LODEK Mal still, Grieche, still ... *Klappern der Schüssel* Schwupp, das war die zweite. Nein, leider nicht. Die ist weggekommen.

GRIECHE So war die Unglück.

LODEK Hättest du bloß nicht gerufen: Es lebe der Kaiser.

GRÜNSTEIN Darf ich Ihnen eine Idee anbieten, Herr Lodek?

LODEK Ich denke, du schläfst, Grünstein?

GRÜNSTEIN Wie soll ich, wenn Sie mehr klappern, als Sie fangen. Nehmen Sie, möcht ich Ihnen raten, was Sie gerettet haben von Ihren Figuren, und legen Sie es unter die Schüssel. Da ist es geschützt, und Sie schonen die Mäuse und die Menschen.

LODEK Hast du gehört? Den Griechen?

GRÜNSTEIN Ich hab gehört.

LODEK Und?

GRÜNSTEIN Ich seh einen Ochsen mit vorwurfsvollen Augen. Ich werd ihn schlachten müssen.

LODEK Laß ihn leben, Grünstein. Versuch, daß du schläfst, und laß ihn leben.

8

WÄRTER *vom Flur her* Allez, debout! (Aufstehen!)

LODEK Morgen allerseits. Ich werde heute mal dem Gardien meine Schüssel auf den Schädel hauen. Damit nachweislich ein Zeichen meiner Anwesenheit vorliegt.

GRÜNSTEIN Man wird Sie in Eisen legen, Herr, wie nebenan den Neger.

LODEK Da liegt einer in Eisen?

GRIECHE Eine sehr große, sehr schwarze Neger. Eine Musikspieler.

GRÜNSTEIN Ein Gewalttäter, Herr.

Die Zellentür wird geöffnet

WÄRTER Sortez la tinette! (Kübel raus!)

LODEK Grieche, du bist dran mit dem Kübel. *Schritte, die sich entfernen* Was hat er denn Gewaltiges getan, der Neger?

GRÜNSTEIN Er soll zwei Polizisten in die Luft gehoben und hat ihnen zusammengeschlagen die Köpfe.

LODEK Da siehst du, wofür bei einer Polizeistreife der zweite Mann gut ist. Wo hätte er den ersten sonst gegenhauen sollen?

GRÜNSTEIN Ich möcht mich wundern über Ihre Radikalität.

LODEK Ich meine nur folgendes, Grünstein. Wenn sich irgendwo zwei Polizisten und ein Neger kloppen, soll man fragen, wer angefangen hat.

Schritte, die sich nähern. Die Zellentür wird geschlossen

GRIECHE Mit die Kübel ich treffe ein Mann von Spanien. Ich auch von Spanien, er denkt.

LODEK Spanier gibt es viele hier nach dem Bürgerkrieg.

GRÜNSTEIN. Die Gewalt führt zu nichts. Wenn sich jeder möcht ein bißchen einschränken, könnt es nicht reichen für alle?

LODEK So was haben die sich gedacht, glaube ich, die jetzt verloren haben. Laßt ihr was von der Suppe übrig?

GRÜNSTEIN Wozu Suppe?

LODEK Man braucht weiße und schwarze Figuren. Und die Suppe ist heute besonders trübe.

GRÜNSTEIN Fangen Sie wirklich wieder an ganz von vorn?

LODEK Warum nicht?

GRÜNSTEIN Und wieviel brauchen Sie von die Schachfiguren?

LODEK Zweiunddreißig.

GRÜNSTEIN Ich staune, daß Sie sind so hartnäckig.

LODEK Ich hatte schon bei der Geburt einen dicken Kopf. Hat meine Mutter gesagt, tatsächlich. Und später, als ich geboxt habe, haben sich manche Leute an meinem Kopp so müde gekloppt, daß sie umgefallen sind vor Schwäche. Ich brauchte sie bloß noch anzustoßen.

GRÜNSTEIN Ein Boxer sind Sie auch?

LODEK Gewesen, Grünstein. Und wie gesagt, ein Nehmer. Um das zu beleuchten: Ich bin mal zu meinem Trainer bestellt worden nach dem Kampf, der stand da mit dem Trainer von der anderen Mannschaft und hatte eine Hand auf dem Rücken. Ich war schon gewaschen und umgezogen, ich sage: Ich sollte mich bei Ihnen noch mal melden. Schon richtig, sagt er. Und dann holt er die Hand hinterm Rücken vor und hat sich extra einen Acht-Unzen-Handschuh angezogen und knallt mir ein volles Ding unters Kinn. Ich wackele, aber ich stehe. Bitte, sagt mein Trainer. Und der andere Trainer sagt: Unwahrscheinlich... Und mit demselben Kopf spiele ich Schach. Ein Denkspiel.

GRÜNSTEIN Ist von Ihnen geschrieben worden in der Zeitung? Oder ist gesprochen im Radio? Als Boxer?

LODEK Ich war Amateur, wenn dir das was sagt, Grünstein. Im Arbeitsportverein Wuppertal. Leichtgewicht.

GRÜNSTEIN Im Schwergewicht waren Sie nicht?

LODEK Ich kann ja nicht zugleich im Leicht- und im Schwergewicht sein.

GRÜNSTEIN Ich frag Sie ja nur. Sehen Sie, bei uns haben wir keinen Boxer. Auch in Perlitschew haben sie keinen. Ich hab aber gehört von einem Schwergewichtsboxer mit Namen Joe Louis.

LODEK Den gibt es in Amerika.

GRÜNSTEIN Mit dem hatten Sie also nichts zu tun?

LODEK Nein, mit dem nicht. Mal abgesehen von allem anderen, der kam nach meiner Zeit. Siehst du, Grünstein, und hier haben wir schon wieder ein Pferd.

Die Tür wird geöffnet

WÄRTER Monsieur Grünstein, est-ce que c'est votre valise? (Ist das Ihr Eigentum?)

GRÜNSTEIN Mein Koffer.

WÄRTER On l'a apportée pour vous. (Das ist für Sie abgegeben worden.)

GRÜNSTEIN Ein Wunder. Ein reines Wunder. Es ist mein Koffer. Süßer Vater im Himmel, es fehlt nichts. Alles ist da. Die Wurst, die Zwiebeln, das Hemd, die Strümpfe. Sogar die Mazzes sind da.

LODEK Ich denke, der Koffer ist geklaut worden?

GRÜNSTEIN Zuletzt habe ich ihn gesehen bei einem Herrn Kowalski auf dem Bahnhof. Ich hab ihm den Koffer stehenlassen und bin auf die Toilette. Und wie ich rauskomm von da, läßt sich ein Herr Polizist meinen Ausweis zeigen. Er steckt ihn in die Tasche, und ich seh ihm dabei zu. Dann, verstehen Sie, verlangt er wieder den Ausweis.

LODEK Verstehe ich genau.

GRÜNSTEIN Nun hab ich keinen mehr, bitte schön.

LODEK Logisch.

GRÜNSTEIN Und inzwischen sehe ich zu, wie Kowalski, den ich nicht kenne, außer daß ich bin gefahren von Warschau mit ihm im Abteil, sich langsam zurückzieht mit meinem Koffer.

LODEK Siehst du, und Kowalski war ein ehrlicher Mann.

GRÜNSTEIN Gott verzeih mir, wenn ich schlecht von ihm gedacht hab. Haben Sie gehört, daß man eben gesagt hat »Monsieur Grünstein«? Ein Mensch mit einem Koffer ist ein Reisender. Man wird ihn nicht rumstoßen wie einen beliebigen.

LODEK Ich weiß nicht. Der Grieche hatte seinen Koffer.

GRIECHE Ich durchpassiere Paris mit die Koffer.

GRÜNSTEIN Vielleicht, daß sie einen Unterschied machen bei einem Holzkoffer. Aber kosten Sie die Wurst, Herr Lodek. Probieren Sie, griechischer Herr, wenn Sie was verstehen von Rezepte. Und nehmen Sie Zwiebel. Wann freut sich der Arme? Wenn er verliert und wiederfindet. Thymian, Knoblauch, Majoran und Kerbel, können Sie es schmecken? Können Sie es riechen? Es ist, als menge ich die Wurst zu Hause in der Frühe. Als wenn ich das Städtchen seh, wie es aufwacht und geht an die Gebete, ehe daß es geht an die Geschäfte. Mittwoch ist Rindermarkt. Donnerstag, am Morgen, wird er geschlachtet, der Ochse.

LODEK Schmeckt gut, die Wurst.

GRIECHE Eine schmackhafte Geschmack.

GRÜNSTEIN Die Mazzes, sehen Sie, wollte ich essen zu Pessach, wo man gedenkt an die Juden, wie sie ausgetrieben worden sind von Ägypten. Kosten Sie.

LODEK Das ist nur Mehl und Wasser?

GRÜNSTEIN Mehl ist es und Wasser, weil sie nicht Zeit hatten, die Juden in Ägypten, den Sauerteig zu machen. Schmeckt es Ihnen?

LODEK Mit Wurst läßt es sich essen.

GRÜNSTEIN Ist es nicht ein Wunder, Herr Lodek, daß der Koffer da ist?

LODEK Warum ein Wunder? Mit dem Ausweis, will ich dir mal sagen, haben sie mich auf die gleiche Tour reingelegt wie dich.

GRÜNSTEIN Nu werd ich bald zurückfahren. Herr Lodek, wo der Koffer wieder da ist.

LODEK Du wunderst dich zuviel, Grünstein. Die Welt ist unübersichtlich, das ist wahr, aber sie ist auch wieder einfach. Die einen scheißen dich an, die anderen, wenn du Glück hast, helfen dir. *Reale Klopfzeichen* Ich glaube, ich habe jetzt das System. Ich habe mitgezählt. Ra-mi-rez. Das könnte ein spanischer Name sein.

GRIECHE Ich treffe die Mann von Spanien mit die Kübel.

LODEK Ich weiß, Grieche. Jetzt klopfen sie nicht nur französisch, sondern auch spanisch. Auf die Art ist eine Sprache wie die andere.

GRÜNSTEIN Sagen Sie, Herr Lodek, kann man ein Schachspiel herstellen aus Mazzes?

LODEK Aus Mazzes?

GRÜNSTEIN Ich frage Sie.

LODEK Mit ein bißchen Wasser. Oder mit Suppe.

GRÜNSTEIN Ich möchte Ihnen geben die Mazzes.

Klopfen

9

LODEK Gut, daß der Grieche einen Bleistift hat, sonst hätten wir die Felder auf den Tisch kratzen müssen. Siehst du, Grünstein, jedes Feld hat einen Namen. An der Seite sind Buchstaben und an der anderen Zahlen. Also hier zum Beispiel ist c 7.

GRÜNSTEIN Es ist vielleicht zu kompliziert für mich.

LODEK Zum Spielen brauchst du es nicht.

GRÜNSTEIN Aber Sie wissen es doch, Herr Lodek.

LODEK Glaub mir, du brauchst es nicht. Weiße Dame auf weiß, schwarze Dame auf schwarz. Wie du die Figuren bewegen mußt, habe ich dir erklärt. Also ich fange an. Und jetzt du. So. Und jetzt immer abwechselnd. Mach mal, was du denkst. Und jetzt sage ich Schach.

GRÜNSTEIN Und was bedeutet es?

LODEK Es bedeutet, daß du matt bist. Finito. Kaputt.

GRIECHE Die erste Verlust.

GRÜNSTEIN So schnell?

LODEK Keine Angst. Den Fehler macht jeder, der lernt. Sieh mal, so. Ganz einfach. Und jetzt zeige ich dir die Spanische Eröffnung. Zu Ehren der Spanier in diesem Knast. Es gibt auch so raffinierte Dinger wie Damen-Indisch, aber damit fangen wir nicht an. So. Es beginnt e2–e4.

GRÜNSTEIN Jetzt operieren Sie doch mit dieser Sache.

LODEK Ich muß es nicht sagen. Man sieht ja, wo die Figuren stehen. Die ersten Züge sind immer gleich.

GRÜNSTEIN Kann ich nicht machen einen anderen Zug?

LODEK Kannst du, aber dann ist es nicht Spanisch. Und Spanisch ist am besten zum Lernen.

GRÜNSTEIN Ich muß Ihnen vertrauen, Herr Lodek. Kann ich hier hinstellen den Läufer?

LODEK Ist nicht falsch.

GRÜNSTEIN Dann stelle ich den Läufer.

LODEK Was meinst du, wo ich schon überall gespielt habe. Selbst im Krieg, beim Donnern der Kanonen. Mit dem Steckschach, im Stehen, vorm Arbeitsamt. Unter dem Passatwind, südlich der Kapverden. Schach, Grünstein. Und matt.

GRIECHE Die zweite Verlust.

GRÜNSTEIN Wieder genauso?

LODEK Jetzt nimmst du die Weißen... Letzten Sommer habe ich in Nizza gespielt, in dem feinen Club im Café Régence-Royal. Als Gast in der vierten Kategorie. Die erste Kategorie sind lauter Weißrussen. Läßt du das Pferd da stehen, Grünstein?

GRÜNSTEIN Werden Sie es wegnehmen?

LODEK Das nicht.

GRÜNSTEIN Wenn Sie es nicht wegnehmen, warum soll ich es dann wegnehmen?

LODEK Ganz schön mutig, Grünstein... In Nizza spielt auch ein Haufen englischer Lords, die halten sich da auf wegen des Klimas. Ich habe zum Beispiel gegen einen pensionierten General gespielt, der war vier Jahre lang Spion in Berlin. Der Kellner, der da bedient, hat gesagt: Den Mann schlagen Sie, Kapitän, der Mann ist senil. Habe ich auch geschlagen. Bums, das war's auch hier, Grünstein. Schach und matt.

GRIECHE Die dritte Verlust.

GRÜNSTEIN Können Sie nicht aufhören mit dem Zählen? Spiel ich vielleicht um Geld?

Klopfen

10

GRIECHE Die achtzehnte Verlust.

GRÜNSTEIN Wollen möglicherweise Sie versuchen zu spielen, Herr Grieche?

GRIECHE Vielleicht ich werde erlernen diese Spiel. Vielleicht später.

GRÜNSTEIN Könnte es nicht sein, daß mir Spanisch nicht liegt, Herr Lodek? Vielleicht mehr dieses Indisch mit Damen?

LODEK Eins nach dem andern, Grünstein. Jetzt üben wir Spanisch. Eine Eröffnung mußt du lernen wie das Abc. Das haben nämlich schlaue Leute alles schon ausprobiert. Du darfst natürlich nicht einfach immer den gleichen Zug machen wie ich, Grünstein.

GRÜNSTEIN Wenn er gut ist für Sie, warum nicht für mich?

LODEK Weil du Schwarz spielst. So verlierst du ein Tempo.

GRÜNSTEIN Und wenn ich jedes Mal hin und her überlege, verlier ich kein Tempo?

LODEK Dann verlierst du Zeit. Aber Zeit haben wir ja.

GRÜNSTEIN Ich möcht Sie nicht immer warten lassen, Herr Lodek.

LODEK Überlege, so lange du willst.

GRÜNSTEIN Na schön, wenn Sie es sagen.

LODEK Schach verlangt Ruhe. Mal den Namen Aljochin gehört?

GRÜNSTEIN Möglich, aber ich möcht es vergessen haben.

LODEK Geschrieben Aljechin. Aber gesprochen Aljochin. Ein Genie, Grünstein. In Nizza hat er gegen dreißig Mann gespielt. Simultan. Das heißt zugleich. Der hatte die Ruhe so sehr weg, daß er erst mal gar nicht erschienen ist. Er wurde mit der Taxe aus einem Lokal geholt, und dann hatte er zwei Mädchen mit, wovon ihm eine dauernd auf dem Schoß saß. Ich habe am achtundzwanzigsten Brett gesessen, aber nach vierzehn Zügen muß ich einen Fehler gemacht haben. Ich danke Ihnen, hat Aljochin zu mir gesagt, wobei er mächtig nach Schnaps gerochen hat. Immerhin. Auch ein Könner wie Rometti aus Italien war im Handumdrehen kaputt.

GRÜNSTEIN Ich versuch mir zu überlegen, Herr Lodek, was Sie unternehmen werden mit Ihrem nächsten Zug.

LODEK Genau. So ist es richtig.

GRIECHE Bald ist die neunzehnte Verlust.

LODEK Nimm ihm nicht die Nerven, Grieche. Jeder macht mal einen Fehler, im Spiel wie im Leben. Bei mir stand eines Tages ein Kerl an Bord. Erst fragt er so ganz beiläufig, ob ich Zigaretten von Korsika hole oder Juden nach Palästina bringe. Und dann sagt er: Ein kleines Schiff, Kapitän. Ein armes kleines Schiff. Sie sollten lieber für uns arbeiten. Und wer seid ihr? frage ich. Polizei, sagt er, Spezialabteilung.

Soweit war es vielleicht sein Fehler. Ich sage: Komm mal näher. Dann habe ich ihm eine schöne gestreckte Rechte auf den Punkt gehauen, und dann hat Charly mit angefaßt, und wir haben ihn die zwei Meter rübergeschmissen an Land, und im Kriechen hat er sich das Kinn gehalten. Das war aber mein Fehler. Sie haben mir die Lizenz entzogen, und deshalb mußte ich nach Paris, und jetzt sitze ich hier drin mit euch. Ich hätte nicht so unhöflich ablehnen dürfen.

Die Tür wird geöffnet

WÄRTER Les écuelles! (Die Schüsseln!)

Die Tür wird geschlossen

LODEK Die können einen ganz schön stören mit ihrer Suppe. Laß alles stehen, Grünstein, wir spielen gleich weiter. Ich habe das Schiff von einem italienischen Friseur übernommen. Der hat sein Leben lang dafür gespart, weil er Schmuggler werden wollte. Gleich in der ersten Nacht hat er eine Ladung Käse geschmuggelt, und es kam ein leichter Wind von See, und bevor sie ihn gesehen haben, haben sie ihn schon gerochen. Nun sitzt er. Aber das Schiff muß bewegt werden, sonst verfault es in dem warmen Wasser da unten. Deswegen muß ich wieder runter.

GRÜNSTEIN Sie führen ein abenteuerliches Leben, Herr Lodek.

LODEK Was bleibt mir übrig.

GRÜNSTEIN Aber führen Sie ein glückliches Leben?

LODEK Meine Mutter hat mich mit Spinnweben abgerieben, gleich nach der Geburt. Das soll Glück bringen.

GRÜNSTEIN Ich wünsch es Ihnen.

LODEK Spielen wir weiter? Ich bin am Zug, was?

GRÜNSTEIN Sie rücken den Bauern?

LODEK So ist es.

GRÜNSTEIN Nun ja...

LODEK Zuletzt bin ich auf einem Norweger gefahren. Ein richtiger Eimer. Wenig Heuer und schlechtes Fressen für die Matrosen. Aber nach Haus will ich nicht, weil sie da den Hitler haben. Und wer den bloß für verrückt hält, der irrt sich.

GRÜNSTEIN Also sind Sie nun ein Kapitän oder ein Matrose?

LODEK Im Hafen von Fréjus liegt ein Schiff, das ich führe. Und wer ein Schiff führt, ist ein Kapitän.

GRÜNSTEIN Sie verstehen sich darauf, verwickelt zu antworten, wie die Gesetzbücher.

GRIECHE Die Hitler ist verrückt?

LODEK Eben nicht.

GRIECHE Und warum regiert die Hitler?
LODEK Warum?
GRIECHE Weil der Kaiser böse ist.
LODEK Na nu.
GRIECHE Weil der Kaiser böse ist so, daß nicht zurückkommt in Deutschland. So kommt die Hitler.
LODEK Hast du gehört, Grünstein, warum der Hitler dran ist?
GRÜNSTEIN Lenken Sie mich nicht ab mit dem Hitler. Jetzt sag ich Ihnen Schach.
LODEK Du sagst Schach? Da stelle ich den Turm vor.
GRÜNSTEIN Dann laß ich springen das schöne Pferd. Ist wieder Schach.
LODEK Tatsächlich.
GRÜNSTEIN Und wenn Sie rücken nach vorn ist wieder Schach.
LODEK Ja. Verflucht. Nichts zu machen ohne Brille.
GRÜNSTEIN Und was bedeutet es?
LODEK Du hast gewonnen, Grünstein.
GRIECHE Es ist nicht die neunzehnte Verlust?
LODEK Jetzt verliere ich das Spiel wegen dem Scheiß-Kaiser. Deinetwegen, Grieche.
GRIECHE Ich wundere. Es war geredet von die Hitler.
LODEK Wie soll man sich konzentrieren, wenn du hier rumhockst und dauernd vom Kaiser quatschst. Kannst du dich nicht mal eine Weile still auf dein Bett setzen?
GRIECHE Von jetzt ich werde nicht sprechen.
LODEK Jedenfalls nicht von diesem ausgedienten Kaiser.
GRIECHE Ich werde nie sprechen von jetzt. Und ich werde nie erlernen die Spiel.
LODEK Also wie hast du das gemacht, Grünstein?
GRÜNSTEIN Ich weiß nicht, Herr Lodek. Ich überlege und überlege, die Figuren tanzen mir vor den Augen plötzlich und rücken fast von allein. Mich müssen Sie nicht fragen.
LODEK Dann spiele noch mal mit Weiß.
GRÜNSTEIN Wie Sie wollen, Herr Lodek.
LODEK e2–e4.
GRÜNSTEIN Ich mach es, wie Sie mir gezeigt haben.
Klopfen

11

GRÜNSTEIN Schach ist ein schönes Spiel. Ich hätte nicht geglaubt, daß ich zweimal gewinnen kann gegen Sie. Es ist noch schöner, als wenn man verliert.

LODEK Na, siehst du.

GRÜNSTEIN Es ist eigentlich schade, daß ich bald abreisen werde, wo ich allmählich ein Gefühl bekomme für das Spanische.

LODEK Ich schlage den Bauern.

GRÜNSTEIN Ich auch.

LODEK Rochade.

GRÜNSTEIN Ich auch.

LODEK Aha. Soso. Na ja.

GRÜNSTEIN Zuerst ist ein Telegramm gekommen, müssen Sie wissen. In Paris ist gestorben der Onkel Jankl. Ich hab ihn nicht gekannt, den Onkel Jankl, vor langer Zeit ist er ausgewandert, also ich hab es mich kosten lassen ein allgemeines, trauriges Gefühl. Aber es fragt die Frau: Warum schicken sie ein Telegramm extra von Paris von der Behörde? Woher wissen Sie von uns? Vielleicht ist eine Erbschaft? Aber warum schreiben sie nichts davon? Vielleicht wollen sie sich einstecken, was er hinterlassen hat? Und wenn er hinterlassen hat Schulden? So wenden wir es hin und her. Bei uns sagen die Leut: Es ist nicht so gut mit Geld, wie es schlecht ist ohne.

LODEK Hast du vorhin genauso gestanden?

GRÜNSTEIN Ungefähr kann es so gestanden haben, Herr Lodek.

LODEK Knifflig, knifflig.

GRÜNSTEIN Wir liegen nachts, müssen Sie wissen, und beratschlagen. Die Frau sagt: Fahr hin und sieh nach, was dein Onkel Jankl hinterläßt. Und der Laden? Wenn du wirst eine Woche nicht schlachten, werden die Juden nicht verhungern. Könnt es nicht schade sein ums teure Fahrgeld? Was war er denn, ein Schneider? Und wenn er ist geworden ein Modekönig? Gut, ich werd fahren, sag ich. Da jammert sie: Was, du willst wegfahren in solchen Zeiten? Wo du mußt reisen über Deutschland, wo sie die Juden mißhandeln? Ich fahre als ein Pole, sag ich. Und wenn sie auch verfolgen die Polen? So wenden wir es hin und her. Dann sag ich. Wir haben nicht gesündigt und haben nichts zu verschenken, warum soll Gott uns verlassen? Und der Vater im Himmel hält seine Hand über mich, genau bis ich in Paris auf dem Bahnhof bin. Dann aber spricht er: Nun bereue, Fajwl Grünstein, und suche den verborgenen Sinn in deinem Unglück. Und wie ich bereue und bereue, die Habgier und die Neugier, und wie ich bereue die achte Woche, Sie sind mein Zeuge, da kommt der Koffer zurück, wie ein Zeichen. Und ich sage: Herr, ich habe verstanden. Und gebe Ihnen die Mazzes, Herr Lodek. Und jetzt frag ich mich, ob es nicht auch sein Plan war, daß ich mit Ihnen Schach spiele.

LODEK Du redest in einer Tour, und der Grieche sitzt rum wie ein eingeschneiter Affe. Das lenkt einen natürlich beides ab.

GRÜNSTEIN Ich wollt nur sagen, daß mein Herz nicht mehr hängt an der Erbschaft vom Onkel Jankl.

LODEK Ich möchte wissen, warum ich zweimal gegen dich verloren habe.

GRÜNSTEIN Ich seh auch den Ochsen nicht mehr in der Frühe.

LODEK Irgendwie stehst du schon wieder besser.

GRÜNSTEIN Und wie werden sie sich verwundern, die Frau, die Kinder und die Nachbarn, daß ich eingesperrt war im selben Haus wie die Königin Marie-Antoinette.

LODEK Die war hier nicht drin.

GRÜNSTEIN Nun, ich schmück es ein bißchen aus. Und für die Kinder werde ich erklären das schöne, schwierige Schach. Schach, Herr Lodek.

LODEK Ja.

GRÜNSTEIN Schach.

LODEK Ja.

GRÜNSTEIN Könnte es sein, daß Sie verloren haben, Herr Lodek?

LODEK Ja. *Plötzlich ein Geräusch: eine Blechschüssel wird auf den Boden geworfen* Was ist denn los, Grieche? Was machst du denn mit deiner Schüssel? *Auf der Schüssel wird herumgetreten* Hör doch mal auf, auf der Schüssel rumzutrampeln.

GRÜNSTEIN Ich habe Ihnen immer gesagt, er ist verrückt.

LODEK Komm zu dir, Grieche. Wir sind doch bei dir, Mensch, setz dich erst mal hin. Also essen kannst du aus der Schüssel nicht mehr ...

Die Zellentür wird geöffnet

WÄRTER Le jeu d'échecs est confisqué! (Das Schachspiel ist beschlagnahmt!)

LODEK Alles in Ordnung, gardien. Der Mann beruhigt sich schon. Was soll denn das? Laß mal das Schachspiel stehen. Das Spiel gehört mir.

WÄRTER Suivez-moi! (Kommen Sie mit!)

LODEK Warum soll ich denn mitkommen? Hier hat ein Mann einen Zellenkoller, der hat durchgedreht, was hat das mit mir zu tun?

12

DIREKTOR Parlez-vous français?

LODEK Ein Kapitän spricht viele Sprachen, Monsieur le directeur.

DIREKTOR Wir können deutsch sprechen. Ich bin Elsässer.

LODEK Merci, Monsieur.

DIREKTOR Dieses Spiel wurde beschlagnahmt auf meine Anweisung.

LODEK Dann protestiere ich dagegen.

DIREKTOR Oh, sprechen Sie nicht so mit mir, Monsieur. Ich bin selbst ein Freund des Schachspiels. Und ich bewundere die Schachfiguren, die man im Gefängnis macht, aus Brot und aus Zeit. Ihre Figuren sind besonders schön. So glatt. Wie aus einem edlen Material.

LODEK Das sind Mazzes.

DIREKTOR Mazzes?

LODEK Jüdisches Brot.

DIREKTOR Ausgezeichnet. Und die glänzende schwarze Färbung?

LODEK Das ist die ranzige Suppe, die hier gekocht wird.

DIREKTOR Ganz ausgezeichnet. Geben Sie mir die Ehre, Kapitän? Ein Spiel mit Ihrem Spiel?

LODEK Ich bin Ihr Gefangener, Monsieur.

DIREKTOR Eine würdige Antwort. Rechts oder links?

LODEK Links.

DIREKTOR Dann spielen Sie weiß und fangen an. Spanisch?

LODEK Nein, Italienisch. Spanisch habe ich in letzter Zeit zu oft gespielt.

DIREKTOR Also Italienisch.

LODEK Kennen Sie eigentlich den Dreh mit den Papieren?

DIREKTOR Wovon sprechen Sie?

LODEK Ich habe eine Aufenthaltserlaubnis für Frankreich. Die Polizei kommt in die Pension, in der ich wohne, und kontrolliert sie. Sie sagen: In Ordnung, die können Sie sich morgen bei uns wieder abholen. Und als ich da erscheine, werde ich verhaftet, weil ich keine Aufenthaltserlaubnis habe.

DIREKTOR Hat man das gemacht?

LODEK Ja, so macht man es. Auch mit dem Polen in meiner Zelle.

DIREKTOR Ein verdeckter Zug, würde ich sagen.

LODEK Und der Grieche hat überhaupt keine Ahnung, was sie von ihm wollen.

DIREKTOR Es tut mir leid, Monsieur, aber man betrachtet Sie alle als unerwünschte Ausländer.

LODEK Und was ist an mir unerwünscht?

DIREKTOR Es ist eine unruhige Zeit, Monsieur.

LODEK Wenn Sie das meinen: ich habe nichts zu tun mit dem Radaubruder in Deutschland.

DIREKTOR Vielleicht besteht die Ansicht, man muß mit ihm leben.

LODEK Wenn er Sie leben läßt.

DIREKTOR Vielleicht besteht die Ansicht, gerade Leute wie Sie könnten ihn anziehen, wie den Blitz.

LODEK Und wer ist das, Leute wie ich?

DIREKTOR Sehen Sie, Monsieur, ich weiß nicht, wer Sie sind. Ich bin Direktor in einem kleinen Gefängnis. Wir können Schach spielen, das ist alles.

LODEK Hoppla, da sitze ich in der Falle. Die Dame ist hin.

DIREKTOR Nicht aufgepaßt, mein Lieber.

LODEK Da muß ich aufgeben.

DIREKTOR Revanche?

LODEK Da kann ich nicht ablehnen. Obwohl ich befürchte, daß ich Ihren Kombinationen nicht gewachsen sein werde. Monsieur le directeur . . .

13

Die Zellentür wird geöffnet und geschlossen. Stille.

GRÜNSTEIN Was war, Herr Lodek!

LODEK Das Spiel ist weg.

GRÜNSTEIN Weg?

LODEK Und ich habe ihn zweimal gewinnen lassen, diesen Hund. Der Direktor sammelt nämlich Schachspiele. Und aus Mazzes hatte er noch keins.

GRÜNSTEIN Machen wir uns ein neues, Herr Lodek. Wir legen das Brot zusammen. Oder essen Sie Ihr Brot, wir nehmen nur meins.

LODEK Es lohnt sich nicht, Grünstein. Es wird wohl meine letzte Übernachtung hier sein.

GRÜNSTEIN Kommen Sie frei?

LODEK Ich komme vor ein Schnellgericht.

GRÜNSTEIN Vor Gericht? Was haben Sie denn verbrochen?

LODEK Mal hören.

GRÜNSTEIN Und Sie kommen nicht mehr zurück?

LODEK Wie ich die Partie beurteile, kaum.

Klopfen

14

GRIECHE Ich warte immer, daß Sie nicht schlafen. Die ganze Nacht warte.

LODEK Schön, daß du wieder redest, Grieche. Was malst du denn so innig auf dein Papier?

GRIECHE Ich möchte geben eine Brief bitte. Die Brief muß schicken sehr schnell. Aber es muß noch hinzugefügt sein die Adresse für die Brief. Sie sind eine gute Mann, ich glaube. Sprechen böse, aber in die Herz sind gut.

LODEK Zeig mal her den Brief. Ich muß ja wissen, was ich rausschmuggeln soll.

GRIECHE Aber nicht sprechen böse.

LODEK Sehr geehrte Majestät, der deutsche Kaiser. Es schreibt eine Grieche. Von Korfu. Ihre Koch. Sie sagen so die 11. April 1905 an eine Knabe. Die Knabe bin ich. Sehr geehrte Kaiser, es ist die Krieg und ich komme nach Berlin zu spät. Aber all die Leben ich denke treu und komme jetzt wieder. Vielleicht ist wieder Krieg. Aber Ihre Koch kommt. Schon ist in Paris, aber ein Unglück. Ihre Koch ist in Gefangenschaft. Französische. Sehr geehrte Kaiser, er bittet für Hilfe. Niemand hilft.

GRÜNSTEIN Ich wünsch einen guten Morgen.

LODEK Morgen, Grünstein.

GRÜNSTEIN Wenigstens haben Sie schönes Wetter für Ihren Prozeß.

LODEK Es sieht so aus. Hör zu, Grieche. Ich nehm ihn mit, den Brief.

GRIECHE Und fragen genau die Adresse in Holland?

LODEK Mache ich.

GRIECHE Und gebe hinzu die Adresse von die Gefängnis? Und schicken schnell.

LODEK Ich tue, was ich kann.

GRIECHE In die Freiheit ich kann kochen eine Suppe für Sie. Auch für Sie, Herr Grünstein. Orangenschaumsuppe.

WÄRTER *vom Flur her* Allez, debout! (Aufstehen!)

LODEK Es kann natürlich sein, Grieche, der Brief erreicht den Kaiser nicht so schnell.

GRIECHE Warum erreicht nicht?

LODEK Nimm mal an, die Post geht lange. Oder man legt ihm den Brief nicht gleich vor. Der Kaiser geht ja nicht selbst zum Briefkasten. Oder er liest ihn nicht gleich. Und wenn er liest, muß er sich erst beraten, was er tun kann in dem Fall. Es ist ja alles nicht mehr so wie früher mit dem Kaiser... Ich meine, vielleicht mußt du dir auch selbst ein bißchen helfen...

Die Zellentür wird geöffnet

WÄRTER Sortez la tinette! (Kübel raus!)

LODEK Wer ist denn dran?

GRÜNSTEIN Sie sind dran, Herr Lodek.

GRIECHE Ich werde bringen die Kübel.

LODEK Laß stehen, ich gehe schon.

GRIECHE Nein ich. Ich bedanke.

Schritte, die sich entfernen

LODEK Hast du verstanden, der Grieche hat einen Brief an den Kaiser geschrieben.

GRÜNSTEIN Ich sage nur, der Mensch hat sein Schicksal.

LODEK Nun werden wir nicht mehr Schach spielen, Grünstein.

GRÜNSTEIN Schade drum.

LODEK Jetzt denkst du, du spielst besser.

GRÜNSTEIN Ich denk nichts, Herr Lodek.

LODEK Was habe ich gesagt, Schach ist ein schönes Spiel... Wenn du mal ein Inserat siehst, in der Mittelmeergegend, wo draufsteht »Tourisme Maritime Individuel«, das heißt »Individuelle Seereisen«, das bin ich.

GRÜNSTEIN Oder Sie nehmen sich einen Zug, fahren bis Radom, steigen um nach Perlitschew, dann sind es noch drei Kilometer zu Fuß bis Woschowka. Fragen Sie nach Grünstein, und jeder wird Ihnen sagen.

Noch einmal das Klopfen

15

STUDENT Die Partie steht ausgeglichen.

LODEK Ja, ich sehe.

STUDENT So schnell kann Schwarz nicht gewinnen in der Spanischen Eröffnung. Sie müssen da einen Fehler gemacht haben damals.

LODEK Doch nicht dreimal hintereinander. Nein, nein, Grünstein hatte da einen Springerzug. Einen Zug mit dem Pferd.

STUDENT Aber wie? Wir haben es durchprobiert.

LODEK Uns fehlt eben was, was Grünstein hatte. Seine Idee.

STUDENT Wären Sie mal hingefahren zu ihm.

LODEK Wann denn? Das war doch schon August, drei Wochen vor dem Krieg. Wer weiß, ob er überhaupt noch hingekommen ist nach Polen. Und wenn, wo ist er da hingekommen?

STUDENT Haben Sie denn den Brief eingesteckt, an den Kaiser?

LODEK Ja. Als ich rauskam, nach vier Monaten in Fresnes.

STUDENT Ein anderes Gefängnis?

LODEK Ja, ein anderes... Komisch, so viele Leute spielen Schach auf der Welt. Aber nur Grünstein wußte diesen Zug. Der könnte im Schachbuch stehen, wie Nimzowitsch.

STUDENT Sozusagen die Grünstein-Variante.

LODEK Ja. So könnte man sagen. Und wäre auch gut gegen so einen schlauen Hund wie diesen Kellner Garstecki.

JOACHIM WALTHER

INFARKT

[1979]

Personen:

SECHS MÄNNLICHE STIMMEN

SECHS WEIBLICHE STIMMEN

Anmerkungen

1 Dieses Hörspiel ist die thematische Weiterführung des Hörspiels *Randbewohner*.

2 Es ist entschieden optimistisch, da es den Vorgang einer Entkrustung zeigt, das heißt: die Möglichkeit. Die Alternative ist also im Spiel, sie ist seine Handlung.

3 »Unser Wahlspruch muß sein: Reform des Bewußtseins nicht durch Dogmen, sondern durch Analysierung des mystischen, sich selbst unklaren Bewußtseins, trete es nun religiös oder politisch auf. Es wird sich dann zeigen, daß die Welt längst den Traum von einer Sache besitzt, von der sie nur das Bewußtsein besitzen muß, um sie wirklich zu besitzen.« (Karl Marx, *Briefe aus den »Deutsch-Französischen Jahrbüchern«,* 1844, MEW, Bd. 1, S. 346)

4 Alle Teile, in denen die Stimme des 1. Mannes monologisiert, spielen in einem dickwandig geschlossenen Raum, der nach und nach dünner und schließlich aufgebrochen wird. Das gleiche gilt für die Geräusche dieser Teile.

5 Die Geräusche können bis zur Penetranz überzogen werden. Alle Geräusche, die nicht mit den Stimmen realisiert werden, sind innerhalb der Szenen nicht erlaubt. Geräusche sollen nicht illustrieren, sondern kontrapunktieren.

6 In den Teilen 3, 16, 27, und 33 sollte der 2. Mann mit vollem Mund essend, sprechen, und die 5. Frau sollte eine Telefonstimme sein.

7 Das Großstadtgeräusch sollte am Mischpult hergestellt werden. In ihm können Einzelgeräusche enthalten sein, die etwas von »Welt«, »Raum«, »All« vermitteln.

1

Eine Schreibmaschine, daruntergelegt Herzschlag, der lauter und schneller wird, eine schwere Tür beginnt sich knarrend und quietschend zu drehen, die Herztöne flackern, stocken, die Tür schlägt krachend zu. Hall, Stille, leise und unruhig Herzschlag, mühsames Atmen, Artikulationsversuche der Stimme

1. MANN wwwwwa... wo... de... a... nnnn... wo... was ist... ich, ich... hallo, ist da jemand? Hallo? Hallo! Ihr! Bitte, ich... Sie! Nicht abschalten! Warten Sie. Bitte! Sind

Sie da? Hören Sie mich? Hier bin ich, hier. Ich weiß nicht, warum ... wo ... Alles ist zu, plötzlich, rechts, links, vorn, hinten, oben, unten, alles zu. Die Haut, meine Haut, ich stoße an meine Haut, als wäre sie ... ein Gefängnis. Schweiß ... Wie unter Verschluß ... Woraus sind diese ... Wände? Was ist das? Warum ich? Ich bin einer von euch! Ich bin allein. Allein, hört ihr? Ich will hier raus!

Flachhändiges Schlagen gegen eine Wand, dumpfer Hall – Stille.

Ich will raus. Will raus. Raus!

Schrei, Schlagen, unverändert dumpfer Hall, unterdrücktes Schluchzen

2

Atemgerät, unterlegt

6. FRAU Verdient dieser Mensch nicht unser aller Mitleid? Kann das, was ihm passiert, nicht jedem von uns passieren? Haben Sie nicht gehört, in welch verzweifelter Lage er sich befindet?

6. MANN Solche rein emotionalen Appelle bringen uns nicht weiter! Hier kann es nicht darum gehen, den Zustand dieses Menschen mitfühlend zu beschreiben! Er hat sich die Suppe selbst eingebrockt! Soll er sie auch auslöffeln!

6. FRAU So was kommt doch nicht aus heiterem Himmel? Ohne Grund? Wer hat hier Schuld? Er? Allein? Wäre das nicht zu einfach? Wird man denn fertig geboren? So was entwickelt sich doch? Ich meine, das kann doch nicht am Charakter liegen? So was wird doch nicht vererbt? So was wird doch meines Wissens erworben? Die Frage muß heißen: Wer oder was hat ihn zu dem gemacht, der er ist, wann, wo und unter welchen Bedingungen?

6. MANN Ich warne vor dem Versuch, hier so etwas wie die Vision einer gesamtgesellschaftlichen Verantwortung zu projizieren! Es gibt noch immer die freie Willensentscheidung! Er konnte sich stets so oder so entscheiden! Er ist für sich und seine Handlungen voll verantwortlich! Er hatte immer die Wahl! Er kann sich nicht auf die Bedingungen herausreden! Die Bedingungen waren für alle gleich! Die gleichen Schulen! Die gleichen Zeitungen! Gleiche Pflichten! Gleiche Rechte! Und doch sind nicht alle so geworden wie er! Ich fürchte, es gibt keinen größeren Gegensatz als zwischen unseren Ausgangspunkten! Schuldig!

6. FRAU Schuldig? Wieso schuldig?

3

2. MANN Ja, was soll man über ihn sagen?
2. FRAU Es ist alles nicht so einfach.
5. FRAU Er gehört zur mittleren Generation.
3. FRAU Er gehört zu den Kadern der mittleren Ebene.
4. MANN Er ist mittelgroß.
2. FRAU Er ist mittelmäßig.
4. FRAU Er ist, wie man so sagt, bemittelt.
5. MANN Asche!
1. FRAU Ich erkenn ihn unter Tausend sofort.
3. FRAU Ich würde ihn glatt verwechseln.
2. FRAU Er wohnt am Rande der Stadt.
2. MANN Randbewohner?
4. MANN Deshalb nicht.
4. FRAU Er hat ein volles Gesicht, ohne daß es feist zu nennen wäre.
3. FRAU Bart?
1. FRAU Nein.
3. MANN Das ist alles ganz normal. Nicht der Rede wert.
4. FRAU Seine Familienverhältnisse sind geordnet. Es gibt keinen Grund, an der Harmonie seiner Ehe zu zweifeln.
2. MANN Ist er eitel?
1. FRAU Nicht, was seine Kleidung betrifft. Er bevorzugt...
2. FRAU ...gedeckte Farben, Anzüge in Braun und Grau.
5. MANN Knete!
2. MANN Marx fordert in der 11. Feuerbach-These, die Welt nicht nur zu interpretieren, sondern sie zu verändern. Er...
5. FRAU ...als dessen Erbe...
2. MANN ...hat diese These schöpferisch unserer Zeit angepaßt, indem er nur die bereits interpretierte Veränderung zur Kenntnis nimmt.
4. FRAU Ich kann nur sagen: Er ist ein äußerst angenehmer Nachbar, höflich, ordentlich, hilfsbereit, ein feiner Mensch.
3. FRAU Er macht den Eindruck, als hätte er eine Kinderkrankheit nie ganz auskuriert, kann sein, eine Erklärung.
3. MANN Die Hauptsache ist, man hat, was man braucht.
5. MANN Das darf doch nicht wahr sein.
1. FRAU Stimmt, er friert leicht.
2. MANN Interessen?
2. FRAU Nicht bekannt.
4. FRAU Beethoven macht ihn nervös. Er ist ihm zu allgemein.
3. MANN Die Kunst hat kein Feind, dann den, der's nit kan.

5. FRAU Beim Gehen zieht er die Schultern hoch und einen Fuß nach, es sieht aus, als müsse er sich zu jedem Schritt überreden.

4. MANN Seine Sprache ist ein Puzzlespiel mit genormten Fertigteilen.

3. FRAU Früher soll er gedichtet haben. Puerile Poesie, Pubertät.

1. FRAU Wenn er trinkt, wird er ehrlich, wenn er betrunken ist, weinerlich.

2. MANN Er ist ein Sitzriese.

5. MANN Asche!

1. FRAU Er raucht auf nüchternen Magen. Er hat Mundgeruch.

3. FRAU Ich würde ihn glatt verwechseln.

2. FRAU Er ist klug.

1. FRAU Er ist nicht dumm.

5. MANN Das darf doch nicht wahr sein.

3. MANN Das ist alles ganz normal. Nicht der Rede wert.

5. FRAU Er gehört zur mittleren Generation.

4. FRAU Er hat sich hochgewendelt.

5. MANN Asche!

Die Stimmen gehen ineinander über, das Band läuft schneller, Vorlauf bis zur Unverständlichkeit

4. FRAU Seine Familienverhältnisse sind geordnet. Es gibt keinen Grund, an der Harmonie seiner Ehe zu zweifeln... *Tonbandschleife* ...zweifeln... zu zweifeln...

2. MANN Ist er eitel?

1. FRAU Nicht, was seine Kleidung betrifft. Er bevorzugt...

2. FRAU ...gedeckte Farben, Anzüge in Braun und Grau.

4

Raum mit Hall, entfernt Schritte und Türenschlagen

3. FRAU Wann war der letzte eheliche Geschlechtsverkehr?

1. FRAU Vor einem halben Jahr.

1. MANN Vor 14 Tagen.

3. FRAU Aha. Aber in dem Punkt müssen Sie sich schon einigen.

1. MANN Ich kann Ihnen das erklären! Meine Frau will die Scheidung um jeden Preis, deshalb will sie daran nicht erinnert werden, ich dagegen möchte unsere Ehe unter allen Umständen aufrechterhalten. Selbst wenn es ein halbes Jahr her wäre – in unserem Alter sind solche Abstände ganz normal, schließlich steht oder fällt eine gute Ehe nicht mit

dem Geschlechtlichen – oder? Man wird ruhiger, hab ich recht?

3. FRAU Wie lange sind Sie verheiratet?

1. FRAU Fünfzehn Jahre.

3. FRAU Und seit wann gibt es diese verstärkten Spannungen?

1. FRAU Seit zwei Jahren, seit ich nicht mehr still bin!

5

Computergeräusch, untergelegt

3. MANN Im vergangenen Jahr entfielen in der DDR auf 100 Eheschließungen 26 Ehescheidungen. Die Aufstellung der statistisch erfaßten Scheidungsgründe ergibt folgendes Bild: 1. Aufnahme von sexuellen Beziehungen zu einem anderen Partner, 2. Unvereinbarkeit des Charakters und der Anschauungen, 3. übermäßiger Alkoholgenuß, 4. sexuelle Disharmonie, 5. Tätlichkeiten und 6. vorschnelle, leichtfertige Eheschließung. Dabei ist der Anteil jener Scheidungen von Ehen, die schon 10 bis 25 Jahre bestehen, im Steigen begriffen. Daraus ist die Schlußfolgerung zu ziehen, daß bessere materielle Bedingungen nicht spontan und automatisch sozialistische Verhaltensweisen hervorrufen.

6

Vogelgezwitscher, untergelegt

1. MANN *schreit:* Still!

1. FRAU Nein, nicht mehr. Ich war es lange genug. Der Scheidungsantrag ist bereits geschrieben.

1. MANN Scheidung? Bist du verrückt? So einfach geht das nicht! Was ist mit dem Haus? Willst du denn alles aufs Spiel setzen? Unsere Ehe?

1. FRAU Ehe? Du bist wie einer, der sein Boot auf hoher See zersägt und dann, wenn er am Ersaufen ist, danach greifen will. Merkst du denn nicht, daß neben dir niemand mehr steht? Du hast dich selbst verraten und erwartest von mir, daß ich an dich glaube?

1. MANN Ich mich verraten: Mach dich doch nicht lächerlich!

1. FRAU Dein Lebenslauf müßte die Unterzeile tragen: Vom Revolutionär zum Aktionär. Du hast einmal deinen Beitrag geleistet, jetzt lebst du von der Dividende. Weiß du, was mir während unserer Ehe klargeworden ist? Die größte Leistung der DDR besteht darin, den Sozialismus durch Leute auf-

bauen zu lassen, die ihn gar nicht ausdrücklich wollen. Durch solche wie dich. Du machst mit, weil du gut daran verdienst. Du machst genau das, was das Stühlchen erfordert, auf dem du sitzt. Nicht mehr, nicht weniger. Aber du könntest auch woanders sitzen. Denn Sitzen ist deine Daseinsweise. Draufsitzen und Abwarten. Bei jeder Veränderung überlegst du blitzschnell, ob sie deine Sitzposition gefährdet, du bewegst dich nur, wenn du die Anweisung dazu erhältst, von oben, versteht sich, nur von oben. Ich glaube, du wartest sogar auf den Sozialismus, von dem du so überzeugend zu reden verstehst, du wartest, daß er eines schönen Tages schon irgendwie da sein wird, da es ja gesetzmäßig ist, daß er kommt. Wenn er kommt, dann trotz solcher Leute wie du. Ich fürchte, nur, daß er auch deine Züge trägt.

1. MANN Das hast du doch nicht etwa da reingeschrieben? Du, das kannst du nicht machen!

1. FRAU Ich lernte dich kennen, da hast du überlegt, ob du für dein letztes Geld eine Hegel-Reclam-Ausgabe kaufst oder eine Curry-Wurst. Du hast den Hegel genommen, und dafür hatte ich dich lieb, damals. Heute, was würdest du heute kaufen? Unsere Ehe ist doch nichts anderes als ein Anschaffungsinstitut, ein ökonomischer Zweckverband. Das Gewicht der sich häufenden Dinge hat alles zwischen uns breitgedrückt. Es ist ausgequetscht, versickert, versandet, weg, spurlos verschwunden. Du hast nur Angst davor, noch einmal von vorn anzufangen: Immerhin hast du fünfzehn Jahre angeschafft, es ist ein Stück deines Lebens, und zwar das Herzstück. Dein Herzblut klebt an dem Haus, dem Auto, dem Bungalow am See, an nichts sonst, an dem ganzen Wust, der dich lebendig begraben hat! Du hast versucht, wieder hochzukommen, aber du bist zu feige und zu schwach!

1. MANN Mußt du so laut reden? Die Fenster stehen offen ... Was habe ich versucht?

1. FRAU Mit der letzten habe ich gesprochen.

1. MANN Du – mit ... ?

1. FRAU Ja, mit deiner Sekretärin. Sie wollte dich, du sie auch. Sie für immer, du für Stunden. Denn auf deine Bequemlichkeit, auf das Angeschaffte wolltest du nicht verzichten. Auf mich schon. Du hast mich verraten, erst dich, dann mich, verraten, betrogen ...

7

Computergeräusch, untergelegt

3. MANN Eine Eheschließung ist nichts Alltägliches. Es ist eine große Verpflichtung, die wir gegenüber dem Partner und darüber hinaus der ganzen sozialistischen Gesellschaft, in der wir leben, übernehmen. Mit der Eheschließung wird eine für das ganze Leben geschlossene Gemeinschaft begründet, die auf gegenseitiger Liebe, Achtung und Treue, auf Verständnis und Vertrauen und uneigennütziger Hilfe füreinander beruht. Verehrtes Paar, wollen Sie sich bitte von Ihren Plätzen erheben ...

8

Beschleunigte Herztöne, gepreßtes Atmen

1. MANN Gibt es denn keine Sicherheiten mehr? Die Ehe zerrüttet: Das ist der Anfang vom Ende. Ich merke doch, wie alles um mich herum in Bewegung gerät, wie alles von mir abrückt. Soll denn alles zum Teufel gehen? Das darf nicht sein! Zweifel kann ich mir nicht leisten! Ich gestatte es nicht, im Negativen zu wühlen! Ich laß mir keine Fehlerdiskussion aufzwingen! Nicht zum gegenwärtigen Zeitpunkt! Wo soll denn das hinführen? Es kann keine Scheidung geben, weil es keine geben darf. Ich bin dagegen. Schließlich ist einmalige Untreue vor Gericht kein ausreichender Scheidungsgrund. Stimmt schon, dann und wann hatte ich dieses oder jenes Verhältnis, es ist nicht bei einem Mal geblieben. Warum? Na, warum wohl! Ich habe nie an die Treue einer Frau geglaubt. Frauen sind Schlösser, in die viele Schlüssel passen, passend ist immer der, der gerade drinsteckt. Ich seh das alles ganz real, ohne Illusionen. Eine Frau will genommen sein. Sie gibt, der Mann nimmt. Alles andere ist schöngeistiges Geschwätz. Dabei hab ich nicht mal alles mitgenommen, ich hab verzichtet. Manchmal, besonders im Sommer, wenn die Haut der Mädchen so glatt und glänzend wird, wollte ich sie anfassen, alle, mitten auf der Straße, und ich hätte schreien können, weil ich es nicht tat. Wenn ich dann zu Hause im Bett lag, schloß ich die Augen, sah die Mädchen und griff nach meiner Frau, die es stumm über sich ergehen ließ. Sobald ich die Augen öffnete, war alles vorbei.

9

Raum mit Hall, entfernt Schritte und Türenschlagen

3. FRAU Ihre Frau schreibt hier von Untreue, von einer längeren sexuellen Beziehung zu einer Kollegin. Was haben Sie dazu zu sagen?

1. MANN Habe ich dadurch etwa unsere Ehe gefährdet? Nein. Im Gegenteil, ich war gerade in dieser Zeit besonders nett. Oder stimmt es nicht, daß ich dir Blumen mitgebracht habe, Konfekt, mal eine Bluse, na und so weiter? Ich habe nie daran gedacht, unsere Ehe damit in Frage zu stellen.

1. FRAU Er hat sich immer im Stande der Unschuld gefühlt, gleichgültig, was er gemacht hat. Er war mit sich selbst immer im Reinen. Er hatte nie Gewissensbisse, nie Skrupel, er ist nie auf den Gedanken gekommen, etwas Unrechtes zu tun.

1. MANN Das gehört wohl nicht hierher. Wovon sprichst du eigentlich?

1. FRAU Keine Ahnung, wie? Wie hast du deinen Posten bekommen? Saß da nicht vorher auch einer? Wer hat daran gedreht? Wer hat Zahlen frisiert? Wer hat die weichen Pläne gebastelt? Oh, nach außen ist alles in Ordnung, aber bei mir hast du gebeichtet, ich kenn dich.

1. MANN Was soll das jetzt? Davon verstehst du nichts. Hab ich nicht immer Recht bekommen? Haben wir den Plan nicht immer übererfüllt? Gibt es ein besseres Betriebsklima als unter meiner Leitung? Ach, was verteidige ich mich hier? Das alles ist bösartige Verleumdung, bösartig, jawohl!

3. FRAU Ist es zu Tätlichkeiten gekommen?

1. MANN Aber woher denn? Ich bin Insektenfreund.

3. FRAU Würden Sie bitte auf meine sachlichen Fragen ebenso sachlich antworten?

1. MANN Verzeihung, es sollte ein Scherz sein.

10

Unruhige Herztöne, schnelles Atmen

1. MANN Das gehört aber doch wohl mehr ins Private? Ich meine, irgendwo muß doch eine Grenze sein. Das ist doch nichts sonderlich Aufregendes, herrje, ich bin doch nicht der einzige. Ist doch wahr! Als Sekretärin war sie: naja, im Bett: unschlagbar. Oh, sie war gut! Jung vor allem, 15 Jahre jünger als ich. Ich darf gar nicht daran denken. Ihr Zimmer, die leise Musik.

Leise Musik

Ihr Stöhnen.
Stöhnen
Ihre Schreie
Lustschreie, abrupt endend, Musik bleibt

4. FRAU Dicker, mein Dicker, was ist los? Komm! Warum machst du nicht weiter? ...

1. MANN Ich liebe dich, wenn du wüßtest, wie ich ...

4. FRAU Ich weiß, hör schon auf. Gib mir den Zellstoff. Dir gefällt es, mich willenlos zu sehen, wie? Du glaubst dann, ich gehöre dir? Fehlanzeige, Genosse Direktor! Ich gehöre mir! Nur mir allein. Haben willst du mich? Bitte. Aber nicht so, nicht ohne Risiko, ohne Einsatz, ohne zu bezahlen. Ich hab es satt, diese Geheimhalterei, dieses Versteckspielen, dieses Lügen, dieses Nach-außen-ist-alles-in-Ordnung, diesen ganzen verlogenen Dreck!

1. MANN Aber Liebling, du weißt doch, ich ...

4. FRAU Ja, ich weiß, du denkst seit Jahren an die Scheidung. Aber du lebst lieber zwei Leben, als dich zu entscheiden. Deine Madame hat's mit der Kandare versucht, dir hat sie damit das Gebiß ruiniert und sich selbst hat sie die Hände wundgescheuert. Ich denke nicht daran! Entscheide dich vorher, gegen oder für mich, ganz egal, ich werd schon nicht dran sterben, so oder so, dann komm und sag's mir, und jetzt zieh dich an und geh. Deine Frau wird sich in eurem Häuschen schon ängstigen.

1. MANN Was ist denn plötzlich in dich gefahren?

4. FRAU Plötzlich? Sehr witzig, Genosse Direktor. Wie lange geht das schon? Aber gut, morgen früh im Büro spielen wir wieder Chef und Sekretärin, rein kollegial, alles sehr sauber. Geh schon, mein Dicker, geh.

11

Herztöne, unruhig, tiefes Atmen

1. MANN Auch das, ich hab zwei Leben gelebt. Eins am Tage, eins nach Feierabend. Manchmal denk ich, wir sind alle schizophren. Mehr oder weniger. Auch sie. Obwohl sie das typische Kind unserer Zeit ist: jung, hübsch, gescheit, sexuell unverklemmt, gesellschaftlich aktiv – oder gerade deshalb? Das eine Mal hörte ich sie diskutieren, mit Gleichaltrigen, ziemlich, naja, wie soll man das sonst nennen, dogmatisch. Ich glaube, es ging ums Reisen. Sie sagte, daß alle, die nicht ihre Meinung teilten, die zugleich die offizielle und einzig

richtige wäre, Feinde seien und entweder versuchen sollten, über die Mauer zu springen, oder aber gleich ins Gefängnis gehörten. Sie nannte das Konsequenz. Das andere Mal, es war auf einer gemeinsamen Dienstreise, die ich für uns arrangiert hatte, äußerte sie bei einem Sonnenuntergang an der Ostsee den Wunsch, in Schweden zu leben, und überlegte, ob es mit Schwimmen zu schaffen sei. An ihrer Zimmerwand, über dem Bett, hängt ein Poster mit den letzten Worten Allendes, groß und rot steht das Wort Revolution, daneben hängt eine Neckermann-Werbung für Reisen nach Spanien. Ich wollte damit nur andeuten, daß ich nicht der einzige bin, mehr nicht. Ich will nicht von mir ablenken. Ich will raus hier. Würde ich heute von all diesen Dingen auch nur ein Sterbenswörtchen verlauten lassen, wenn ich nicht dazu gezwungen, wenn ich nicht hier drin wäre, in dieser tödlichen Enge? Aus der Mitte an den Rand geschleudert, gefallen in Dunkelheit, bleibt mir keine andere Wahl als ich selbst.

Schlag gegen die Wand, dumpfer Hall, ganz entfernt das Großstadtgeräusch

12

Computergeräusch, untergelegt

3. MANN Die Definition der individuellen Geschlechtsliebe durch die Sexualpsychologie lautet, ich zitiere: Die sexuelle Erregung des Mannes geschieht durch die Wahrnehmung weiblicher Reize und deren Speicherung in Großhirnrindenzellen als Reflexspuren, wobei es durch rhythmische Bewegungen des Penisschaftes zu explosiven Entladungen der Nervenelemente des männlichen Genitalbereiches kommt, die als Beglückung empfunden und als Orgasmus bezeichnet werden. Zitatende. Dem ist nichts hinzuzufügen.

13

Harfe

4. FRAU Ein Bube von Auerbach an der Bergstraße hütete seines Vaters Kühe auf der schmalen Talwiese, von der man das alte Schloß sehen kann. Da schlug ihn auf einmal von hintenher eine weiche Hand sanft an den Backen, daß er sich umdrehte, und siehe, eine wunderschöne Jungfrau stand vor ihm, von Kopf bis zu den Füßen weiß gekleidet, und wollte

eben den Mund auftun, ihn anzureden. Aber der Bub erschrak, wie vor dem Teufel selbst, und nahm geschwind das Reißaus ins Dorf hinein.
Harfe

14

Atemgerät, untergelegt

6. FRAU Hat er das nicht alles gelernt? Und von wem? Nicht von denen, die ihn erzogen, ausgebildet haben und von denen er die Staffette übernommen hat?

6. MANN Sie verschieben die Tatsachen! Sein Vorgänger hat mit offenem Visier gekämpft, frontal, von vorn! So hat er auch seine Fehler gemacht, er hat dazu gestanden! Unser Freund aber hat darauf gelauert, daß der andere einen Fehler macht, und als er ihn gemacht hatte, war die Stunde des Schwachen gekommen! Er schrieb einen Bericht und schickte ihn an die übergeordnete Leitung! Er hat das direkte Gespräch vermieden! Er hat ihn von hinten erlegt!

6. FRAU Vergessen Sie dabei nicht, daß er am Anfang das Gespräch gesucht hat? Daß er aber zurückgestoßen wurde? Vergessen Sie das vielleicht absichtlich, um ihn desto leichter zum Alleinschuldigen zu machen? Hat er nicht versucht, Verbesserungen einzubringen, zu verändern? Ist es nicht verständlich, daß er schließlich aufgegeben hat? Wollen Sie die tausend Verführungen zur Einsicht leugnen, wenn die Sicht eines einzelnen keine Aussicht hat? Kennen Sie die undramatische Einübung der Routine durch die tägliche Praxis? Ist es nicht natürlich, daß er, solcherart belehrt, dann nur noch Vorschläge macht, die genehm sind und die ihm Gewinn bringen? Daß er unter Effektivität versteht, mit dem kleinsten Aufwand den größten persönlichen Nutzen zu gewinnen? Ist das nicht menschlich, allzu menschlich?

6. MANN Es ist ein Irrtum anzunehmen, daß die materielle Interessiertheit, falls Sie darauf anspielen, die ideologischen Überbleibsel der alten Gesellschaft beständig reproduziert!

6. FRAU Vielleicht sind es gar keine Überbleibsel?

6. MANN Im Gegenteil, richtig angewendet, bewirkt die Ausnutzung des sozialistischen Aneignungsgesetzes, und darin eingeschlossen die Anwendung des Prinzips der materiellen Interessiertheit, gerade die Überwindung aller materiellen und ideologischen Muttermale des Kapitalismus!

15

1. MANN Eine Tür geht auf, eine Doppeltür.
Türgeräusch
Jemand holt Luft.
Luftholen

3. MANN Alles schön und gut, aber, Genosse: Du kommst da frisch von der Schule, verdammt noch mal, und denkst, du kannst alles viel besser...

1. MANN Konkret geht es mir um...

3. MANN Konkret, konkret, wenn ich das schon höre! Mir paßt, und zwar im allgemeinen, deine Einstellung zu meinem Leitungsstil nicht!

1. MANN Ich denke, jeder soll sich verantwortlich...

3. MANN Nicht so, Genosse, so nicht! Hier sind die Verantwortungsbereiche scharf abgegrenzt, und wenn du hier auf meinem Platz sitzen würdest, könntest du dir den Kopf über meine Probleme zerbrechen. Du sitzt aber nicht hier! Vergiß das nicht, Genosse!

1. MANN Ich wollte doch nur...

3. MANN Im Moment red ich noch. Und jetzt mal Fraktur: Wieviel Jahre Praxis, verdammt noch mal, hab ich und wieviel du? Siehst du da einen gewissen Unterschied? Wer, Genosse, hat von uns beiden die größeren Erfahrungen? Wer kann von wem lernen? Also! Haben wir uns jetzt verstanden?

1. MANN Eine Tür geht zu, eine Doppeltür.
Türgeräusch
Eine Klappe fällt.
Fallgeräusch

1. MANN Jahre später, wie gehabt: Eine Tür geht auf, die Doppeltür.
Türgeräusch
Jemand holt Luft: ich.
Luftholen

1. MANN Ich verstehe Sie sehr gut, Kollege. Als ich frisch wie Sie hier anfing, glaubte ich auch, vieles besser zu wissen.

4. MANN Konkret geht es mir um...

1. MANN Wissen Sie was? Schreiben Sie alles auf, und wenn ich mehr Zeit habe als beispielsweise jetzt, werde ich es lesen. Einverstanden? Gut.

4. MANN Ich denke...

1. MANN Denken ist immer gut. Freilich kann man sich dabei

auch irren. Besonders dann, wenn man sich die Köpfe der Vorgesetzten zerbricht. Es ist ja nicht so, daß die keine haben, nicht wahr?

4. MANN Ich wollte doch nur . . .

1. MANN Ich versteh Sie voll und ganz, wirklich. War ja schließlich auch mal jung. Aber sehen Sie, Kollege: Sie sind ziemlich neu bei uns. Meinen Sie nicht auch, daß Ihnen der Überblick noch ein wenig fehlt? Die Erfahrung? Na also, ich wußte, daß wir uns verstehen.

1. MANN Eine Tür geht zu, die Doppeltür.
Türgeräusch
Eine Klappe fällt.
Fallgeräusch
Den Vorschlag hat er nie eingereicht. Er ist ein ruhiger Mitarbeiter geworden. Er ist ein guter Mitarbeiter geworden. – Aber warum erzähle ich das? Ich streue mir pfundweise Asche aufs Haupt: Reicht das noch nicht aus? *Schlagen gegen die Wand, dumpfer Hall, das Großstadtgeräusch etwas näher*

16

4. MANN Er ist Träger der Verdienstmedaille und anderer hoher Auszeichnungen.

2. FRAU Er trägt Verantwortung für das Ganze.

2. MANN Er entstammt einer sächsischen Eisenbahnerfamilie.

5. MANN Das darf doch nicht wahr sein.

3. FRAU Bei ihm hat alles seine zwei Seiten: eine positive und eine sehr positive.

4. FRAU Ich kann nur sagen: Er ist ein äußerst angenehmer Nachbar, höflich, ordentlich, hilfsbereit, ein feiner Mensch.

5. MANN Asche!

4. MANN Interessen?

3. FRAU Nichts bekannt.

4. FRAU Früher soll er viel gelesen haben, jetzt ist es mehr der Garten.

3. MANN Das ist alles ganz normal. Nicht der Rede wert.

2. FRAU Von Zeit zu Zeit ißt er gern Pellkartoffeln mit Griebenschmalz und Zwiebelquark . . .

1. FRAU . . . er sagt . . .

2. FRAU . . . es erinnere ihn an seine Herkunft.

4. MANN Ist er nekrophil?

2. FRAU Schwer zu sagen.

4. MANN Ist er biophil?

1. FRAU Je nachdem.
2. MANN Ist er eitel?
1. FRAU Nicht, was seine Kleidung betrifft. Er bevorzugt ...
2. FRAU ... gedeckte Farben. Anzüge in Braun und Grau.
4. MANN Er ist aktiv in der Zivilverteidigung und im Festkomitee zur Vorbereitung des Jubiläumsjahrestages. Er ist Mitglied der ...
3. FRAU ... DSF, des ...
3. MANN ... FDGB, der ...
4. FRAU ... Partei.
3. MANN Seine Beitragszahlungen betragen etwa 10 Prozent seines Gehalts.
1. FRAU Er hat eine Zusatzrentenversicherung abgeschlossen.
3. FRAU Spielt er Lotto?
4. FRAU Was ist ihm eigentlich vorzuwerfen?
4. MANN Schwer zu sagen.
2. FRAU Er besucht zweimal im Monat die Sauna. Essen ist für ihn kein mathematischer Vorgang. Er weigert sich, in Kalorien zu denken. Er ißt gern.
3. MANN Keine besonderen Kennzeichen.
5. FRAU Er gehört zu den Kadern der mittleren Ebene.
2. FRAU Dicker ist lediglich sein Kosename.
1. FRAU Wenn er trinkt, wird er ehrlich, wenn er betrunken ist, weinerlich.
5. MANN Knete!
4. MANN Er hat viele Freunde und keinen.
3. FRAU Ist er eigentlich ganz er?

Schneller Bandvorlauf, stop

5. FRAU Er gehört zur mittleren Generation.
2. FRAU Er hat Hochschulabschluß.
2. MANN Das ist bekannt. Und?
3. FRAU Früher soll er gedichtet haben. Puerile Reime, Pubertät.
3. MANN Seine Meinung muß nicht seine persönliche Meinung sein.
4. FRAU Wie bitte?

Bandrücklauf

3. MANN Seine Meinung muß nicht seine persönliche Meinung sein.
4. FRAU Wie bitte?
3. MANN Wer wider den Wind brunzt, der macht nasse Hosen.
3. FRAU Bart?
1. FRAU Nein.

3. MANN Das ist alles ganz normal. Nicht der Rede wert. *Die Stimmen gehen ineinander über, das Band läuft schneller, Vorlauf bis zur Unverständlichkeit.*

17

Harfe

4. FRAU Weil indessen sein Vater bloß die eine Wiese hatte, mußte er die Kühe immer wieder zu derselben Weide treiben, er mochte wollen oder nicht. Es währte lange Zeit, und der Junge hatte die Erscheinung bald vergessen, da raschelte etwas in den Blättern an einem schwülen Sommertag, und er sah eine kleine Schlange kriechen, die trug eine blaue Blume in ihrem Mund und fing plötzlich zu sprechen an: »Hör, guter Jung', du könntest mich erlösen, wenn du diese Blume nähmest, die ich trage und die ein Schlüssel ist zu meinem Kämmerlein droben im Schloß, da würdest du Gelds in Fülle finden.« Aber der Hirtenbub erschrak, da er sie reden hörte, und lief wieder nach Haus.

Harfe

18

Herztöne, fast normal, ebenso Atem

1. MANN Gegen Ende des Studiums zog ich einen Schlußstrich unter meine Verirrungen, die nur Unruhe in mein Leben gebracht hatten, und zwar radikal. Ich sehnte mich nach Ruhe, Ordnung und Sicherheit, ich brach die Suche ab, ich heiratete. Schon bald hatte ich das schöne Gefühl, ausgeglichen und zufrieden zu sein, auch mein körperlicher Zustand besserte sich meßbar, ich konnte nach vier Wochen eine Gewichtszunahme von fünf Kilogramm verbuchen. Ich war zutiefst davon überzeugt, daß alles, so wie es war, aufs beste geregelt und ein Zweifel daran gesundheitsschädlich sei. Wenn ich unsicher war, half mir die Frage, wem diese Unsicherheit nützt, sofort eine klare Entscheidung zu finden. Im Traum stellte ich die Zweifel so übereinander, daß ich sie mühelos umstoßen konnte. Wie zu mir selbst, verhielt ich mich gegenüber anderen, getreu dem Kantschen Imperativ, so zu handeln, daß die Maxime des eigenen Handelns jederzeit zugleich als Prinzip einer allgemeinen Gesetzgebung gelten könnte; das war nur gerecht, hatte ich doch die Gefährlichkeit des Zweifels am eigenen Leib erleiden müs-

sen. Ich kannte das: Unter dem Vorwand, etwas zu verbessern (wo es nichts zu verbessern gibt), will man an die Stelle des alten Bewährten etwas neues Unsicheres setzen. Von einigen kleinen Rückfällen abgesehen, half mir diese neue Haltung, mich nach dem Studium in meine neue Umgebung einzufügen und den Platz zu erringen, auf dem ich jetzt sitze. Halt, stop! Was hab ich gerade gesagt?

Bandrücklauf

...einzufügen und den Platz zu erringen, auf dem ich jetzt sitze. Wo sitz ich denn? Wer ist das? Ich?

Großstadtgeräusch, etwas näher

Ich?

Sag langsam: – Ich...

Ich spreche. Ich denke. Ich spreche, was ich denke.

Computergeräusch, unterlegt

3. MANN Das scheinbar Gesunde war das verdeckt Kranke, das nunmehr durchgebrochen ist: So erklärt sich sein derzeitiger Zustand. Psychologisch gesehen liegt ein Verlust der Kohärenz seiner Persönlichkeit vor, eine Spaltung in eine öffentliche und eine private, gleichsam eine Selbstentfremdung als Dauerzustand. Äußerlich: intakt – innen: leer. Es könnte sich im vorliegenden Fall um das Anfangsstadium einer Pick'schen Erkrankung handeln, worauf die Symptome geistiger Unbeweglichkeit, Kritik- und Urteilsschwäche, Gedächtnisstörungen sowie insbesondere der Echolalie, das heißt manisches Nachsprechen vorgegebener Worte, deuten. Diese spezielle Bewußtseinsspaltung stellt sich folgendermaßen dar: Das öffentliche Bewußtsein ventiliert Wünsche, es ist äußerlich wie Kleidung, auch ablegbar, änderbar, modisch; das private Bewußtsein reflektiert Wirklichkeit, es liegt tiefer, ist halbfertig und voller Fragen. Das ständige Springen zwischen beiden ist anstrengend, es braucht Übung und Gewandtheit, es nutzt ab. Der Selbsterhaltungstrieb nun löst diesen Widerspruch zwischen dem, was ist, und dem, was wünschbar wäre, indem die Wunschvorstellung in guter Absicht (und folglich auch mit gutem Gewissen) verbal als tatsächlich hingestellt und zur unumgänglichen Notwendigkeit erklärt wird. Das private Bewußtsein wird verdrängt und in noch tiefere Bewußtseinsschichten verbannt. In diesem Stadium fühlt sich der Betroffene erlöst: er ist moralisch sauber, er ist kein Heuchler mehr, er hat Schluß gemacht mit der quälenden Duplizität des Bewußtseins. Er übertreibt nun, sozusagen ganz legal, das Erreichte und verschweigt das

Nicht-Erreichte, er macht sich und anderen etwas vor, ohne daß ihm das bewußt wird. Er befindet sich in einem permanenten Zustand der Verzauberung, er hat seinen unverrückbaren Standpunkt bezogen, der mehr ein Stehpunkt ist, er ist eine Festung, die sich rundum gegen jegliche Änderung seines Zustandes verteidigt.

20

Eine Tür geht auf

5. FRAU Dieses Buch nicht, leider.
1. MANN Wieso? Stimmt die Signatur nicht?
5. FRAU Nein, das schon.
1. MANN Ausgeliehen?
5. FRAU Auch nicht. Ich kann es Ihnen nicht ausleihen.
1. MANN Na, wie denn, was denn? Ist das eine Leihbibliothek oder nicht?
5. FRAU Sicher, aber dieses Buch, dieses unter anderem, wird nicht ausgeliehen. Es sei denn, Sie haben eine Sondergenehmigung.
1. MANN Für ein Fachbuch? Warum denn das?
5. FRAU Erschienen in Frankfurt am Main.
1. MANN Na und? Hier ist mein Studentenausweis, hier steht, daß ich genau diese Fachrichtung studiere.
5. FRAU Tja, leider. Sie brauchen eine Bescheinigung, die bestätigt, daß Sie das Buch zu einer wissenschaftlichen Arbeit brauchen, unterschrieben vom zuständigen Dozenten, gestempelt von der Hochschule.
1. MANN Das kann ich nicht. Wissen Sie, es interessiert mich sozusagen außerhalb des Lehrplans.
5. FRAU Dann tut's mir leid.
1. MANN Ich krieg's also nicht, nicht mal für den Lesesaal?
5. FRAU Nichts zu machen, ganz recht.
1. MANN *schreit* Ja, verdammt, wo leben wir denn?!

Etwas rutscht, fällt, schlägt splitternd auf, Tür zu

21

Atemgerät, untergelegt

6. FRAU Die Verhältnisse?
6. MANN Der Charakter!
6. FRAU Aber ist es nicht offensichtlich, daß er früher ehrlich, aktiv, offen, produktiv war? Warum ist er es nicht mehr?

Könnte das nicht daran liegen, daß er gedemütigt wurde? Domestiziert? Gebrochen? Verbogen? Für unmündig erklärt?

6. MANN Gebrochen! Verbogen! Das geht doch wohl zu weit. Er hat aufgegeben, weil es bequemer war! Er hat sich satt in die Polster der Gemütlichkeit plumpsen lassen! Weich wie Pudding! Bestandteile: Quellmasse mit Farbstoff! Beliebig formbar, aber höchst unbeständig!

6. FRAU Wie wäre es, wenn Sie anerkennen würden, daß er ein Unbequemer, ein Fragesteller, ein Diskutierer, ein Vorschlägemacher, ein Unruhiger war? Oder wollen Sie leugnen, daß seine Fragen, seine Probleme, seine Zweifel ins Private abgedrängt worden sind, weil vielen der öffentlich ausgetragene Widerspruch nicht als natürlich und verändernd, sondern als bösartig und störend galt?

6. MANN Ein weiterer Versuch, von der Person abzulenken und alles auf irgendwelche nebulösen Zeitumstände zu schieben! Sicher, unsere Zeit ist kompliziert! Es gibt Konflikte! Zugegeben! Es gibt aber keine Gesetzmäßigkeit, daß daraus so etwas entstehen muß! Und eben das versuchen Sie zu konstruieren!

6. FRAU Man wird doch wohl mal fragen dürfen?

22

Eine Tür geht auf

4. MANN Ja, bitte, worum geht's?

1. MANN Ich wollte Sie um einen Berechtigungsschein für die Bibliothek bitten.

4. MANN Um welches Buch handelt es sich denn? Hat es mit dem Thema Ihrer Seminararbeit zu tun?

1. MANN Direkt nicht.

4. MANN Also indirekt?

1. MANN Das auch nicht.

4. MANN Warum wollen Sie es dann?

1. MANN Weil es mich interessiert.

4. MANN Und warum bekommen Sie es nicht?

1. MANN Weil es nicht in Frankfurt/Oder, sondern in Frankfurt am Main erschienen ist.

4. MANN Aha. Wissen Sie, ich finde, Studenten sollten sich in erster Linie um ihre Pflichtliteratur kümmern. Wozu sonst, meinen Sie, haben wir Studienpläne?

1. MANN Aber bin ich nicht alt genug, selbst zu entscheiden, was und wieviel ich lese?

4. MANN So abstrakt gesagt, klingt das ganz gut, konkret aber beziehen Sie ein Stipendium. Ihr Studium kostet Geld, und zwar eine ganze Menge – und daraus ergeben sich, denke ich, gewisse Pflichten. Ein Arbeiter an der Drehbank kann auch nicht plötzlich etwas außerhalb des Plans drehen, bloß weil's ihn interessiert.

1. MANN Und wenn mir neben den Seminaren, Vorlesungen, Referaten und Seminararbeiten Zeit bleibt, dieses Buch zu lesen, gewissermaßen außerhalb des Plans?

4. MANN Dann gibt es noch immer die Gründe der Bibliothek, dieses Buch nicht auszuleihen. Schon Leukippos hat gesagt: Nichts geschieht von selbst, sondern alles infolge eines Grundes ...

1. MANN Und was ist mit meinen Gründen?

4. MANN Tja, wissen Sie ...

1. MANN Ja?

4. MANN In welcher Seminargruppe sind Sie eigentlich?

1. MANN Zwo-eins. Heißt das, Sie wollen mir den Schein doch ausschr ...

4. MANN Das heißt es nicht, im Gegenteil.

Etwas rutscht, fällt, schlägt splitternd auf, Tür zu

23

Computergeräusch, untergelegt

3. MANN Ich bin in der Lage, hier eine Seminarbeurteilung verlesen zu können, datiert vom Ende des vierten Studienjahres. Augenblick, bitte ... positiv gegenüber gesellschaftlichen Einsätzen ... einwandfreie Studiendisziplin ... wirkt allerdings verschlossener als ... Ah, hier: Es kann hiermit eingeschätzt werden, daß sich sein Verhalten insgesamt gebessert hat, sein früheres provokatorisches Auftreten, was zu einer Disziplinarstrafe im vergangenen Studienjahr führte, ist in dem zu beurteilenden Zeitraum nicht in Erscheinung getreten. Mit Hilfe des Seminarkollektivs und des Lehrkörpers konnten seine ideologischen Unklarheiten ausgeräumt und sein klassenmäßiger Standpunkt gefestigt werden. Aufgrund dieser gewachsenen gesellschaftlichen Einsicht war eine Leistungssteigerung, insbesondere im Fach Russisch, zu verzeichnen. Wir schlagen ihn deshalb für ein Leistungsstipendium in Höhe von 60 Mark vor.

24

Lärm spielender Kinder, untergelegt

1. MANN Mensch, das müßte in die Zeitung!

2. MANN Und wie stellst du dir das vor?

1. MANN Ganz einfach: Wir schildern den Fall und stellen ihn der Öffentlichkeit zur Diskussion.

2. MANN Und wo, wenn ich fragen darf?

1. MANN In deiner Zeitung, wo denn sonst?

2. MANN Du, das geht nicht.

1. MANN Geht nicht? Bist du mein Freund oder nicht? Sind wir zusammen zur Schule gegangen oder nicht? Bist du Diplom-Journalist und Redakteur oder nicht?

2. MANN Schon, aber ...

1. MANN Kein Aber! Ich schreib den Artikel, Überschrift: Unmündig?, und du bringst das Ding.

2. MANN Hauahauaha, das gibt Ärger!

1. MANN Wieso denn? Es ist eine Tatsache und sie ist unserer Gesellschaft unwürdig. Oder kannst du dir vorstellen, daß Marx oder Engels oder Lenin ihre Gegner kritisiert haben, ohne ihre Bücher zu lesen? Kannst du dir vorstellen, daß sie Angst davor hatten?

2. MANN Marx, Engels, Lenin! Mann, das ist doch ganz was anderes.

1. MANN Ach, wieso denn? Sind sie nicht unsere Lehrmeister? Ist der Widerspruch nicht eine zentrale Kategorie der marxistischen Dialektik? Heißt es nicht, daß er eine Triebfeder der Entwicklung ist? Wie lange wollen wir denn unsere Widersprüche noch unter den Teppich kehren? Gehört so was nicht an die Öffentlichkeit? Was ist mit der Weisheit des Volkes?

2. MANN Also gut, versuchen wir's. Du schreibst den Artikel und ich finde eine Gelegenheit, ihn einzurücken. Mann, das kann uns Kopf und Kragen kosten!

1. MANN Na, na! So schlimm wird's schon nicht werden.

25

Harfe

4. FRAU Und an einem der letzten Herbsttage hütete er wieder auf der Wiese, da zeigte sie sich zum drittenmal in Gestalt der ersten weißen Jungfrau und gab ihm wieder einen Backenstreich, bat auch flehentlich, er möchte sie doch erlösen, wozu sie ihm alle Mittel und Wege angab. All ihr Bitten war

für nichts und wieder nichts, denn die Furcht überwältigte den Buben, daß er sich bekreuzte und segnete und wollte nichts mit dem Gespenst zu tun haben.

Harfe

26

Ein übersteuertes Mikrofon, untergelegt

5. FRAU Seht ihn euch an, den ideologischen Diversanten, seht ihn euch genau an, wie er da sitzt! Ist er nicht ein Häuflein Unglück? Aber das täuscht: Er hat versucht, unsere Presse zu seinen finsteren Zwecken zu mißbrauchen, er hat ein Komplott mit einem ihm unbekannten Redakteur geschmiedet, doch dank der Wachsamkeit dieser Zeitung konnte das Erscheinen des heimlich eingerückten Artikels – was sage ich da? – dieses subjektiven Gesudels aus der Feder eines politischen Wirrkopfes im letzten Moment noch verhindert werden. Die Zeitung war fast ausgedruckt, es entstand ein hoher ökonomischer Schaden. Der saubere Freund ist bereits zur Rechenschaft gezogen, es wurde sichergestellt, daß sich künftig derartiges nicht wiederholen kann. Nachdem man ihn zur Bewährung in die Produktion geschickt hat, ist er zum Klassenfeind übergelaufen. Ich frage euch, wäre es jetzt nicht allerhöchste Zeit, daß der, der das alles ausgeheckt hat, sich davon distanziert und endlich Selbstkritik übt?

1. MANN Ich ... ich kann nur sagen, daß es mir leid tut ...

5. FRAU Habt ihr das gehört? Es tut ihm leid! Wie traurig: Gleich wird er weinen! Aber wir lassen uns nicht so billig abspeisen! Also?

1. MANN Ich habe mich der ... *undeutlich* ... schuldig gemacht ... Ich distanziere mich entschieden ... *undeutlich* ... Ich bin ... *undeutlich* ... Ich verspreche ... *undeutlich* ... Ich bitte um ... *undeutlich* ... um meinen Fehler wieder gutzumachen ...

27

3. MANN Wer über sich haut, dem fall'n die Spän in die Augen.

3. FRAU Er macht den Eindruck, als hätte er eine Kinderkrankheit nie ganz auskuriert, kann sein, eine Erkältung.

4. FRAU Er soll es nicht leicht gehabt haben.

2. MANN Ich kann nur sagen, wie er jetzt ist.

4. MANN Das Unverständliche ablehnen.

2. FRAU Das nicht Eindeutige verdächtigen.
2. MANN Die Unwissenheit hinter Prinzipien verschanzen.
5. FRAU Die verschämte Unsicherheit kompensieren zu unverschämter Sicherheit.
3. MANN Nicht diskutieren – katechisieren.
3. FRAU Schlichtheit und Strenge.
5. MANN Diese Art von Mitmensch fährt sicher, auch wenn sie unsicher ist. Das macht ihren Fahrstil so gefährlich.
5. FRAU Er gehört zur mittleren Generation.
3. FRAU Er gehört zu den Kadern der mittleren Ebene.
4. MANN Er ist mittelgroß.
2. FRAU Er ist mittelmäßig.
4. FRAU Er ist, wie man so sagt, bemittelt.
3. MANN Das ist alles ganz normal. Nicht der Rede wert.
1. FRAU Sein Gesicht zeigt im entspannten Zustand einen leidenden Ausdruck.
4. MANN Ist er krank?
5. MANN Er kennt keine Fragen mehr, er kennt nur noch Antworten.
4. FRAU Was ist ihm eigentlich vorzuwerfen?
4. MANN Ich will mal so sagen: Er macht seine Arbeit. Will ich mal sagen.
1. FRAU Ja, er hilft im Haushalt.
4. FRAU Er ist kinder- und tierlieb.
2. MANN Er kann auch mal fünfe grade sein lassen.
5. FRAU Er hält sich an die Gesetze.
4. MANN Er ist aktiv in der Zivilverteidigung und im Festkomitee zur Vorbereitung des Jubiläumsjahrestages. Er ist Mitglied der ...
3. FRAU ... DSF, des ...
3. MANN ... FDGB, der ...
4. FRAU ... Partei.
4. MANN Er ist Träger der Verdienstmedaille und anderer Auszeichnungen.
2. MANN Das ist bekannt. Und?
Bandvorlauf bis zur Unverständlichkeit

28

Langsame, aber unregelmäßige Herztöne, ruhiges Atmen

1. MANN Zu Beginn des Studiums wurde mein Himmel gleich zweimal entgöttert. Erst löste sich die unfehlbare Vaterfigur in der schneeweißen Uniform auf und dann verließ mich das

erste Mädchen, das ich besessen habe. Während ich innerlich litt, daß sie vor mir schon Freunde hatte, habe ich nach außen nur gelacht, und obwohl sie behauptete, mich nie betrogen zu haben, glaubte ich nicht daran. Nach der gigantischen Projektion – die höllische Enttäuschung, seitdem hat mich das Mißtrauen nicht mehr verlassen. Ich schlug auf und brach entzwei: Gespalten wie die Welt um mich her. Ich entdeckte, daß nicht nur ein Sachverhalt verschieden interpretiert, sondern daß auch die Fakten verschieden dargestellt wurden. Sätze wie der: Beide Seiten beschuldigten sich gegenseitig, für den Ausbruch der Kämpfe verantwortlich zu sein – brachten mich zur Verzweiflung. Daß man jemanden, um ihn vor der Cholera zu schützen, mit Cholera-Erregern impft, fand ich interessant. In dieser Zeit sah ich auch den »Faust« zum erstenmal: Ich dachte, daß er und Mephisto eigentlich nur einen Schauspieler brauchten; als ich mir beim zweitenmal darüber klarwerden wollte, war das Stück bereits wegen ideologischer Bedenken abgesetzt. Wie viele meines Alters litt auch ich unter der Atombomben-Psychose: Ich hatte das Gefühl, daß jederzeit der Tod vom Himmel fallen konnte, daß der Bomber vielleicht schon in der Luft war, daß von mir nichts übrigbleiben würde als ein Schatten an der Wand, und daß ich leben müßte, sofort, jetzt, mich ausleben, so intensiv, als könne jede Minute die letzte sein. Ich wollte keine objektiven Notwendigkeiten, sondern objektive Möglichkeiten. Mir war alles zu wenig, zu langsam, zu ängstlich, zu eng. Und trotzdem machte ich zwei Fehler nicht: Ich gab die Schuld daran nicht »denen da oben«, wie viele es taten und von nun an eine gute Begründung hatten, nichts mehr dafür zu tun, ich sagte mir: Gleiche Bedingungen, Gerechtigkeit für alle ist noch nicht möglich, alle können noch keine Neubauwohnung beziehen. Und ich ließ mich nicht von der Werbung der Reichen blenden, ich sagte mir immer wieder, daß hinter der glänzenden kapitalistischen Fassade die ausgebeutete Dritte Welt steht, ich begründete den Reichtum der Wenigen mit der Armut der Vielen. Ich war nicht verloren, aber mein Leben hatte einen Knick, und das trotz eindeutiger Erziehung durch Elternhaus und Schule. Oder vielleicht gerade deshalb?

Großstadtgeräusch, näher

29

Computergeräusch, untergelegt

3. MANN ...nun noch einige Bemerkungen zum öffentlichen Sprachgebrauch der Untersuchungsperson aus erkenntnistheoretisch-pragmatischer Sicht. Der häufige Gebrauch von Schlagwörtern, also semantisch normierten Ausdrücken, wird oft als Zeichen sogenannten schematischen Denkens aufgefaßt. Dabei gibt man dieser Denkart eine abwertende Bedeutung. Tatsächlich aber ist sie ein wichtiges Hilfsmittel in komplizierten Denkprozessen. Normierte Ausdrücke, deren Verwendung sich als nützlich erwiesen hat, gewinnen für uns nicht selten große Autorität und behalten sie auch dann noch, wenn ihr Nutzen durch veränderte Verhältnisse in einen Nachteil umgeschlagen ist. Hier liegt eine, gewiß nicht primäre, Quelle von Dogmatismus. Eine Norm besagt: was sein soll, ist weder wahr noch falsch, ist von Zeit, Ort und gesellschaftlichem Standpunkt abhängig und wird sprachlich durch einen Sollsatz ausgedrückt. Eine Aussage dagegen besagt: was ist, sie ist wahr oder falsch, ist unabhängig von Raum und Zeit und wird sprachlich durch einen Aussagesatz ausgedrückt. Charakteristisch nun ist die Verwendung von Aussagesätzen, wo eigentlich Sollsätze stehen müßten. Zur Verdeutlichung wähle ich einen Satz aus einem Rechenschaftsbericht der Untersuchungsperson: Alle Kollegen arbeiten und leben sozialistisch. Hier wird sprachlich suggeriert, es handele sich um die Abbildung eines Sachverhalts. In Wahrheit müßte gesagt werden, wie der Sachverhalt sein soll: Alle Kollegen sollen sozialistisch arbeiten und leben. Dieser Sprachgebrauch ist ebenso verbreitet wie bedenklich..., wobei hier dem einzelnen, der sich dieser Sprachnormen bedient, keine Verfehlung nachzuweisen ist, es sei denn die, daß er sich diesen Sachverhalten gegenüber affirmativ und nicht kritisch verhält...

30

Vorgang einer Geburt, Schlußphase der Austreibungsperiode: das Stöhnen der Mutter, Worte der Geburtshelfer, Instrumentenklappern, Wasserplätschern etc...., der Schrei des Neugeborenen (Originalaufnahme, eventuell zusammengeschnitten, aber minimal 120 Sekunden)

31

Mehrstimmiges Lachen, untergelegt

2. MANN So, alle Aufsätze sind ausgegeben – bis auf einen. Na, wer hat denn sein Heft noch nicht? Melden!

1. MANN Ich.

2. MANN Steh auf! Also du. Steh gerade! Kannst du uns allen hier noch mal verraten, wie das Thema hieß?

1. MANN Mein Vorbild.

2. MANN Ganz recht: Mein Vorbild. Und worüber hast du geschrieben? Was hast du dir eigentlich dabei gedacht?

1. MANN Nichts besonderes.

2. MANN Nichts besonderes? Freundchen, werd nicht noch frech! Oder soll ich dir deine glatte Fünf einschreiben! Wenn ich, dein Lehrer, mich nicht für dich schämen müßte, würde ich sie dir jetzt für deine bodenlose Unverschämtheit mit Freuden eintragen, so aber werde ich den Aufsatz überhaupt nicht bewerten. Hast du daran gedacht, was passiert, wenn der Direktor eine plötzliche Heft-Kontrolle macht?

1. MANN Nein.

2. MANN Natürlich nicht! Dir ist das egal! Antworte gefälligst in einem Satz!

1. MANN Daran habe ich nicht gedacht.

2. MANN Habt ihr das gehört? Euer Mitschüler schreibt Aufsätze, ohne zu denken. Sehr schön, weiter so, du wirst es weit bringen! Nun erzähl mal deinen Klassenkameraden, worüber du geschrieben hast, mach schon!

1. MANN Daß ich kein Vorbild habe.

2. MANN Noch mal, aber einen vollständigen deutschen Satz, wenn ich bitten darf!

1. MANN Ich habe geschrieben, daß ich kein Vorbild habe.

2. MANN Und das klingt so: Mein Vater ist nicht mein Vorbild, weil er Soldat war und dabei gestorben ist. Meine Mutter auch nicht, denn sie hat nie etwas dagegen gehabt, als mein Vater noch Pakete aus Frankreich schickte. Erst als mein Vater tot war, hat sie geweint. Als die Russen kamen, hat sie von unserer Fahne das Kreuz abgetrennt und hat sie als rote Fahne rausgehängt. So möchte ich nicht werden. Deshalb können auch die Lehrer für mich kein Vorbild sein. Jedes Jahr nach den großen Ferien fehlen einige, unser Direktor gibt dann bekannt, daß sie unsere junge Republik verraten haben. Vorher haben sie aber alle so getan, als ob sie sonstwie überzeugt wären. Wer sagt mir, daß nach diesem

Schuljahr nicht gerade der Lehrer fehlt, den ich mir zum Vorbild genommen habe?... Na, und so weiter, und so weiter! Völlig am Thema vorbei. Als gäbe es für ihn kein Vorbild! Brauchst du keins? Bist du schon so vollkommen? Antworte!

1. MANN Nein. Ich habe bloß kein Vorbild, das ist die Wahrheit.

2. MANN Die Wahrheit, die Wahrheit! Was weißt denn du davon? Das gibts gar nicht! Jeder Mensch hat ein Vorbild! Also du auch! Vielleicht weißt du es nur nicht? Vielleicht ein Sportler? Na?

1. MANN Nein.

2. MANN Ein Freund von dir?

1. MANN Nein.

2. MANN Adolf Hennecke? Ernst Thälmann? Der kleine Trompeter?
Auch nicht? Ja, verdammt, irgendeinen muß es doch geben! Wie wär's denn mit Thälmann? Hm?

1. MANN Na ja, Thälmann schon, aber...

2. MANN Na fein, also gut, du schreibst den Aufsatz noch mal. Und fertig. Fang auch ein neues Heft an, das alte behalte ich gleich ein.

1. MANN Aber...

2. MANN Oder willst du die Fünf haben?

1. MANN Nein.

2. MANN Na also! Zwei Tage Zeit. Setzen!

32

Atemgerät, untergelegt

6. MANN Man kann ja wohl schwerlich behaupten, er allein habe besonders unvorteilhafte schulische Bedingungen gehabt! Es war Nachkriegszeit! Eine für alle gleichermaßen harte Zeit, für alle, kein Grund also, hier nach eventuellen Ursachen für spätere sogenannte Fehlentwicklungen zu bohren!

6. FRAU Darf ich aus einer Zeugnisbeurteilung etwas vorlesen? Hier: ...mußte er sich im vergangenen Schuljahr vor dem Pädagogischen Rat wegen grober Disziplinlosigkeit verantworten, die auf eine gefährliche politische Einstellung zurückzuführen ist... – Was war geschehen? Sind diese markigen Töne nicht etwas unangemessen, wenn sich herausstellt, daß die »grobe Disziplinlosigkeit« allein darin bestand, daß er im Geschichtsbuch ein Foto Rosa Luxemburgs mit

einem Bart bemalte? Ist diese Handlung nicht viel eher auf eine langweilige Unterrichtsgestaltung zurückzuführen als auf eine »gefährliche politische Einstellung«? Würden wir das heute nicht unverkrampfter interpretieren? Kann damit aber die damalige Wirkung auf einen Heranwachsenden geleugnet werden?

6. MANN Hier steht allein sein jetziges Verhalten zur Debatte! Wenn in der Schule solche Fehler gemacht worden sind, daß die ehrliche Meinung mit einer Fünf oder gar nicht bewertet wird und die empfohlene Heuchelei mit guten Noten, so kann damit, das sei zugegeben, die Grundlage zu einem zweiten Bewußtsein gelegt werden! Kann, muß aber nicht, denn es gibt im späteren Leben genügend Zeit, sich zu korrigieren! Vergessen Sie außerdem nicht den positiven Einfluß eines fortschrittlichen Elternhauses!

6. FRAU Wie aber, wenn dort auf gleiche Weise erzogen wird? Wenn, ohne zu überzeugen, Strafen verhängt werden? Wenn er angehalten wird, wochentags Pionier zu sein und sonntags den Kindergottesdienst zu besuchen? Wenn die Mutter sagt: Man kann nie wissen, wie es kommt? Oder: Was du denkst, ist das eine, was du sagst, das andere? Wenn die Mutter überzeugt ist, ihm alles offengelassen zu haben, ihn aber gerade dadurch entscheidend geprägt hat? Wie, wenn die Erzieher zur Reife selbst unreif sind?

33

5. FRAU Beim Gehen zieht er die Schultern hoch und einen Fuß nach, es sieht aus, als müsse er sich zu jedem Schritt überreden.

2. MANN Marx forderte in der 11. Feuerbach-These, die Welt nicht nur zu interpretieren, sondern sie zu verändern. Er …

5. FRAU … als dessen Erbe …

2. MANN … hat diese These schöpferisch unserer Zeit angepaßt, indem er nur die bereits interpretierte Veränderung zur Kenntnis nimmt.

2. FRAU Als er nach einer rein verbalen Meinungsäußerung einem älteren Schüler gegenüber Prügel bezog, ahnte er dumpf, daß Demokratie in der Gleichheit der Mittel besteht.

1. FRAU Er ist nicht dumm.

2. MANN Zum Schulabgang sprach der Redner davon, daß der Sommer bei uns keine Jahreszeit mehr sei, sondern ein gesellschaftlicher Zustand.

3. FRAU Die letzte amtsärztliche Untersuchung ergab in fast allen Punkten ein O. B.

3. MANN Seine blasse Gesichtsfarbe allerdings ist ein Indiz für Durchblutungsstörungen der Herzkranzgefäße.

4. FRAU Er ist ...

4. MANN ... wie viele seines Alters und seiner Position ...

4. FRAU ... weiterhin akut infarktgefährdet.

3. FRAU Industrie ... Infantilität ... Infarkt: durch Verschluß einer Arterie abgestorbener Gewebebezirk.

5. MANN Es gab einen Lehrer, dessen Lieblingsspruch hieß:

3. MANN Ein anständiger Mensch öffnet nur einen Knopf des Hemdes respektive 15 Zähne bei einem Reißverschluß.

5. FRAU Im heißesten Sommer zog er demonstrativ seine Jacke an, schloß die Fenster und kontrollierte die Kleiderordnung der Schüler.

2. FRAU Ein anderer ließ eine Schülerin aufs Pult steigen und zeigte, wo sich der Mittelpunkt des menschlichen Körpers befindet.

2. FRAU Kunst und Literatur wurden in der Schule wie Ovulationshemmer verabreicht: Nach dieser Behandlung blieb der Umgang mit ihnen ohne jegliche Folgen.

4. FRAU Was ist ihm eigentlich vorzuwerfen?

3. MANN Rotzige Leut wollen allweil den anderen die Nasen putzen.

4. MANN Ist doch wahr.

5. MANN Das darf doch nicht wahr sein.

3. MANN Das ist alles ganz normal. Nicht der Rede wert.

2. MANN So viel steht doch schon mal fest:

5. FRAU Er gehört zur mittleren Generation.

3. FRAU Er gehört zu den Kadern der mittleren Ebene.

4. MANN Er ist mittelgroß.

2. FRAU Er ist mittelmäßig.

4. FRAU Er ist, wie man so sagt, bemittelt.

1. FRAU Hat er überhaupt einen Namen?

5. FRAU Aber natürlich: Paul Lenke. Und?

2. FRAU Damit ist er ein Einzelfall.

2. MANN Das alles darf, um Gottes willen, nicht verallgemeinert werden.

4. MANN Wie kommen Sie denn darauf?

3. FRAU Er macht den Eindruck, als hätte er eine Kinderkrankheit nie ganz auskuriert, kann sein, eine Erkältung.

Bandvorlauf

34

Eine Tür wird abgeschlossen, Schritte, eine zweite Tür wird abgeschlossen, Schritte.

1. MANN Mutti, guck mal, ein Kanarienvogel!

5. FRAU Wo?

1. MANN Da, im Baum.

5. FRAU O, das dumme Tier!

1. MANN Mutti, warum ist es dumm?

5. FRAU Weil es draußen sterben muß.

1. MANN Warum muß es draußen sterben?

5. FRAU Weil es in den Käfig gehört.

1. MANN Und warum gehört es in den Käfig?

5. FRAU Weil der Kanarienvogel ein Haustier ist.

1. MANN Aber draußen ist es doch viel schöner.

5. FRAU Das verstehst du nicht. Wir wollen ihn locken. Tütütü, komm, komm ...

1. MANN Er hört uns zu, siehst du?

5. FRAU Er ist an menschliche Stimmen gewöhnt. So ein Jammer! Da sitzt er nun und weiß nichts mit seiner Freiheit anzufangen. Er hat Angst, in den Käfig zurückzukehren, und er hat Angst, weit davonzufliegen.

1. MANN Warum hat er Angst?

5. FRAU Weil er die Gefahren nicht kennt. Die Menschen haben ihn beschützt vor der Kälte, vor Katzen, vor anderen Vögeln, er ist auch nicht in der Lage, sich selbst Nahrung zu besorgen. Tütütü-tschip-tschip-trüli ...

1. MANN Und er muß wirklich sterben?

5. FRAU Ja, er hätte nicht wegfliegen sollen. Das ist nun die Strafe dafür. Wer nicht hören kann, muß fühlen. Warum heulst du denn?

Schritte, eine dritte Tür wird aufgeschlossen, Schritte, eine vierte Tür ...

35

Harfe

4. FRAU Da holte die Jungfrau einen tiefen Seufzer und sprach: »Weh, daß ich mein Vertrauen auf dich gesetzt habe, nun muß ich neuerdings harren und warten, bis auf der Wiese ein Kirschbaum wachsen und aus des Kirschbaums Holz eine Wiege gemacht sein wird. Nur das Kind, das in der Wiege zuerst gewiegt wird, kann mich dereinst erlösen.« Darauf

verschwand sie, und der Bub, heißt es, sei nicht gar alt geworden; woran er gestorben, weiß man nicht.
Harfe

36

Herztöne und Atmung normal
1. MANN Ich weiß noch: Als Vorschulkind spielte ich am liebsten Yak. Ich spielte so lange, bis ich ein Yak war und Jäger mich jagten im tibetanischen Hochland. Einmal fiel dabei der Aufsatz des Küchenschranks zu Boden und alles Geschirr zerbrach. Die Mutter empfahl mir handgreiflich, endlich vernünftig zu werden. Was sie nicht vermochte, gelang der Schule. Schon in der ersten Klasse änderte ich mein Lebensziel: Nun wollte ich nicht mehr Yak, sondern Konditor werden. Mutter registrierte es mit milder Nachsicht. Tiere waren mir von nun an gleichgültig, ich habe mich in dieser Zeit niemals so weit gehenlassen, eine Katze zu streicheln. In der achten Klasse schrieb ich den Berufswunsch Diplomingenieur für Flugzeugbau auf einen Fragebogen. Später richtete ich mich nicht mehr nach meinen Wünschen, sondern nach dem allgemeinen Bedarf. Es ging seinen Gang, alles, das Leben. Ich übernahm Funktionen, ich lief rund, ich funktionierte. Die Sache lief, die Zeit lief ab. Und ich habe es nicht einmal bemerkt, ich habe es wahrhaftig nicht bemerkt.
Trommeln gegen die Wand, Knistern, Großstadtgeräusch lauter

37

Computergeräusch, untergelegt
3. MANN Während der Schwangerschaft wird das Kind von den Eihäuten umhüllt, die mit Fruchtwasser gefüllt sind. Im Fruchtwasser schwimmend, ist das Kind gegen äußere Stöße geschützt. Im vorliegenden Fall nahmen Eröffnungsperiode, Austreibungsperiode und Nachgeburtsperiode einen normalen Verlauf. Die Geburtsdauer betrug 15 Stunden. Die Kindslage war eine normale zweite Schädellage. Das Geburtsgewicht betrug 3421 Gramm, die Geburtslänge 52 Zentimeter. Der Neugeborene reagiert auf das Ausstoßen aus der Geborgenheit des Mutterleibes mit einem Schrei, Arme und Beine werden angewinkelt und die Hände sind zu Fäusten geballt.
Säuglingsgeschrei

38

1. MANN Die Schalen des ersten Lebens brachen auf, ich stand draußen und es ging der Wind. O könnte ich noch einmal zurück. Könnte ich noch einmal von vorn anfangen!
Hämmern gegen die Wand, Knacken, Splittern und Brechen der Wand, der Raum bricht auf, das lauter werdende Großstadtgeräusch schluckt zunehmend die Stimme.
1. MANN Die Schalen des ersten Lebens brechen auf, ich stehe draußen und es geht der Wind. Hallo! ... Deine Hand! ... Hej! ...
Großstadtgeräusch jetzt penetrant laut, überlagert zudem von Wind, Regen, Gewitter – das Ganze geht über in ein Schreibmaschinengeräusch.

BIOGRAPHISCHE UND BIBLIOGRAPHISCHE NOTIZEN

HANS-JÖRG DOST Sieben Gespräche um Trinkgeld
Erstsendung: 6. März 1966, Radio DDR II. Erschienen in: Hörspiele 7, hrsg. v. Staatlichen Rundfunkkomitee der DDR, Berlin 1967, S. 37–51. Abdruck mit Genehmigung des Autors.

HANS-JÖRG DOST, geboren am 27. Juli 1941 in Leipzig; Hörspiel- und Fernsehautor. Studierte Theologie in Leipzig; danach Vikar in Leipzig und im Zittauer Gebirge; 1965 längerer Aufenthalt in Prag; anschließend Pfarrer im Kreis Borna, dann in Rechenberg-Bienenmühle. Lebt in Kipsdorf.

Werke: Dachrinnen, Verhör des Kriegsknechts Markus Quintus (Hsp.-Szenen, 1963); Puten und Tränen (1967, Hsp.); Passio Camilo (1971, Hsp.); Prozeß Phryne oder Die Handhabung der Spielregeln (1973, Fsp.); Jim Owens wunderbare Weihnachten (1973, Fsp.); Namyslowskis Zimmer (1974, Hsp.); Luftbilder (1978, Hsp.); Piasetzki, der Mann mit dem Pferd (1980, Groteske)

STEPHAN HERMLIN Scardanelli
Erstsendung: 9. September 1970, Radio DDR I. Erschienen in: Hörspiele 11, hrsg. v. Staatlichen Rundfunkkomitee der DDR, Berlin 1972, S. 83–111. Abdruck mit Genehmigung des Verlags Klaus Wagenbach, Berlin.

STEPHAN HERMLIN, geboren am 13. April 1915 in Chemnitz (Karl-Marx-Stadt); Lyriker, Nachdichter, Erzähler, Funkautor und Essayist. Mit 16 Jahren Mitglied des Kommunistischen Jugend-Verbandes; 1933 bis 36 illegaler Kampf in Berlin. 1936 Emigration. 1937 Teilnahme am Spanienkrieg. Nach der Besetzung Frankreichs Flucht in die Schweiz. 1945 Rückkehr nach Deutschland; Arbeit am Frankfurter Rundfunk. 1947 Übersiedlung in die SBZ; lebt als freischaffender Schriftsteller in Berlin. Mitglied der AdK seit 1950; Vorstandsmitglied des PEN-Zentrums der DDR; 1947 Fontane-Preis der Stadt Westberlin; 1948 Heinrich-Heine-Preis; 1950 und 1954 Nationalpreis; 1956 Übersetzerpreis des Ministeriums für Kultur der DDR; 1958 F.-C.-Weiskopf-Preis; 1972 Heinrich-Heine-Preis des Min. f. Kultur; 1980 Vaterländischer Verdienstorden in Gold.

Werke: Wir verstummen nicht (1945, Ged., Mitverf.); Zwölf Balladen von den großen Städten (1945, Ged.); Die Straßen der Furcht (1947, Ged.); Gedichte von Paul Eluard (1947, Nachdichtungen); Ansichten über einige neue Schriftsteller und Bücher (1947, Ess.); Zwei Erzählungen (1947); Zweiundzwanzig Balladen (1947); Russische Eindrücke (1948); Auch ich bin Amerika (1948, Nachdichtungen amerikanischer Neger-Dichtungen); Politische Gedichte von Paul Eluard (1949, Nachdichtungen); Beleidigtes Land von Pablo Neruda (1949, Nachdichtungen); Die Zeit der Gemeinsamkeit (1949, Erz.); Mansfelder Oratorium (1950); Der Flug der Taube (1952, Ged.); Der Kampf um eine deutsche Nationalliteratur (1952, Rede); Die Sache des Friedens (1953, Aufs. u. Br.); Ferne Nähe (1954, Rep. über China); Beethoven (1954, Film); Spanien im Herzen (v. P. Neruda, 1956, zus. m. E. Arendt, Nachd.); Wo stehen wir heute? (1956, Ess.); Gedichte von Georg Heym (1965, Hrsg.); Gedichte von Paul Verlaine (1970, Hrsg.); Erzählungen (1970); Ungarische Dichtung aus fünf Jahrhunderten (1970, Nachdichtungen zus. mit G.M. Vajda); Lektüre 1960–1971 (1973, Ess.); Die Argonauten (1974, Kinderb.); Der Leutnant Yorck von Wartenburg (1974, Erz.); Städte-Balladen (1975); Deutsches Lesebuch. Von Luther bis Liebknecht (1976, Hrsg.); Gesammelte Gedichte (1979); Abendlicht (1979, Erinn.); Aufsätze, Reportagen, Reden, Interviews (1980); Die erste Hilfe (1980, Erz.)

WOLFGANG KOHLHAASE Die Grünstein-Variante
Erstsendung: 25. Dezember 1976, Stimme der DDR. Abdruck mit Genehmigung des Autors. Erschienen in: *Neue deutsche Literatur,* 24. Jg. 1976, H. 12, S. 57–83.

WOLFGANG KOHLHAASE, geboren am 13. März 1931 in Berlin; Drehbuch-, Hörspiel- und Fernsehautor, auch Erzähler und Dramatiker. Arbeitete zunächst als Journalist u. a. bei der Zeitung *Junge Welt,* war 1950–52 DEFA-Dramaturg und lebt seitdem als freischaffender Schriftsteller in Berlin. 1954 und 1968 ausgezeichnet mit dem Nationalpreis (im Kollektiv), 1957 Verleihung der Erich-Weinert-Medaille; 1977 Prix Italia; Mitglied der Akademie der Künste und des PEN-Zentrums der DDR.

Werke: Alarm im Zirkus (U. 1954, Film); Eine Berliner Romanze (U. 1956, Film); Berlin Ecke Schönhauser (U. 1957, Film); Der Fall Gleiwitz (U. 1961, zus. mit G. Rücker, Film); Josef und alle seine Brüder (U. 1962, zus. mit K.-G. Egel, Fsp.); Ich war neunzehn (U. 1968, zus. mit K. Wolf, Film); Fragen an ein Foto (U. 1969, Hsp.); Fisch zu viert (U. 1969, zus. mit Rita Zimmer, Hsp.); Erfindung einer Sprache (1970, Erz.); Ein Trompeter kommt (U. 1970, Hsp.); Inge, April und Mai (1970/71, Erz.); Der nackte Mann auf dem Sportplatz (U. 1974, Film), Nagel zum Sarg (1976, Erz.)

GÜNTER KUNERT Ehrenhändel
Erstsendung: 8. November 1972, Radio DDR I
Erschienen in: *Neue Deutsche Literatur,* 21. Jg. 1973, H. 3, S. 61–83. Abdruck mit Genehmigung des Autors.

GÜNTER KUNERT, geboren am 6. März 1929 in Berlin; Lyriker und

Erzähler, Funk- und Filmautor, Librettist. Begann 1947 mit satirischen Gedichten und Kurzgeschichten; Förderung durch J. R. Becher; freischaffender Schriftsteller in Berlin, 1979 Ausreise in die Bundesrepublik; lebt in Itzehoe/Holstein. Erhielt 1962 den Heinrich-Mann-Preis und 1973 den Johannes-R.-Becher-Preis.

Werke: Wegschilder und Mauerinschriften (1950, Ged.); Der ewige Detektiv und andere Geschichten (1954, Sat.); Unter diesem Himmel, (1955, Ged.); Der Kaiser von Hondu (1959, Fsp.); Tagwerke (1960, Ged.); Das kreuzbrave Liederbuch (1961, Ged.); Erinnerung an einen Planeten (1963, Ged.); Tagträume (1964, Prosa); Der ungebetene Gast (1965, Ged.); Verkündigung des Wetters (1966, Ged.); Unschuld der Natur. 52 Figurationen leibhafter Liebe (1966, Ged.); Der Hai (1966, Hsp.); Im Namen der Hüte (1967, R.); Die Beerdigung findet in aller Stille statt (1968, Erz.); Orpheischer Dialog mit einer Art Publikum (1968, Hsp.); Kramen in Fächern (1968, Prosa); Abschied (1969, zus. mit E. Günther, Film nach J. R. Becher); Notizen in Kreide (1970, Ged.); Warnung vor Spiegeln (1970, Ged.); Karpfs Karriere (1971, Fsp.); Mit der Zeit ein Feuer (1971, Hsp.); Tagträume in Berlin und anderswo (1972, Erz.); Offener Ausgang (1972, Ged.); Hsp.); Gast aus England (1973, Erz.); Die geheime Bibliothek (1973, Prosa); Im weiteren Fortgang (1974, Ged.); Der andere Planet: Ansichten von Amerika (1974 Reiseber.); Ein anderer K. (1975, Hsp.); Der Mittelpunkt der Erde (1975); Das kleine Aber (1976, Ged.); Warum schreiben? Notizen zur Literatur (1976); Jeder Wunsch ein Treffer (1976); Keine Affäre (1976, Erz.); Kinobesuch (1976, Erz.); Unterwegs nach Utopia (1977, Ged.); Camera Obscura (1978, Prosa); Verlangen nach Bomarzo (1978, Reiseged.); Ziellose Umtriebe. Nachrichten vom Reisen und Daheimsein (1979). Die Schreie der Fledermäuse. Geschichten, Gedichte, Aufsätze (1979); Abtötungsverfahren (1980, Ged.); Ein englisches Tagebuch (1980)

HEINER UND INGE MÜLLER Die Korrektur

Erstsendung: 13.11.1958 Berliner Rundfunk (2. Fassung)
Beide Fassungen mit Protokoll, Zwischenbemerkung und Rezension erschienen in: H. Müller: *Geschichten aus der Produktion 1,* Berlin 1974, S. 47–80. Abdruck mit Genehmigung des Henschelverlags, Berlin.

HEINER MÜLLER geboren am 9. Januar 1929 in Eppendorf; Dramatiker. Begann als Journalist; 1954–55 wiss. Mitarbeiter des Schriftstellerverbandes, ab 1958 Mitarbeiter im Maxim-Gorki-Theater Berlin; seit 1959 freischaffender Schriftsteller; erhielt gemeinsam mit seiner Frau Inge Müller (1925–1966), der Co-Autorin des Hörspiels *Die Korrektur,* 1959 den Heinrich-Mann-Preis und 1964 im Kollektiv die Erich-Weinert-Medaille.

Werke: Das Laken (1951, Dr.); Der Lohndrücker (1956, Dr.); Zehn Tage, die die Welt erschütterten (1956, Dr. mit Hagen Stahl); Die

Umsiedlerin oder das Leben auf dem Lande (1961, Dr.); Der Bau (1965, Dr.); Philoktet (1965, Dr.); Herakles 5 (1966, Satyrsp.); Ödipus Tyrann (1966, Dr.); Die Horatier (1968, Dr.); Prometheus (1968, Dr.); Drachenoper (1969, Libr. zur Oper Lanzelot' von Paul Dessau); Weiberkomödie (1969, Dr.); Mauser (1970, Dr.); Macbeth (1971, Dr.); Germania Tod in Berlin (1956–71, Dr.); Zement (1972, Dr.); Traktor (1975, Dr.); Die Schlacht. Szenen aus Deutschland (1951–74, Dr.); Medeaspiel (1974, Szenarium); Leben Gundlings Friedrich von Preussen Lessings Schlaf Traum Schrei. Ein Greuelmärchen (1975/76, Dr.); Die Hamletmaschine (1977, Dr.); Quadriga (1978, Szenarium); Philoktet 1979 (1978, Drama mit Ballett); Der Auftrag. Erinnerung an eine Revolution (1979, Dr.).

GERHARD RENTZSCH Nachtzug

Erstsendung: 23. April 1962, Deutschlandsender

Erschienen in: Hörspiele 3, hrsg. v. Staatlichen Rundfunkkomitee der DDR, Berlin 1963, S. 133–155. Abdruck mit Genehmigung des Henschelverlags, Berlin.

GERHARD RENTZSCH, geboren am 24. April 1926 in Leipzig; Hörspiel- und Fernsehautor, Essayist. Ab 1952 Hörspieldramaturg in Berlin, 1957–66 Chefdramaturg des Rundfunks. Rentzsch lebt in Zeuthen bei Berlin; 1965 Lessing-Preis.

Werke: Wir aus Hamburg (U. 1951, Hsp.); Ein Schiff fährt nach Marseille (U. 1952, Hsp.); Das Hundchen (U. 1953, Fsp.); Kachibo (U. 1955, Hsp.); Sekondeleutnant Saber (U. 1955, Fsp.); Straße der Soldaten (U. 1956, Hsp.); Der Weihnachtsmann lebt hinterm Mond (U. 1957, zus. mit W. K. Schweickert, Hsp.); Der Portier (U. 1959, Hsp.); Altweibersommer (U. 1960, Hsp.); Gedanken über eine Kunstform (1960, Essay über das Hörspiel); Geschichte eines Mantels (U. 1963, Hsp.); Mein Vater Eddie (U. 1966, Hsp.) Dialoge (1966, Hrsg. zus. mit K. Helbig, Anth. internationaler Hörspiele); Am Brunnen vor dem Tore (1968, Hsp.); Das Amulett (U. 1971, Hsp.-Roman; Ich heiße Josef Sontowski (U. 1972, zus. mit G. Stueber, Funkmonolog); Der Nachlaß (U. 1975, Hsp.); Jugendweihe (U. 1976, Hsp.); Der Stein (U. 1977, Hsp.)

GÜNTHER RÜCKER Portrait einer dicken Frau

Erstsendung: 22. Januar 1971, Stimme der DDR

Erschienen in: *Hörspiele 12, hrsg. v. Staatlichen Rundfunkkomitee der DDR,* Berlin 1974, S. 17–43. Abdruck mit Genehmigung des Henschelverlags, Berlin.

GÜNTHER RÜCKER, geboren am 2. Februar 1924 in Reichenberg (Liberec, CSSR); Hörspiel- und Filmautor, Dramatiker und Erzähler. Begann nach einem Studium an der Theaterhochschule in Leipzig 1949–51 als Regisseur beim Leipziger Sender, ab 1951 in Berlin. Seit 1954 auch Autor von Spiel- und Dokumentarfilmen; freischaffender

Mitarbeiter der DEFA; lebt in Berlin; 1956 (im Kollektiv) und 1971 Nationalpreis, 1966 Heinrich-Greif-Preis und Erich-Weinert-Medaille; seit 1972 Mitglied der Akademie der Künste.

Werke: Die letzte Schicht (U. 1952, Hsp.); Dorie (U. 1953, Hsp.); Drachen über den Zelten (U. 1953, Hsp.); Zehn Jahre später (U. 1954, Hsp.); Begegnung im Dschungel (U. 1954, Hsp.); Pierrot und Colombine (U. 1955, Hsp.); Junges Gemüse (1956, zus. mit K. Bortfeld, Film); Du und mancher Kamerad (1956, Dok.-Film); Urlaub auf Sylt (1956, Dok.-Film); Bericht Nr. 1 (U. 1958, Hsp.); Die Stiere des Hidalgo (1959, Dok.-Film); Frühlingsmärchen (U. 1960, Hsp.); Der Platz am Fenster (U. 1961, Hsp.); Bericht Nr. 2 (U. 1961, Hsp.); Der Platz am Fenster gegenüber (U. 1962 Hsp.); Requiem für einen Lampenputzer (U. 1962, Hsp.); Alle meine Bräute (U. 1967, Hsp.); Bericht Nr. 3 (U. 1970, Hsp.); Das Modell (U. 1970, Hsp.); Private Galerie (U. 1972, zus. mit K.-H. Roehricht, Hsp.); Wolz. Leben und Verklärung eines deutschen Anarchisten (U. 1974, Film zus. mit G. Reisch); Sieben Takte Tango (U. 1974, Hsp.); Lisa (U. 1974, Hsp.); Geben Sie mir die Ehre und trinken Sie ein Glas Tee mit mir (U. 1975, Hsp.); Einer Reise zusehen (U. 1977, Hsp.)

ROLF SCHNEIDER Der dritte Kreuzzug
Erstsendung: 4. April 1960, Deutschlandsender
Erschienen in: *hörspieljahrbuch 1*, hrsg. v. Staatlichen Rundfunkkomitee der DDR, Berlin 1961, S. 131–162. Abdruck mit Genehmigung des Autors.

ROLF SCHNEIDER, geboren am 17. April 1932 in Chemnitz (Karl-Marx-Stadt); Hörspiel- und Fernsehautor, Dramatiker, Erzähler und Romanschriftsteller, auch Nachdichter und Lyriker. Nach dem Studium der Germanistik zunächst Redakteur der Zeitschrift *Aufbau* in Berlin; seit 1958 freischaffender Schriftsteller; 1962 Lessing-Preis, 1972 Kunstpreis des FDGB; 1966 Hörspielpreis der Kriegsblinden; 1979 Ausreise in die Bundesrepublik.

Werke: Das Gefängnis von Pont-L'Evêque (U. 1957, Hsp.); Der König und sein Dieb (U. 1958, Hsp.); Aus zweiter Hand (1958, Parodien); Einer zuviel (U. 1959, Hsp.); Affairen (U. 1960, Hsp.); Verliebt in Mozart (U. 1960, Hsp.); Abschied von Sundheim (U. 1961, Hsp.); Prozeß Richard Waverley (U. 1961, Hsp.); Der Tag des Ludger Snoerrebrod (1961, Fsp.); 25. November, New York (U. 1962, Hsp.); Godefroys (1962, Dr. u. Fsp.); Jupiter-Sinfonie (U. 1962, Hsp.); Besuch gegen zehn (1963, Fsp.); Die Tage in W. (1962 bis 1965, R.); Ankunft in Weilstedt (U. 1964, Hsp.); Mein Bruder (U. 1966, Hsp.); Zwielicht (U. 1966, Hsp.); Die Rebellion des Patrick Wright (U. 1966, Hsp.); Der Dieb und der König (1966, Fsp.); Television (1967, Fsp.); Brücken und Gitter (1965, Erz.); Krankenbesuch (U. 1969, Hsp.); Der Tod des Nibelungen (1970,

R.); Einzug ins Schloß (U. 1971, Komöd.); Porträt Nr. 1 (U. 1971, Hsp.); Octavius und Kleopatra (U. 1973, Komöd.); Die Reise nach Jaroslaw (1974, Erz.); Nekrolog (1974, Erz.); Pilzomlett und andere Nekrologe (1974, Erz.); Polens Hauptstädte (1974, zus. mit Arno Fischer, Reiseber.); Von Paris nach Frankreich (1975, Reisenotizen); Die beiden Nachtwandler oder Das Notwendige und das Überflüssige: Posse mit Gesang (1975); Das Glück (1976, R.); Orphée oder ich reise (1977); November (1979, R.)

W. K. SCHWEICKERT Herhören – hier spricht Hackenberger
Erstsendung: 28. 1. 1954, Radio DDR I. Erschienen in: *Hörspiele 5, hrsg. v. Staatlichen Rundfunkkomitee der DDR,* Berlin 1965, S. 7 bis 20. Abdruck mit Genehmigung des Autors.

WALTER KARL SCHWEICKERT, geboren am 26. August 1908 in Freiburg i. Br.; Erzähler, Hörspiel-, Fernsehspiel- und Drehbuchautor. Zunächst Angestellter in der Presseabteilung und Dramaturgie einer Berliner Filmfirma; 1930 Übersiedlung nach Leipzig, Verfasser von Hörszenen und -spielen und politischen Satiren; 1932 Mitbegründer des Kabaretts *Die Zeitlupe,* seit 1950 freischaffender Künstler, lebt in Markkleeberg bei Leipzig.

Werke: Der unsichtbare Boß (1951, Hsp.); Der Ochse von Kulm (U. 1952, Hsp.); Es hat einer roten Wein verlangt (1953, Erz.); Liebe, Medizin und eine kleine Wohnung (U. 1954, Hsp.); Letztes Fach unten rechts (1955, Film); Die letzte Nacht (1956, Hsp.); Die Akte Hackenberger (1959, R.); Die Sache mit den Nudeln (1960, R.); Groteske Geschichten (1960, Erz.); Tatort Lehrerzimmer (1960, R.); Ein gemütlicher Abend (1960, Einakter); Pickhuhns Geburtstag (1960, Hsp.); Der Weihnachtsmann lebt hinterm Mond (1960, zus. mit G. Rentzsch, Hsp.); Frauen wollen erobert sein (1962, Erz.); In letzter Sekunde (1963, Kinderb.); Nebel (1964, Hsp.); Der Mann, der spurlos verschwand (1964, Kinderb.); Ich tat es für Jim (1965, R.); Hochzeit mit Hindernissen (1965, Kurzgesch.); Kriminalkommissar K. erzählt (1965, Kinderb.); Drei anonyme Briefe (1966, Komöd.); Verwegenes Spiel am Atlantik (1967, Kinderb.); Der Mann, der Karate kannte (1968, Kurzg.)

JOACHIM WALTHER Infarkt
Noch nicht in der DDR gesendet.
Erschienen in: Joachim Walther: *Ein Dorf auf dieser Erde/Randbewohner/Infarkt. Hörspiele,* Berlin 1979, S. 67–104. Abdruck mit freundlicher Genehmigung des Autors.

JOACHIM WALTHER, geboren am 6. Oktober 1943 in Chemnitz (Karl-Marx-Stadt); Erzähler, Publizist, Hörspielautor, Herausgeber. Nach Abitur und Facharbeiterprüfung (Maschinenschlosser) zunächst Bühnenarbeiter am Opernhaus und Reparaturschlosser; 1963–67 Studium der Germanistik, Kunstgeschichte und Pädagogik in Berlin;

kurze Zeit Lehrer; seit 1968 Lektor in Berlin; Mitarbeiter der *Weltbühne.*

Werke: Sechs Tage Sylvester (1970, R.); Kurskorrektur (1971, Hsp.); Ein Dorf auf dieser Erde (1971, Hsp.); Zwischen zwei Nächten (1972, R.); Die Anti-Geisterbahn. Skurrile Geschichten (1973 Anth.) Meinetwegen Schmetterlinge (1973, Interviews); Randbewohner (1974, Hsp.); Verführerbüchlein (1974, Erz.); Neun-Tage-Buch (1974, zus. m. G. Steineckert, Berichte); Stadtlandschaft mit Freunden (1978, Erz.)

LITERATURHINWEISE

HORST-GÜNTHER FUNKE, *Die literarische Form des deutschen Hörspiels in historischer Entwicklung.* Diss. Erlangen 1962.

PETER GUGISCH, *Die Entwicklung des Gegenwartshörspiels in der Deutschen Demokratischen Republik.* Diss. Greifswald 1965 (masch.).

DERS., *Menschenbild und Gesellschaftsbild im Hörspiel,* in: *Weimarer Beiträge, Jg. 17,* 1971, H. 8, S. 92–111.

DERS., *Momentaufnahmen. Kurzhörspiele,* in: *Deutsch als Fremdsprache, Sonderheft 1975,* Herder-Institut Leipzig, S. 78–79.

SIEGFRIED HÄHNEL, *Probleme des Funktionswandels der Worthandlung im Hörspiel und ihre Bedeutung für den spezifischen Charakter der künstlerischen Abbilder in dieser Kunstform. Ein Beitrag zur Theorie des Hörspiels. T. 1. 2.* Diss. Berlin 1969 (masch.).

DERS., *Der Funktionswandel der Worthandlung im Hörspiel und der spezifische Charakter dieser Kunstform,* in: *Weimarer Beiträge, Jg. 15,* 1969, S. 356–416.

DERS., *Zur Entwicklung des Hörspielschaffens in der DDR 1969–1972/73,* in: *Deutscher Schriftstellerverband, Mitteilungen, Sonderheft 3, Diskussionsmaterialien zur Vorbereitung des VII. Schriftstellerkongresses der DDR 1973,* S. 26–51.

JÜRGEN HAESE, *Das Gegenwartshörspiel in der sowjetischen Besatzungszone Deutschlands. Ein Beitrag zur Erforschung künstlerischer Formen in der sowjetisch-totalitären Publizistik.* Berlin 1963 *(Abhandlungen und Materialien zur Publizistik Bd. 3).*

HÖRSPIELE, *Bd. 1–12, hrsg. v. Staatlichen Rundfunkkomitee der Deutschen Demokratischen Republik,* Berlin 1961–74.

HERMANN KECKEIS, *Das deutsche Hörspiel 1923–1973,* Frkf. a. M. 1973.

EGBERT KRISPYN, *The radioplay in the German Democratic Republic,* in: *German Life and Letters, Vol. 21,* 1967, No 1, p. 45–58.

GERHARD RENTZSCH, *Kleines Hörspielbuch,* Berlin 1960.

KLAUS SCHUHMANN, *Menschenbild und Konfliktgestaltung im sozialistischen Gegenwartshörspiel,* in: *Das sozialistische Menschenbild. Weg und Wirklichkeit,* Leipzig 1967, S. 337–348.

HEINZ SCHWITZKE (Hrsg.), *Reclams Hörspielführer,* Stuttgart 1969.

SIEGFRIED STRELLER, *Zur Hörspielproblematik in der DDR seit der Bitterfelder Konferenz,* in: *Wissenschaftliche Zeitschrift der Karl-Marx-Universität Leipzig, Jg. 13,* 1964, S. 873–880.

STEFAN BODO WÜRFFEL, *Das ›andere‹ Hörspiel – Bemerkungen zu einer unbeachteten Gattung der DDR-Literatur,* in: *Diskussion Deutsch, Heft 42, August 1978,* S. 330–346.

DERS., *Das deutsche Hörspiel,* Stuttgart 1978.

DERS., *Die Vergangenheit der Gegenwart. Erinnerung und Projektion als Kongreßmittel des neueren DDR-Hörspiels,* in: *Wirkendes Wort, Heft 2,* 1982.

COLLECTION S. FISCHER

Neue deutschsprachige Literatur im Fischer Taschenbuch Verlag

Monika Maron/Flugasche
Roman
Originalausgabe Bd. 2317

Die realistische Darstellung der Berufswelt und der Wünsche und Ängste einer Frau, die selbst denken und eigene Gefühle entwickeln möchte, macht den Roman „Flugasche" zu einem erstaunlichen literarischen Ereignis unserer Gegenwart.

Lothar Jordan, Axel Marquardt, Winfried Woesler (Hrsg.)
Lyrik – von allen Seiten
Zusammenhänge deutscher Gegenwartslyrik
Originalausgabe Bd. 2320

Das Buch vermittelt einen authentischen Einblick in das Werk wichtiger Autoren der letzten 20 Jahre und einen Überblick über den Stand der Diskussion um die Lyrik der unmittelbaren Gegenwart.

Deutschsprachige Literatur der Gegenwart

Ilse Aichinger
Die größere Hoffnung
Band 1423
-Meine Sprache und ich
Band 2081

Wolfgang Bächler
Traumprotokolle
Band 2041

Beat Brechbühl
Nora und der Kümmerer
Band 1757

Hermann Burger
Diabelli
Band 2309
-Kirchberger Idyllen
Band 2314
-Schilten
Band 2086

Hubert Fichte
Mein Lesebuch
Band 1769
-Versuch über die Pubertät
Band 1749

Marianne Fritz
Die Schwerkraft der Verhältnisse
Band 2304

Gerd Gaiser
Schlußball
Band 402

Peter Härtling
Eine Frau
Band 1834
-Hubert oder Die Rückkehr nach Casablanca
Band 2240
-Zwettl
Band 1590

Peter Handke
Der Hausierer
Band 1125

Stefan Heym
Der König David Bericht
Band 1508
-5 Tage im Juni
Band 1813
-Der Fall Glasenapp
Band 2007
-Die richtige Einstellung und andere Erzählungen
Band 2127

Peter Stephan Jungk
Stechpalmenwald
Band 2303

Hermann Kant
Die Aula
Band 931

Marie Luise Kaschnitz
Tage, Tage, Jahre
Band 1180